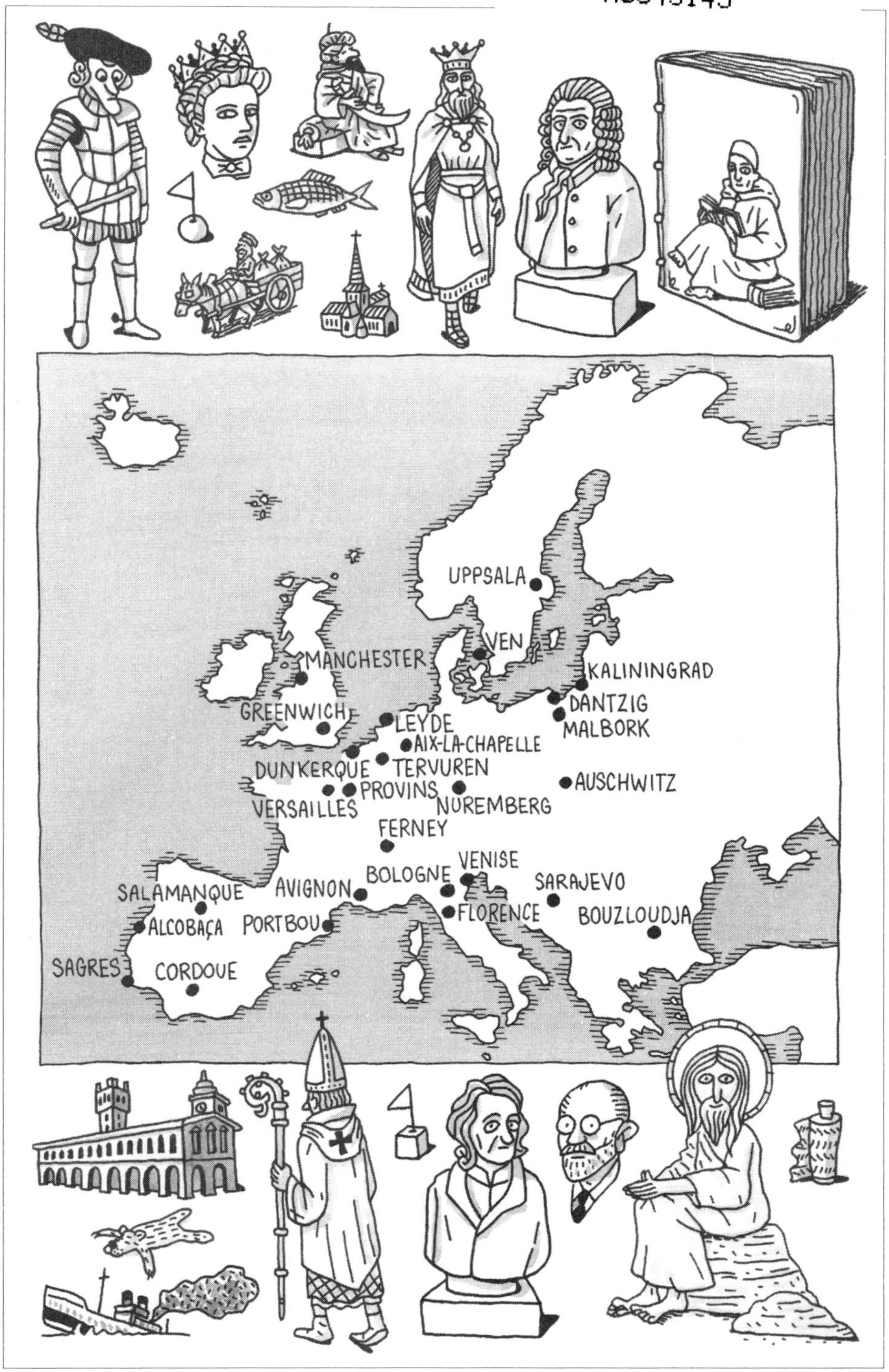

UPPSALA
VEN
KALININGRAD
MANCHESTER
DANTZIG
MALBORK
GREENWICH
LEYDE
AIX-LA-CHAPELLE
DUNKERQUE
TERVUREN
AUSCHWITZ
PROVINS
VERSAILLES
NUREMBERG
FERNEY
VENISE
SALAMANQUE
AVIGNON
BOLOGNE
SARAJEVO
ALCOBAÇA
PORTBOU
FLORENCE
BOUZLOUDJA
SAGRES
CORDOUE

VOYAGE EN EUROPE

DU MÊME AUTEUR

Le Petit Larousse de la culture générale, avec Vincent Brocvielle, Larousse, 2018

Historama. Quand l'histoire explique l'actualité, Tallandier, 2017

La Grande Histoire du monde, Fayard, 2016 ; Livre de Poche, 2018 (prix des lecteurs du Livre de Poche)

La Grande Histoire du monde arabe. De l'Empire romain au Moyen Âge, illustré par Laura Fanelli, Bulles de Savon, 2015

L'Orient mystérieux et autres fadaises. 2 500 ans d'histoire autour de la Méditerranée, Fayard, 2013 ; paru au Livre de Poche en 2015 sous le titre : *La Grande Histoire du monde arabe. D'Alexandre le Grand à l'islamisme radical*

L'Art et l'histoire du Nord-Pas-de-Calais. La Région des Musées, avec Vincent Brocvielle, Flammarion, 2014

Le Kit du 21e siècle. Nouveau manuel de culture générale, avec Vincent Brocvielle, Lattès, 2012 ; Livre de Poche, 2013

Nos ancêtres les Gaulois et autres fadaises. L'histoire de France sans les clichés, Fayard, 2010

Rappelle-toi, Nil Éditions, 2008

La Planète des saints, Hachette Littératures, 2007

Une golden en dessert. Tout ce qui nous donne le cafard et les moyens d'en sortir, Nil Éditions, 2006

Nos amis les hétéros, Nil Éditions, 2004

Nos amis les journalistes, Nil Éditions, 2002 ; Pocket, 2004

Nos années vaches folles. Tout ce qui a changé dans notre vie quotidienne, Nil Éditions, 1999 ; Pocket, 2001

L'air du temps m'enrhume, Calmann-Lévy, 1997

Une fin de siècle. Chronique amusante d'une époque sinistre, Calmann-Lévy, 1994

Sur la terre comme au ciel. Pour une nouvelle morale laïque, Calmann-Lévy, 1990

Pour en finir avec les années 80. Petite sociologie des snobismes de l'époque, Calmann-Lévy, 1988

François Reynaert

VOYAGE EN EUROPE

DE CHARLEMAGNE À NOS JOURS

Fayard

Couverture : IP-3.fr

Les illustrations sont de Walter Glassof

ISBN : 978-2-213-71142-3

Dépôt légal : janvier 2019

Introduction

Il y a quelque temps, alors que je cherchais comment appeler le livre que vous avez entre les mains, un titre m'a traversé l'esprit. Je le voyais déjà écrit en gros sur la couverture, claquant comme une manchette de journal : « Il n'y a pas d'histoire de France. »

J'avais même prévu les traductions éventuelles : *Deutsche Geschichte gibt's nicht*, *There is no such thing as British History*, *No hay historia de España*, etc. À chaque fois, la formule devait être suivie d'une autre, en plus petit : « ...Il y a une histoire européenne. »

Sans même en parler à mon éditeur, j'y ai renoncé. Je ne le regrette pas. Ce n'était pas la meilleure idée du monde. Dans le climat de nationalisme éruptif qui sévit sur notre Vieux Continent, je suis sûr que l'inévitable polémique suivant un tel blasphème m'aurait assuré une certaine publicité – en plus d'insultes et menaces diverses –, mais cela m'aurait aussi obligé à défendre mon travail sur une base en partie fausse. Bien sûr, l'Angleterre, l'Espagne, l'Allemagne, la Pologne et tous les pays que vous voulez ont une histoire qui leur est propre, avec ses grands rois et ses batailles, ses problématiques sociales, ses champs et ses cathédrales, ses moments de grandeur et ses siècles de misère. Je me désavouerais moi-même si je niais cette évidence. Le premier livre historique que j'ai publié, il y a près de dix ans à présent, *Nos ancêtres les Gaulois et autres fadaises*, était une longue promenade dans l'histoire de France. J'ai essayé de la débarrasser de certains clichés, de certains mythes. Je n'ai jamais douté qu'elle fût réelle.

Seulement, à la suite de ce premier essai, j'ai écrit une histoire du monde arabo-musulman, puis une histoire du monde, qui m'ont appris à relativiser ce point de vue. Quand on scrute l'histoire de son pays, on se focalise naturellement sur toutes les différences qui la séparent de celle des voisins. Quand on la contemple depuis Bagdad ou Changan, qui fut une des grandes capitales impériales chinoises, on trouve ce distinguo infiniment moins pertinent.

Prenons l'exemple de la découpe du temps. L'histoire telle que l'ont apprise tous les Français suit généralement les grandes périodes suivantes : l'Antiquité ; le Moyen Âge, avec ses chevaliers, ses châteaux et ses villes qui s'ornent de cathédrales ; la Renaissance ; les Lumières et la Révolution ; l'industrialisation ; l'empire colonial ; les guerres du XXe siècle, etc. Il n'est nul besoin de travailler longtemps sur l'histoire chinoise ou arabe pour comprendre que cette chronologie n'a pas grand sens dans ces mondes-là. Pourquoi, à Pékin ou à Bagdad, irait-on placer les IXe et Xe siècles dans une époque portant le nom médiocre de Moyen Âge, quand ces siècles sont, dans le souvenir qu'on en a là-bas, ceux d'un Âge d'or ? Pourquoi y parlerait-on de « siècle des Lumières », pour qualifier le XVIIIe, quand, au moins pour le monde arabe, il est déjà celui du déclin ?

En observant ainsi les choses de loin, on se rend compte aussi que cette division chronologique qui classe notre histoire nationale n'a précisément rien de national : un Allemand, un Polonais, un Anglais ou un Espagnol, à quelques détails près, utilise la même. Lui aussi a son Moyen Âge avec d'autres châteaux, d'autres princesses et d'autres cathédrales ; une Renaissance qui lui évoque de grands artistes et de grands rois, des Lumières et le reste. C'est simplement que, avec tous ses cousins, il appartient à un même univers historique.

Pour n'importe quel historien, ce que je viens d'écrire relève de l'évidence. Je suis frappé par le fait que tant de citoyens ne l'ont pas en tête. C'est dommage. Comment comprendre un événement si on ne le replace pas dans son véritable contexte ?

Prenons maintenant l'exemple des guerres de religion qui, à partir du XVIe siècle, opposent catholiques et protestants. Elles non plus n'ont aucun sens pour un Arabe ou un Chinois. Elles parleront spontanément à tous les Européens. Seulement chacun, à cause des livres qu'il lit, des films qu'il voit sur la question, ou à cause de la façon dont il l'a appris à l'école, placera l'événement dans son propre cadre national. Les Français penseront au massacre de la Saint-Barthélemy (1572) ; les Allemands à l'horrible guerre de Trente Ans (1618-1648) qui dévasta le monde germanique ; les Anglais aux suites du schisme d'Henri VIII ; les Néerlandais à la longue guerre qui opposa leurs provinces protestantes aux Espagnols et permit la naissance de leur pays. Tous ces événements, si importants soient-ils, ne sont pourtant que la manifestation d'une fracture plus générale. Les guerres de religion sont, partout où elles se déroulent, la conséquence de la rupture entre les partisans de Luther ou de Calvin, et ceux du pape de Rome. Elles constituent, par essence, un événement européen.

Que dire de la Première Guerre mondiale ? J'écris ces lignes peu de temps après qu'on a célébré le centenaire de l'armistice qui y a mis fin. Je suis frappé par le fait que, en France au moins, on n'ait présenté le conflit, une fois de plus, que comme une affaire franco-allemande. À entendre les discours des hommes politiques, à suivre les rétrospectives télévisées, on avait le sentiment que tout s'était passé quelque part entre Verdun et la Somme. Ah bon ? On ne s'est pas battu en Italie, en Russie, en Pologne, et même en Mésopotamie ou en Afrique équatoriale ? La guerre qui a éclaté en 1914, à la suite de l'attentat de Sarajevo, est une affaire qui, au départ, concerne les Austro-Hongrois et les Serbes, puis, par le jeu des alliances, oppose toutes les grandes puissances de notre Vieux Continent, séparées en deux camps. Elle est, dès l'origine, une guerre européenne. Elle devient mondiale parce que l'Europe domine alors le monde et entraîne ses colonies et ses obligés dans le naufrage. Elle n'est pas, comme le pensent les Français (et eux seuls), une redite de la guerre franco-prussienne de 1870, un duel entre deux nations.

Elle représente la tragédie de tout un continent et pèse d'un poids très lourd sur le destin de tout cet ensemble. On y reviendra à la fin de ce livre, la Première Guerre mondiale signe le début du déclin de l'Europe sur la scène du monde.

Mon titre avorté était faux. Bien sûr, il y a une histoire de France, comme il y a une histoire d'Allemagne, d'Angleterre, de Suède ou de Hongrie. Le sous-titre que je prévoyais était juste. Il y a aussi, au-dessus d'elles, une histoire européenne que tous les Européens doivent connaître s'ils veulent comprendre quelque chose au monde dans lequel ils vivent.

En voiture !

À dire vrai, beaucoup de nos concitoyens croient l'ignorer. Pourtant, sans même en être conscients, ils adorent picorer dès qu'ils peuvent de petits morceaux de cette même histoire, grâce à cette pratique que la démocratisation des transports a mise à la portée du plus grand nombre : les visites dans les villes et les lieux de mémoire de notre continent.

Dites à un non-spécialiste : « Je vais te raconter l'histoire tchèque. » Sauf s'il est tchèque lui-même, il bâillera par avance. Dites-lui : « Je t'emmène visiter Prague », il sautera de joie. Il n'y a pourtant guère de différence entre les deux. Que fera notre ami, sitôt arrivé dans la splendide cité, sinon passer le pont Charles pour monter au château qui fut celui des rois de Bohême et parfois des empereurs du Saint-Empire germanique ? Il ira dans le quartier juif, témoin de la prospérité de cette communauté aux XVIIe et XVIIIe siècles ; il admirera les façades de style 1900 ; il prendra un verre sur la place Venceslas, épicentre de la révolution de 1848 en Bohême ou du printemps de Prague de 1968. Il refera l'histoire tchèque et, partant, apprendra un peu de celle de l'Europe. Dois-je prendre d'autres exemples, vous parler de l'importance de Salamanque, de Leyde, de Rome, de

Stockholm, de Manchester ou de Versailles ? Vous les découvrirez à temps, toutes sont dans les pages qui suivent. Vous avez maintenant compris le principe et le fil directeur de ce livre : raconter l'histoire de notre continent en visitant les villes et les lieux qui l'ont faite et en témoignent.

★

Ce livre a aussi été dicté par une urgence politique. Vous le comprendrez, si vous ne vous en doutez pas déjà, je suis un Européen convaincu. Je le suis de cœur et de raison, car je ne vois pas de meilleur moyen que l'union, pour protéger nos démocraties et nos valeurs, face aux superpuissances – la Chine, la Russie, l'Inde, les États-Unis – qui ont pour ambition de dominer le monde. Cela ne fait pas de moi un thuriféraire de tout ce qui s'est passé depuis vingt ou trente siècles sur notre continent, ou un identitaire délirant, chantre de la supériorité de notre civilisation blanche et chrétienne sur toutes les autres. À mon sens, les plus grandes et nobles valeurs européennes sont à l'inverse de celles-là. Elles sont celles que nous devons aux Lumières : la tolérance, le refus de toute pensée dogmatique et la nécessité de passer tout ce qu'on étudie au crible de la raison critique. Comme vous le constaterez rapidement j'espère, j'applique ces sages principes à mon sujet. L'histoire de l'Europe a ses heures glorieuses, elle a ses artistes, ses savants, ses héros et ses héroïnes. Je les admire et les cite abondamment. Elle a aussi ses moments sombres : la domination et l'exploitation du monde, à partir du XVIe siècle, pour le piller et lui imposer de force sa manière de voir ; la Première Guerre mondiale puis la Seconde. Hélas pour nous, et pour le monde entier, Mussolini, Staline ou Hitler sont aussi, à leur manière, des produits de la civilisation européenne et des acteurs de premier plan de son histoire. C'est précisément pour ne plus jamais revoir l'univers dantesque qu'ils ont créé que, à partir des années 1950, un certain nombre de pays, redevenus des démocraties, ont choisi de s'unir. La forme qu'a prise cette union est une chose qu'on peut et qu'on doit discuter tous ensemble pour la rendre plus juste, plus égalitaire, plus protectrice, plus représentative des peuples, plus conforme à leurs aspirations. Pas son principe. L'heure est grave. Dans le monde qui est le nôtre, les dictatures ne cessent de progresser. Face à elles, nos démocraties ne peuvent se permettre de se diviser. Elles doivent marcher de concert, jamais en concurrence. Cela me semble un constat de bon sens. Il est pourtant battu en brèche par une portion de plus en plus grande de la population européenne, qui croit au retour au vieux modèle national, égoïste et dressé contre ses voisins. Cela me paraît une folie pour notre avenir. La plupart de ceux qui le défendent n'ont, en fait, pas grand-chose à faire de ce futur. Ils suivent leur idée fixe au nom d'une vision fantasmée du passé. Le but de ce livre est de montrer qu'il est possible de relire notre histoire autrement. Voici comment.

1 – Faux départ

Où commence l'histoire de l'Europe ? Mes yeux se perdent sur la carte du continent déployée sur la table, et mon esprit bute sur une certitude. Il y a seulement un siècle ou deux, le choix aurait été plus facile. J'aurais d'abord pointé Athènes et me serais vu grimper la colline odorante du Parthénon pour aller rendre hommage à la Grèce antique et à tout ce que nous lui devons, la démocratie, les philosophes, les canons de la beauté. Puis j'aurais songé à Rome, ce grand empire dont nous avons hérité tant d'autres choses : nos routes, nos principes juridiques, notre sens de l'État et de l'administration. Enfin, j'aurais volontiers élargi le champ pour poser le doigt tout à l'est, sur Jérusalem, l'antique capitale du judaïsme, la cité où Jésus subit la passion. Bien sûr, la ville n'est pas *stricto sensu* européenne. Mais comment comprendre notre culture si on ne remonte pas à l'origine du christianisme, qui l'a constituée ?

Pendant si longtemps, les Européens ont pensé ainsi : « Partout où les noms de César, de Gaius, de Trajan et de Virgile, partout où les noms de Moïse et de saint Paul, partout où les noms d'Aristote, de Platon et d'Euclide ont eu une signification et une autorité simultanées, là est l'Europe », écrivait Paul Valéry au lendemain de la Première Guerre mondiale. Athènes, Rome et Jérusalem, le saint trépied sur lequel repose la culture occidentale.

Il ne s'agit pas de nier l'évidence. Une bonne part de notre civilisation s'est construite en revendiquant cette triple filiation. Elle continue de le faire. Est-ce pour autant qu'il faille renverser ce raisonnement et faire du christianisme, de l'Empire romain, de l'Antiquité grecque, la matrice naturelle et exclusive de l'Europe ? À mon sens, le problème de cette position est qu'elle peut rapidement basculer dans la captation d'héritage. À force de se voir comme les enfants de saint Paul, d'Auguste et d'Aristote, les Européens ont eu un peu tendance à croire qu'ils en étaient les fils uniques. Étrange idée. Il n'y a donc jamais eu de chrétiens hors d'Europe ? Les Romains n'ont jamais passé la Méditerranée ? La philosophie grecque n'a jamais eu d'émules en Orient ?

Pour entreprendre ce voyage historique sur des bases solides, commençons donc par refaire un peu de géographie. L'Europe – ce cap occidental de l'Asie borné au sud par la Méditerranée et à l'ouest par l'Atlantique – est un espace, mais elle correspond surtout à une réalité politique qui apparaît vers les VIIe-VIIIe siècles. On aura bientôt l'occasion d'en reparler. Le monde grec, l'Empire romain, le premier christianisme s'inscrivent dans trois autres cercles, qui ne recoupent que très partiellement l'espace européen.

Le monde grec

L'Europe doit beaucoup à la Grèce, c'est vrai, à commencer par son nom. Pour en donner l'origine, on évoque souvent le mythe d'Europe, fille du roi de Tyr (Liban), que Zeus, fou de désir, enlève en prenant la forme d'un taureau pour l'emmener sur une autre rive, en Crète. Le nom même de la princesse, nous apprennent les philologues, dériverait de la racine sémitique *Ereb*, signifiant l'Occident, le pays où le soleil se couche, par opposition à *Assou*, l'Orient, celui où il se lève, un mot qui donnera « Asie ». D'un côté l'Europe, de l'autre l'Asie, voici une opposition qui nous est familière. Certes, mais elle nous entraîne sur une fausse piste… La Grèce de l'Antiquité n'est pas un

État, mais un ensemble de cités liées par une culture commune : les poèmes d'Homère, les dieux de l'Olympe, les Jeux olympiques. Au cours des temps, elles essaiment sur bien des rivages « comme des grenouilles autour d'une mare », dit Platon. On retrouve des comptoirs grecs sur tout le rivage méditerranéen, en Espagne, sur la côte de Provence et d'Italie, en Sicile, autour de la mer Noire. Il y en a aussi de part et d'autre de la mer Égée. C'est là que nous retrouvons l'opposition que nous venons de mentionner, et que nous pouvons restituer le sens qu'elle avait pour un Grec. Pour lui, l'Occident, l'Europe, ce n'est pas le continent que nous avons en tête, avec la Scandinavie, les îles Britanniques, la France, l'Espagne, etc., mais juste le côté ouest de la mer Égée, là où sont les cités mères. Sur l'autre rive, il y a d'autres Grecs, qui peuplent les colonies installées en *Asie*, c'est-à-dire en Asie mineure, où est l'actuelle Turquie.

Et derrière eux arrive bientôt l'ennemi absolu : l'Empire perse. Bâti à la force de l'épée par Cyrus le Grand (600-530 avant J.-C.), un guerrier venu de l'actuel Iran, il est le plus vaste jamais formé et s'étend jusqu'aux frontières de l'Inde.

La focalisation sur les Perses résume largement la géographie mentale des Grecs. Dans leur esprit, il y a l'Orient, c'est-à-dire le monde de ces barbares, décadents, efféminés, gouvernés par des despotes. Et l'Occident, c'est-à-dire nous, les citoyens qui savons ce qu'est la liberté, les civilisés. L'Orient peut être un péril redoutable. Par deux fois, au début du ve siècle, lors des guerres médiques (490-479 avant J.-C.), ces Orientaux et leur immense armée ont tenté d'envahir les cités grecques. Par deux fois, les Grecs ont repoussé l'invasion, ce qui fait leur fierté et cimente leur identité.

Pour autant, ce même Empire perse est aussi un objet de convoitise et de fascination. Un siècle et demi après les guerres médiques, quand Alexandre le Grand (356-323 avant J.-C.), roi de Macédoine, lance ses conquêtes, il ne part pas vers l'ouest, à l'assaut des Balkans, en rêvant de Gaule ou de Germanie, pauvres pays brumeux qui n'ont sans doute aucune place dans son esprit. Il s'attaque au seul ennemi qui vaille, le gigantesque Empire perse. Il conduit ses armées victorieuses de l'Égypte à l'Inde et, après sa mort, ses généraux se partagent cet immense espace et y fondent des royaumes appuyés sur la culture grecque. Bien sûr, elle se transformera sous l'influence des cultures locales. Elle s'orientalisera. Son esprit y perdurera des siècles. C'est un point sur lequel il faut insister, notre histoire occidentale l'oublie trop. Conquise par le jeune Macédonien, l'Égypte est dirigée pendant trois siècles par les descendants de son général Ptolémée. Comme Cléopâtre, dernière représentante de la dynastie, les souverains se déguisent volontiers en pharaons pour se faire accepter de leurs peuples ; c'est pourquoi nous les pensons égyptiens. Ils sont grecs. Alexandrie, leur capitale, devient le principal foyer de l'hellénisme.

Le Proche et le Moyen-Orient, jusqu'au bout de l'Asie centrale, sont soumis à des Grecs. Alors même qu'aucun des peuples vivant dans ce qui est aujourd'hui la Suisse ou l'Angleterre ne possède l'écriture, règnent dans ce qui est aujourd'hui l'Afghanistan et le Pakistan des monarques nommés Euthydème ou Apollodore qui ont lu Homère et savent le réciter. Dans cette région du monde, des sculpteurs, dont on peut toujours admirer les œuvres dans les musées indiens, inventent le style dit gréco-bouddhique, qui croise les canons de Praxitèle et les grâces de l'Asie.

L'Empire romain

Pour arriver jusqu'à l'ouest de notre continent, la langue et la civilisation des Grecs ont eu besoin du truchement d'autres conquérants. Les Romains en sont des admirateurs éperdus et les répandent partout où ils s'installent, avec leur culture latine qui s'en inspire beaucoup. Nous voici donc face à Rome, le deuxième pilier de notre trépied. Nous voici aussi, c'est évident, au temps d'un empire qui englobe une large part de l'Europe actuelle. Du fameux « mur d'Hadrien » qui marque le nord de l'Angleterre à l'Espagne, de l'actuelle Bretagne aux rivages bulgares de la mer Noire, nombre de pays du Vieux Continent ont été, pendant des siècles, des provinces romaines. Une partie de ceux du Moyen-Orient et du nord de l'Afrique aussi. C'est le point.

Quantité d'Européens, ne serait-ce qu'à travers les aventures du génial Astérix, ont entendu parler des conquêtes de César et de sa *Guerre des Gaules* qui lui permit, dans les années 50 avant J.-C., de soumettre les territoires correspondant aujourd'hui à la France, à la Belgique, à une petite partie du nord-ouest de l'Allemagne, et même de mettre le pied en Angleterre (César ne fait qu'accoster dans cette grande île que les Romains appellent « Bretagne ». L'occupation débute un peu moins d'un siècle après).

Lors de la décennie précédente, Pompée, son grand rival, avait soumis une partie de l'actuelle Turquie, avait investi la Syrie et était entré, arrogant, vainqueur et sacrilège, dans le Temple de Jérusalem.

Une même culture se répand dans tout cet univers. On trouve, dans de nombreux pays d'Europe, de l'Allemagne à l'Albanie, de l'Espagne à la Croatie en passant par la France et évidemment l'Italie, de magnifiques musées d'antiquités romaines, de splendides monuments, des routes pavées et des sites datant de cette époque. Il y en a tout autant, de même facture, d'un style identique, aussi émouvants, aussi grandioses, au Maroc, en Algérie, en Tunisie, en Libye, en Égypte, en Israël, en Jordanie, en Syrie, en Turquie. L'histoire de tous ces territoires repose sur un substrat romain, exactement comme celle des nôtres.

L'Empire romain n'est pas européen, il est méditerranéen. Dans nos représentations mentales d'aujourd'hui, cette mer marque une frontière entre un nord et un sud. Les drames des migrations du XXIe siècle nous le rappellent sans cesse. Pour un légionnaire, un marchand, un citoyen romain du temps d'Hadrien ou de Marc Aurèle, elle est un trait d'union. Cologne, aujourd'hui allemande, et Volubilis, qui se trouve à côté de Meknès, au Maroc ; Nîmes, en France, et Utique, à côté de Tunis, appartiennent au même univers. Le monde romain est un monde circulaire centré sur son berceau, cette *mare nostrum* considérée comme une mer intérieure.

Il a bien sûr fallu des siècles à Rome pour la dominer. Il y a d'abord eu les guerres contre Carthage (située dans l'actuelle Tunisie), sa rivale, qui formait le même rêve. Après sa destruction (en 146 avant J.-C.), les légions peuvent, tout en pénétrant peu à peu à l'intérieur des terres, entamer leur grand tour. Il est à peu près complètement effectué au temps d'Auguste, le premier empereur, qui règne au début de notre ère. Au IIe siècle, sous Trajan, l'Empire est à son apogée. Il court de la frontière de l'Écosse à la Mésopotamie, actuel Irak. C'est un monstre, de plus en plus difficile à gouverner d'un seul tenant. Au début du IVe siècle, Constantin entend lui donner une nouvelle capitale, une « nouvelle Rome » mieux située pour coordonner la défense face aux menaces diverses des Goths ou des Perses. Sur le site de l'ancienne cité grecque de Byzance, il fonde une ville à qui on donne son nom, Constantinople.

À la fin du même siècle, son lointain successeur Théodose décide qu'à sa mort l'Empire sera coupé en deux, selon une ligne qui passe au milieu de la Libye et remonte le long du Monténégro. Il y a déjà eu dans le passé de telles tentatives de partition. Celle qui a lieu en 395 est définitive. Il y aura désormais un empire romain d'Orient, gouverné depuis Constantinople, où, bientôt, on ne parlera plus que grec. Et un empire romain d'Occident (dont la capitale, pour des raisons militaires, sera d'abord Milan, puis Ravenne), où on continue à parler latin.

Cette moitié d'Empire est-elle à l'origine de notre territoire ? Pas encore. Pour un Romain de ce Ve siècle, être occidental, être du monde *latin* (et non grec), c'est être originaire du Latium, ou de Gaule, ou d'Afrique du Nord. Le plus grand personnage *occidental* de ce temps est saint Augustin (354-430), auteur des *Confessions* et Père de l'Église, excusez du peu. Il est né à Thagaste (aujourd'hui Souk Ahras, Algérie), étudia à Carthage (aujourd'hui dans la banlieue de Tunis) et fut évêque d'Hippone (aujourd'hui Annaba, Algérie).

Le premier christianisme

Nous voilà subrepticement arrivés à notre troisième pilier. Depuis la fin du XXe siècle, une question revient souvent dans le débat et divise l'opinion publique : l'Europe a-t-elle des « racines chrétiennes » ? On tâchera plus loin dans ce livre d'y répondre. Commençons ici par poser la question inverse : le christianisme a-t-il des racines européennes ? Pour le coup, la réponse ne fait aucun doute : non. C'est toujours, pour moi, un objet d'étonnement de constater à quel point ceux qu'on appelle les « identitaires », l'extrême droite nationaliste toujours plus bruyante, méconnaissent cette évidence. À les entendre chanter sur tous les tons une « Europe chrétienne », on jurerait qu'ils pensent que Jésus est né quelque part entre la Vendée, la Hongrie et la Pologne. Rappelons qu'il est né juif d'une famille de Nazareth, ville de Galilée, au sein d'un peuple dont toute l'histoire se partage entre les rives du Jourdain et celles du Nil. Après sa mort sur la Croix, à Jérusalem, le grand personnage de l'Église naissante est saint Paul, le treizième apôtre, comme on l'appelle parfois. Il était juif lui aussi, mais citoyen romain, né à Tarse, une petite cité aujourd'hui située en Turquie. Il se convertit à la foi en celui qu'il entendait combattre après avoir chuté sur le chemin de Damas et, dès lors, devint celui qui n'eut de cesse de séparer le christianisme du judaïsme, pour en faire cette religion universelle qu'il est toujours. L'autre grand disciple de Jésus était saint Pierre. Comme saint Paul, il serait mort à Rome. Le point n'est pas certain : cela fait des siècles que les papes creusent les sous-sols du Vatican pour trouver des tombes qu'ils ne trouvent jamais, mais cela leur a suffi pour construire l'histoire chrétienne sur cette succession géographique. Dans sa version catholique, qui ne s'imposera que tardivement, le christianisme est donc fondé sur ce grand saut sans étape entre Jérusalem (la vie de Jésus, puis la crucifixion) et Rome (les successeurs de saint Pierre, les martyrs jetés aux lions, puis la conversion de l'Empire romain).

C'est faire peu de cas de la réalité. Bien sûr, il y eut des chrétiens à Rome dès le Ier siècle, comme ceux que Néron fit périr, après les avoir accusés d'avoir déclenché le grand incendie dont il était sans doute responsable. Pour autant, la religion nouvelle s'est surtout étendue par cercles autour de son point d'origine. Elle s'est propagée dans les communautés juives du Proche-Orient et a ainsi peu à peu gagné Alexandrie d'Égypte, ou la Syrie, ou l'Asie Mineure, ou même la Mésopotamie. Dans tous ces pays se trouvent toujours leurs descendants, de plus en plus menacés par de nouveaux fanatismes. En Occident, on les appelle les « chrétiens d'Orient », avec un rien de condescendance, comme s'il s'agissait de cousins de province. Il serait plus juste de les appeler les « chrétiens premiers ». N'est-ce pas à Antioche que, selon les Actes des Apôtres, les croyants dans la foi du Christ reçurent pour la première fois ce nom ? Aux dernières nouvelles, la ville est en Turquie, pas en Irlande.

Au début du IVe siècle, après des siècles de persécutions, le christianisme est enfin autorisé par l'empereur Constantin. Désireux que le dogme soit enfin assis sur des bases claires, il lance la vogue des grands « conciles », ces réunions d'évêques qui ont pour but de déterminer où est la vérité de la foi et où sont ceux qui la rejettent, les hérétiques. La première de ces assemblées est la plus connue, car elle définit le « Credo », le court message résumant ce à quoi les chrétiens doivent croire. Elle se tient à Nicée (en 325), en Bithynie. On peut toujours s'y rendre, mais la petite cité a changé de nom. Toujours baignée par son grand lac, elle est devenue İznik, une fort jolie bourgade turque, célèbre depuis le XVe siècle pour ses céramiques, quintessence du raffinement ottoman. Sur les six conciles qui suivent (en s'échelonnant entre le IVe et le VIIIe siècle), trois se sont déroulés à Constantinople, un à Chalcédoine, aujourd'hui un faubourg d'Istanbul, un à Éphèse, en Asie Mineure, et le dernier de nouveau à Nicée.

Comment s'étonner de cette situation géographique ? Toutes ces réunions se font sous le haut patronage de l'empereur, qui est à Constantinople, et reflètent l'Église telle qu'elle est alors. Depuis l'époque des premiers apôtres, elle s'est organisée en évêchés, qui sont rassemblés sous la tutelle de grands patriarcats : Rome, Constantinople, Antioche, Jérusalem, Alexandrie. Sur les cinq, un seul n'est pas situé en Orient.

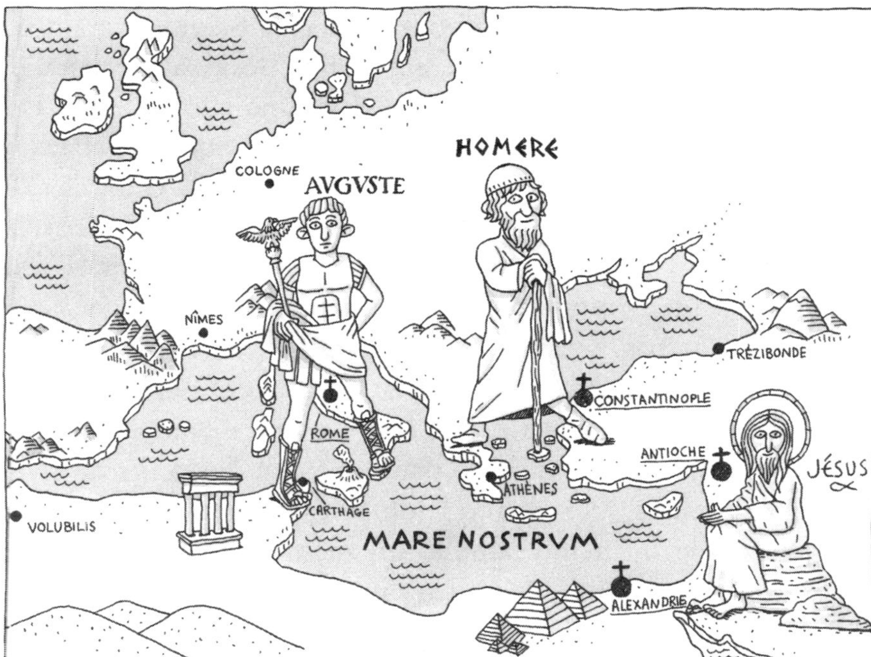

La vaine quête des ancêtres

Faut-il prendre les choses autrement ? Se placer là où se trouve géographiquement notre partie du monde et y chercher les débuts d'une histoire qu'on pourrait dire autochtone ? Partir en quête de « nos ancêtres », comme le faisaient les manuels d'histoire nationale du XIXe siècle ? Les Celtes sont parfois considérés comme de bons candidats pour jouer ce rôle. On désigne sous ce nom les populations qui, au moment de la conquête romaine, peuplaient l'Europe selon un arc qui irait de la mer Noire à l'Irlande ou à l'Écosse, en tirant une pointe au sud vers l'Espagne. Ce sont donc en majorité ces Celtes que les légions romaines ont dû affronter pour s'emparer des terres où ils se trouvaient. Ou pas. C'est le problème. Les avis divergent beaucoup sur la question.

Prenons l'exemple des Gaulois, qui peuplaient la Gaule – c'est-à-dire aujourd'hui, grosso modo, la France, la Belgique, le nord-ouest de l'Allemagne et même, un temps, le nord de l'Italie. Étaient-ils des Celtes, comme le pensent une partie des historiens (qui supposent que le mot « Celte » n'est que l'appellation grecque donnée à ceux que les Romains appelaient « Gaulois ») ? Ou formaient-ils un peuple à part, comme le pensent d'autres historiens ? On est dans le même flou pour les Ibères. Il est vrai qu'il est bien compliqué de s'y retrouver avec ces gens qui ne possédaient pas l'écriture et n'ont jamais eu l'idée, comme nos Romains, de constituer un État unifié. On sait donc des Celtes qu'ils n'ont jamais été unis sous une même couronne, mais formaient un ensemble de peuples ayant des traits de civilisation communs, des dieux semblables, une même culture, des langues de la même famille, un même art, en particulier celui des riches bijoux. On sait qu'ils se sont installés dans un premier foyer, situé à Hallstatt, aujourd'hui en Autriche (entre 800 et 500 avant J.-C.), puis dans un second, à La Tène, en Suisse. Et qu'ils ont essaimé pour s'implanter peu à peu. Cela signifie donc qu'il existait d'autres populations, avec d'autres civilisations, avant eux. Par exemple celles qui, des millénaires auparavant (entre 4500 et 2500 avant J.-C.), ont érigé les fascinants menhirs qu'on admire toujours dans l'ouest de l'Europe. Ou celles qui, il y a encore bien plus longtemps, ont produit les magnifiques grottes d'Altamira, en Espagne, ou de Lascaux, en

France. Oui, pourquoi tous ceux-là ne seraient-ils pas nos vrais ancêtres ? Ça complique d'autant nos pulsions généalogiques. Ou alors ça les calme.

A-t-on besoin d'ancêtres, après tout ? À quoi bon ? Tous les hommes ont les mêmes. Aux dernières nouvelles, ils sont quelque part en Afrique de l'Est.

L'arrivée des Germains

Plutôt que de se perdre dans cette vaine quête d'un point de départ, il vaut mieux prendre l'Histoire pour ce qu'elle est : un continuum, une boule de neige qui ne cesse de grossir en s'enrobant de nouvelles couches. Faisons donc à nouveau un saut dans le temps pour nous replacer quelque part vers la fin du IVe siècle de notre ère. L'Empire romain, secoué par d'innombrables crises, n'est plus aussi brillant qu'à son apogée (IIe siècle), mais, vaille que vaille, il réussit encore, de l'Occident à l'Orient, à faire régner la *pax romana*, la paix romaine. À la partie de l'Europe qu'il occupe, il a donc apporté déjà les trois premières strates sur lesquelles va se fonder notre histoire : la civilisation latine, la culture grecque et le christianisme, qui s'est répandu peu à peu et, après avoir été persécuté, est autorisé depuis le début du siècle. De l'autre côté de la frontière impériale, le *limes*, marqué par le Danube et le Rhin, sont d'autres peuples : les *Germains*. Du moins les Romains les appellent-ils ainsi. Je ne m'étendrai pas sur eux non plus. Faute de sources écrites, on n'en sait pas grand-chose de plus que des Celtes. Leurs dieux, Thor, Wotan et les autres, sont cousins entre eux ; leurs langues sont apparentées. Pour le reste, on est toujours dans le flou, ou dans le préjugé. Bruno Dumézil, un des plus grands spécialistes du haut Moyen Âge, l'écrit dans l'excellente somme intitulée *Les Barbares*, qu'il a dirigée : « Certaines recherches récentes ont montré que le concept de Germains, suggérant une unité ethnique, relève de la construction mentale[1]… » Disons donc prudemment qu'au nord et à l'est de la partie européenne vivent, dans les brumes et les forêts, *des peuples*.

En 406, poussés dans le dos par les Huns, qui déferlent depuis le fond de l'Asie, sous leurs noms divers, Vandales, Suèves, Alains, Francs, ils franchissent le Rhin, bousculent l'Empire et s'y installent. C'est le début de ce qu'on appelait les « grandes invasions » et que, sous l'influence de l'historiographie allemande, on préfère appeler maintenant les « migrations de peuples » (*Völkerwanderung*). Le moins qu'on puisse dire est que ces « migrations » sont turbulentes.

Partout dans l'Empire, et parfois avec l'accord des Romains, se sont donc formés différents royaumes. Ils finissent par étouffer le centre. Rome n'est plus que l'ombre d'elle-même. En 410, Alaric, un Wisigoth, la met à sac. En 476, un barbare nommé Odoacre en signe la mort symbolique. Il prononce, à Ravenne qui servait de nouvelle capitale, la déchéance d'un gamin de quinze ans que son père avait proclamé empereur. Le gosse porte le nom étonnant de Romulus Augustule, associant les noms du premier Romain et du premier empereur. Il sera le dernier, tout au moins pour la partie occidentale de l'Empire.

Assailli par d'autres Goths, et bientôt par les Slaves, le côté oriental a résisté. Là-bas, depuis Constantinople, pendant un millénaire encore, jusqu'à la prise de la ville par les Turcs en 1453, un empereur continue, fût-ce en langue grecque, à assurer la succession des Augustes et des Césars, avec ses courses de chars, son administration, ses codes de lois. Depuis le XVIe siècle, les historiens occidentaux appellent cette entité « Empire byzantin[2] ». Il ne s'est jamais appelé lui-même que « Empire romain ». Et les barbares le reconnaissent eux-mêmes comme tel. Quand Odoacre détrône Romulus, il envoie les insignes impériaux à Constantinople. Et, dans l'ancienne *pars occidentalis*, une nou-

1. Bruno Dumézil, *Les Barbares*, PUF, 2016.
2. D'après Byzance, le nom de la ville sur laquelle fut fondée Constantinople.

velle couche s'ajoute à notre boule de neige ; une autre histoire commence.

Les barbares

Vers les ve et vi^e^ siècles, les peuples germaniques font souche. Les Suèves ont un petit royaume à l'ouest de l'Espagne ; les Wisigoths tiennent un territoire qui comprend l'Aquitaine et tout le reste de l'Espagne ; les Alamans sont dans les Vosges, l'Alsace, le nord de la Suisse ; les Burgondes, autour du canal rhodanien et au sud de la Suisse ; les Ostrogoths, dans le nord de l'Italie. On en trouve même dans des endroits que Rome avait quittés, comme la grande île qu'on appelait alors la Bretagne, où prennent pied les Jutes, les Saxons, les Angles, qui lui donnent son nouveau nom : l'Angleterre[1]. On en trouve aussi, bien sûr, de l'autre côté de la Méditerranée occidentale. Presque toute l'Afrique du Nord, au début du ve siècle, est occupée par les Vandales.

La plupart de ces peuplades germaniques ont, à cette époque, un trait particulier, qu'on leur associe rarement. Elles sont chrétiennes. Seulement, par un curieux hasard de l'Histoire, elles ont été christianisées par un missionnaire professant une doctrine qui fut officielle un petit moment à Constantinople, avant d'être déclarée hérétique par le concile de Nicée mentionné plus haut. Elles sont *ariennes*[2]. Paradoxalement, cela complique leur installation. Tous les partis politiques connaissent cela. On met beaucoup plus de rage à éliminer les rivaux du même bord que les ennemis de l'autre rive. Tous ces envahisseurs sont d'autant plus rejetés par les populations qu'ils veulent soumettre, et d'autant plus violents et brutaux avec elles, que les uns et les autres croient dans le même Dieu, mais d'une façon différente.

1. Chassées, les populations celtes vont se réfugier de l'autre côté de l'eau, dans cette belle presqu'île qu'on appelait l'Armorique et qui prend désormais le nom de leur ancienne île, la Bretagne.

2. Doctrine formée par Arius (250-335), un prêtre d'Alexandrie qui faisait du Christ une sorte de super-prophète, et non un égal de Dieu le Père.

Restent, parmi toutes ces peuplades, les Francs, qu'on n'a pas encore nommés. Leur berceau est situé dans l'actuelle Belgique, autour de Tournai. Ils s'étendent peu à peu entre l'ouest de l'Allemagne et la partie nord de la France actuelle. À la toute fin du ve siècle, leur roi, appelé Clovis en français, Chlodwig en allemand ou Chlodoweg en néerlandais (n'oublions pas qu'il est belge), guerrier intrépide, multiplie les victoires, défait les derniers Gallo-Romains, les Alamans, les Wisigoths, et en retire un énorme territoire qui va de la Frise aux Pyrénées. Cela le pousse d'ailleurs à s'installer sur le tard à Paris, ville plus centrale pour lui. Ce barbare a, sur tous les autres, l'avantage d'être païen. En 496 (date supposée), il peut donc, à Reims, se faire baptiser dans le christianisme officiel, orthodoxe, c'est-à-dire comme il était pratiqué par les populations conquises. Cela lui permet d'appuyer son pouvoir sur l'aristocratie gallo-romaine, qui fournit les cadres de l'Église, dernière infrastructure de l'ancien monde à tenir debout. Cela lui vaut aussi le soutien déterminant de l'évêque de Rome, personnage bientôt essentiel de notre histoire.

2 – Le pape et l'empereur

Le voyage commence. Je suis arrivé tout à l'ouest de l'Allemagne, à quelques kilomètres des frontières belge et néerlandaise, à Aix-la-Chapelle ou *Aachen*, comme on dit ici. J'oublie la ville moderne, reconstruite après la guerre, ses parcs, ses établissements thermaux et ses pâtisseries (le piège à calories des villes d'eaux). Je me rends dans le cœur historique de la cité, là où se trouve le *palais* – ses vieux bâtiments, ses quelques ruelles pavées, son Trésor, un petit musée au design étonnamment moderne qui abrite des pièces d'orfèvrerie médiévale de toute beauté. Au bureau touristique, je prends mon billet pour la cathédrale. Je ne me laisse pas impressionner par le décor byzantin un peu surchargé qui saisit le visiteur à l'entrée – mosaïques en bleu et or pétants, une réfection du XIXe siècle. Le *Dom* – comme les Allemands appellent l'édifice – donne l'illusion curieuse de se trouver dans une Constantinople revue par Hollywood plutôt que dans le Land de Rhénanie-du-Nord-Westphalie. Je ne m'attarde pas non plus sous le spectaculaire lustre de lourd métal offert au XIIe siècle par l'empereur Frédéric Barberousse et sa femme. J'oublie même la somptueuse châsse toute dorée qui trône de l'autre côté du lieu, et qui contient pourtant de précieuses reliques : un lange de l'Enfant Jésus, le pagne dont il fut ceint pendant la crucifixion, la robe d'accouchée de la Sainte Vierge et le drap véritable dans lequel fut recueillie, il y a maintenant deux mille ans, la tête de saint Jean Baptiste. À la suite de la guide charmante qui conduit notre groupe en expliquant des tas de choses passionnantes que mon misérable allemand de classe de cinquième ne me permet pas de comprendre, je monte un petit escalier de ce qui formait la chapelle palatine du IXe siècle, désormais encastrée dans le reste de l'édifice, et je vois apparaître ce que je suis venu chercher.

Face à notre petite troupe, en haut de quelques marches, dominant la nef, dans sa blanche et froide simplicité, un siège de pierre : *der Thron Karls des Grossen*, le trône de Charlemagne. Certes, l'authenticité de la pièce est à peu près aussi garantie que celle des couches de l'Enfant-Dieu. Les datations la feraient remonter au plus au Xe siècle, c'est-à-dire au moins cent ans après la mort de celui qui était censé y avoir posé son impérial séant. Au moins est-on sûr que la ville où nous sommes est la bonne. Pendant longtemps, comme tous les souverains de l'époque, le roi Charles eut une capitale itinérante. Pour lui, c'était souvent une ville d'eaux : son biographe nous dit qu'il adorait nager. Sur le tard, devenu empereur, il élut Aix, car elle lui semblait placée à un bon point d'équilibre de son immense territoire. On sait aussi que la chapelle où je me trouve est un des derniers éléments subsistants de son palais. On est sûr d'autre chose, enfin, à propos du siège lui-même. Trente souverains s'y assirent, pendant six siècles, alors qu'ils venaient, dans cette cathédrale, se faire sacrer « roi des Romains » – une des étapes du chemin compliqué qui leur permettait, un peu plus tard, de faire le long voyage de Rome pour y recevoir la couronne d'« empereur du Saint-Empire ».

C'est sur cette route que je veux vous emmener. Dans la distance entre ces deux villes se trouve une clé essentielle de l'histoire européenne.

Naissance de l'Europe

Après les grandes invasions du Ve siècle, l'effondrement de l'empire romain d'Occident cédant la place à ces royaumes aux noms qui font fonctionner l'imaginaire, les Vandales, les Burgondes, les Ostrogoths, un grand personnage cherche à inverser le cours de cette histoire. Justinien (482 – règne : 527-565), l'empereur qui règne à Constantinople, le bâtisseur de l'église Sainte-Sophie, le plus haut édifice de son temps, veut reformer un empire romain uni. Ses généraux Bélisaire et Narsès lancent la reconquête. Ils réussissent à reprendre l'Afrique du Nord aux Vandales, le sud de l'Espagne aux Wisigoths, l'Italie aux Ostrogoths. Mais, en quelques décennies, tout ce qu'ils ont conquis est reperdu. La parenthèse a été éphémère. Après Justinien, l'empire d'Orient quitte définitivement notre histoire occidentale et retourne à l'Orient, où sont d'autres périls. Il doit d'abord mener la guerre contre les Perses, qui l'épuise. Puis, à partir des années 630, affronter une incroyable déferlante : les conquêtes arabes. Partis à l'assaut du monde depuis leur foyer d'Arabie à la mort du Prophète, Mahomet, en 632, ces guerriers montés sur leurs petits chevaux font une entrée spectaculaire dans l'histoire du monde. En un peu plus de cent ans, ils se taillent un empire qui va des frontières de la Chine aux marches des Pyrénées. L'Espagne devient presque entièrement musulmane, comme toute l'Afrique du Nord.

Cela pose un nouveau paramètre, fondamental. Pendant tous les siècles romains, la Méditerranée était un trait d'union. Depuis la conquête arabe de l'Afrique du Nord (et, accessoirement, de l'Espagne), elle marque une limite. Au sud, l'Islam. Au nord, une nouvelle entité. Celle que nous cherchons : l'Europe.

La thèse n'est pas neuve. On la doit à Henri Pirenne (1862-1935), un grand historien belge qui a commencé à l'élaborer dans les années 1920 : quand les Arabes ont fait de la *mare nostrum* latine un lac musulman en mettant fin au commerce entre les deux rives, le Nord a dû retrouver d'autres échanges, d'autres fonctionnements économiques, et s'est recentré vers un autre point d'équilibre, vers les bassins de la Meuse et du Rhin, point de départ de l'histoire européenne. Depuis, d'autres historiens ont pu critiquer cette proposition : le propos est inexact, ont-ils plaidé, puisque le commerce n'a jamais vraiment cessé entre Orient et Occident… Mettons donc l'économie à part. Pour le reste, suivons Pirenne. Le fait est là. La configuration qui se met en place aux VIIe et VIIIe siècles relance l'histoire sur d'autres bases.

L'évêque de Rome devient le pape

La nouvelle donne contribue par exemple à la montée en puissance d'un personnage essentiel, l'évêque et patriarche de Rome, celui que, en ce haut Moyen Âge, on commence à appeler du nom familier et respectueux de « père » : *il papa*, le pape. Il n'était, au départ, qu'un parmi les cinq patriarches qui formaient la « pentarchie », autour de laquelle s'est organisée l'Église chrétienne. Depuis la disparition de l'empire d'Occident, il dépendait aussi, comme les quatre autres, du seul empereur restant, celui de Constantinople. Selon les moments, cette dépendance est plus ou moins lâche. Grégoire le Grand (règne : 590-604), une rude personnalité qui – quoiqu'il n'y soit pour rien – a laissé son nom au chant grégorien, réussit à vivre sa vie de pontife en quasi-indépendance. Il règne, administre, organise avec autorité sur sa partie du monde chrétien. Quand il envoie saint Augustin de Cantorbéry avec quarante moines évangéliser les Angles et les Saxons de Grande-Bretagne, il n'en réfère à personne. Martin Ier (règne : 649-653) est moins chanceux. Il commet l'imprudence de s'opposer au énième nouveau virage théologique que veut imposer l'empereur byzantin. Blasphème. Il est arrêté en pleine basilique de Latran et envoyé à Constantinople, où il est molesté par la foule, emprisonné, mis à nu, fouetté – dit la chronique –, puis finalement exilé dans une geôle au bord de la mer Noire où il meurt.

En principe, en échange de leur subordination à l'empereur de Byzance, le pape comme les autres patriarches sont censés recevoir aide et protection. Après Justinien, Byzance est de moins en moins capable de les donner. C'est le problème. Au VIIe siècle, trois patriarcats (Alexandrie, Jérusalem, Antioche) tombent aux mains des Arabes. Au VIIIe siècle, celui de Rome est sous la pression des Lombards, un nouveau peuple germanique qui s'est installé dans le nord de l'Italie. Le pape sait qu'aucun appui ne lui viendra de l'est. Il le cherche donc à l'ouest et renoue un vieil axe avec le puissant peuple qui domine l'Europe occidentale : les Francs.

Charles et Léon

Après les Mérovingiens, successeurs de Clovis, les Carolingiens, une nouvelle famille issue du bassin de la Meuse, gouvernent le *regnum Francorum*. Le premier des grands noms de cette dynastie est Charles Martel, installé à Metz. En 732, en repoussant les Arabes à la bataille de Poitiers, il réussit à récupérer à son profit toutes les terres situées au sud-ouest de l'ancienne Gaule. En titre, il n'était que ministre des derniers Mérovingiens. Son fils Pépin le Bref veut devenir roi. C'est lui qui scelle l'alliance romaine. Nouveau sur le trône, il a besoin d'une bonne bénédiction céleste pour se légitimer. En 751 par un archevêque, puis une deuxième fois en 754 par le pape lui-même, Pépin est *sacré* roi des Francs, une première chez eux. La pratique est imitée de ce qu'on a lu dans l'Ancien Testament et remonte au temps du roi David. Seuls, jusqu'alors, quelques rois wisigoths d'Espagne l'avaient exhumée. Aussitôt, en échange, Pépin part en guerre, reprend aux Lombards des terres du nord de l'Italie et les donne au pape. Celui-ci en fera son domaine personnel, les « États pontificaux », promis à une longue postérité : ils perdureront jusqu'en 1870.

À Pépin succèdent ses deux fils Carloman et Charles qui, comme tous les Francs, sont censés se partager l'héritage et s'apprêtent donc à se faire la guerre pour se le disputer. Carloman a le bon goût de mourir avant le début des hostilités (771). Reste Charles, celui qui nous intéresse, Karl der Grosse, Charles le Grand, Carolus Magnus, Carlo Magno, *Charlemagne*. Avant tout, il est un guerrier, un conquérant qui n'a de cesse de faire la guerre dans toutes les directions pour agrandir son territoire. Il combat les Avars (vers l'actuelle Hongrie), les musulmans (au nord de l'Espagne), et règle le problème lombard (en Italie) en devenant leur roi. C'est un viveur, qui aime manger, nager, adore les femmes, et n'hésite pas à en épouser plusieurs en même temps. C'est surtout un grand chrétien. Cela peut le conduire à des excès de zèle regrettables. L'obsession de sa vie est de convertir les Saxons qui vivent dans le nord de l'Allemagne actuelle. Il en fera massacrer des milliers pour les amener aux douceurs de l'Évangile. Cela peut le conduire aussi à plus de bienveillance.

À Rome, depuis 795, règne, fort mal, Léon III. Quelques grandes familles romaines, qui font et défont les papes, veulent sa peau. On l'accuse de crimes divers, sodomie, adultère, un grand classique de l'époque des accusations contre les papes. En avril 799, dans les rues de Rome, il est jeté à terre par des hommes de main qui veulent lui crever les yeux. Effrayé, le pauvre Léon se rend auprès du seul puissant qui peut lui donner protection : le roi des Francs. Il le trouve à Paderborn, où Charles était installé alors – encore une ville d'eaux. On ignore ce qu'ils se sont dit et l'accord qu'ils ont passé. Tout juste sait-on qu'en décembre 800 Charlemagne est en visite à Rome, pour régler et juger cette histoire d'attentat, et que le 24 ou le 25, alors qu'il est agenouillé, en prière, dans la basilique Saint-Pierre, Léon pose sur sa tête une couronne et l'intronise « empereur d'Occident ».

Sonnez flûtiaux antiques, résonnez tambours des légions ! Revoici le temps des Augustes et des Césars. Le glorieux Empire romain est ressuscité. Le lecteur attentif aura noté toutefois qu'il n'est pas tout à fait le même que celui que nous avons vu disparaître. Sa géographie est différente. Son christianisme est désormais éloigné de sa souche orientale. Et son chef n'est pas un Méditerranéen qui a appris à lire dans Homère ou Cicéron, mais un barbare encore analphabète (malgré ses efforts, Charlemagne ne saura jamais lire) d'origine germanique. Un nouveau cadre, une religion qui s'émancipe et un barbare qui prend la couronne romaine : voilà les trois éléments qui sont à la base de l'histoire de l'Europe. Elle commence dans ce face-à-face entre ces deux personnages essentiels, le pape et l'empereur.

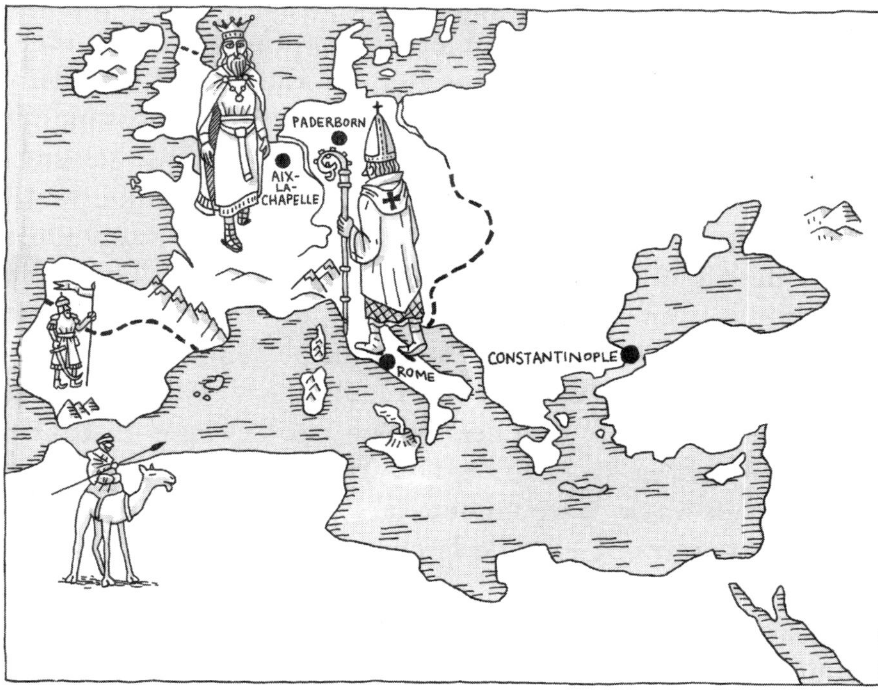

Le Saint-Empire

Le fait d'avoir posé la couronne sur la tête d'un empereur a mis le patriarche de Rome dans une position centrale. Il n'aura plus guère envie de la quitter. Officiellement, il est toujours un patriarche parmi les autres. Dans les faits, la rupture est en germe. Dès le temps de Charlemagne, les disputes doctrinales sont âpres. Elles peuvent porter sur des points pour nous obscurs. Chez les Orientaux, on pense que, dans la Trinité, le Saint-Esprit procède du Père. Chez les Occidentaux, on soutient qu'il procède du Père ET du fils. On appelle ça la querelle du *Filioque* (« et du Fils », en latin). Elle occupe pendant des temps infinis. De façon générale, les Byzantins sont de plus en plus exaspérés par les « innovations romaines » : le jeûne du samedi ou le célibat des prêtres, cette absurdité. Pendant deux siècles, périodiquement, le pape et le patriarche de Constantinople s'envoient des noms d'oiseaux. En 1054, ces derniers volent encore plus bas que d'habitude. Les deux vénérables prélats se balancent toutes les horreurs possibles et imaginables, et finissent par s'excommunier. C'est le schisme. La partie orientale de l'Église continue à être fidèle à Constantinople, à l'empereur, aux patriarches, à la tradition et aux dogmes établis depuis des siècles : on la dira *orthodoxe*. À l'ouest de l'Europe se crée cette branche à part du christianisme que nous appelons le catholicisme. Son principe même est de placer Rome au centre du jeu. Tous les évêques qui s'en revendiquent reconnaissent comme premier d'entre eux l'évêque de Rome, clé de voûte du nouvel édifice. Débarrassé de ses rivaux orientaux, le pape va se vivre comme le seul représentant légitime de Dieu sur terre, le chef de la chrétienté.

Le second personnage clé est l'empereur. Dans la longue mémoire européenne, Charlemagne lui-même en campera longtemps le type idéal. On le retrouvera dans toute la littérature médiévale en souverain juste et sage, entouré de ses preux. Dans la réalité historique, aidé de ses brillants conseillers, comme l'Anglo-Saxon Alcuin, qui promeuvent l'éducation, relancent le goût des arts et des lettres, il a effectivement favorisé ce qu'on appelle aujourd'hui la « renaissance carolingienne », un retour aux temps brillants de l'Antiquité. La seule chose qu'il n'ait pas ressuscitée de Rome, c'est la *res publica*, le principe de l'État, l'idée de cette entité qui doit être supérieure aux hommes, et survivre aux princes. Comme tous les souverains germaniques, Charles a une conception patrimoniale de son territoire, qui doit être partagé entre les héritiers. Après le règne de son fils Louis le Pieux, ses trois petits-fils s'y mettent en s'entre-déchirant avec furie. Ils finissent par s'entendre sur le traité de Verdun (843). Il coupe le gâteau carolingien en trois parties égales dans le sens de la longueur : une Francie occidentale, une Francie orientale et une Francie médiane, appelée Lotharingie parce qu'elle revient à un certain Lothaire. Les gens qui ont une conception nationale de l'histoire en font souvent grand cas, car ils veulent y voir dessinée l'histoire européenne à venir : à l'ouest, l'embryon de la future France ; à l'est, celui de l'Allemagne et, au milieu, un morceau que les deux premiers passent leur temps à se disputer.

Cela me paraît un raccourci un peu rapide, qui a le défaut de créer une fausse équivalence. Du côté ouest, on peut sans doute voir dans les petits rois carolingiens qui tentent de régner les lointains prédécesseurs des puissants rois de France. Dans la partie orientale se produit bientôt un événement d'une autre nature : la renaissance de l'Empire. Quelques générations après la mort de Charlemagne, il avait disparu. Au Xe siècle, l'Europe occidentale fait face à de nouveaux envahisseurs venus de l'est : les Hongrois. Par une victoire éclatante, un noble de Saxe, Otton, réussit à les bloquer. Cela lui confère un prestige qui l'autorise à toutes les dignités. En 962, à Rome, des mains du pape, il reçoit la couronne impériale. À son tour, celui qui devient Otton le Grand refonde l'Empire romain.

Germanique ?

Pour les Français, les Anglais, les Espagnols, l'événement qui vient de se produire est une affaire allemande, et appartient à son histoire. Dans la plupart des livres français, par exemple, on appelle cette entité le « Saint-Empire romain germanique ». Erreur. L'empire d'Otton se nommait l'« Empire romain ». À partir du XIIe siècle, sous un de ses successeurs qui cherchait une caution religieuse, on l'appelle le « Saint-Empire romain » – ou, plus simplement, le « Saint-Empire ». Ce n'est qu'à partir du XVe siècle, lorsque l'ensemble se resserre sur le monde allemand, qu'on commence à l'appeler « germanique ». Certes, depuis Otton et jusqu'à la dissolution de cet ensemble, en 1806, les empereurs appartiennent aux grandes familles germaniques et sont élus par la noblesse allemande. Mais le territoire sur lequel ils règnent, au gré des temps, ira bien au-delà. Le Saint-Empire, ce sont les actuelles Allemagne, Suisse, Autriche. Ce seront aussi la Bohême, et toute la moitié nord de l'Italie, la moitié de la Belgique, et le tiers oriental de la France d'aujourd'hui. Besançon et Lyon, qui nous semblent si françaises, seront pendant des siècles des villes d'Empire. À partir du XIe siècle, le « royaume d'Arles » en fait également partie : la Provence est impériale ! Dans ce grand manteau d'Arlequin coloré et divers, on parle certes tous les dialectes allemands, mais aussi italien, tchèque, polonais, français, provençal et bien sûr latin, la langue du pouvoir et de l'administration.

Il y eut beaucoup de grands empereurs au Moyen Âge. Le préféré et le plus connu des Allemands est Frédéric Barberousse (1122-1190). Né Hohenstaufen, dans l'actuel Bade-Wurtemberg, et duc de Souabe, il passe sa vie à asseoir son autorité impériale, mène des campagnes contre les villes rebelles du nord de l'Italie et meurt noyé sur le chemin de la croisade, en ratant le passage d'une rivière d'Asie Mineure. Une légende médiévale dit qu'il en est revenu pour s'endormir, avec ses chevaliers, sous les montagnes du Kyffhäuser, en Thuringe, d'où il ressortira pour restaurer la grandeur de l'Allemagne. On visite encore le lieu, orné d'un monument gigantesque et sinistre construit à la fin du XIXe siècle en l'honneur de Guillaume Ier, l'homme de Bismarck, qui se prenait pour son successeur. Ne serait-ce que par cette récupération, ce Frédéric Ier apparaît en effet comme très allemand.

Peut-on en dire autant de son petit-fils Frédéric II (1194 – règne : 1220-1250) ? Il est, par son père, de cette même famille des Hohenstaufen. Par sa mère, il descend des seigneurs normands qui sont devenus rois de Sicile après en avoir chassé les musulmans. Né par hasard à côté d'Ancône, il passe sa jeunesse à Palerme, où il apprend l'arabe qu'il parle comme le latin, le grec, le franco-normand, l'allemand. Il est sacré à Aix-la-Chapelle comme tous les empereurs mais rêve déjà d'Orient. Quand il reprend Jérusalem, lors de la seule croisade qui fut menée sans un combat, il songe à s'en faire nommer roi, en plus de ses autres couronnes. Et son sarcophage de porphyre se trouve toujours dans la cathédrale de Palerme, la ville de ses premières années.

Songeons aussi, en avançant encore dans le temps, à Charles IV (1316 – règne : 1355-1378). Il était Luxembourg, et donc, lui aussi, de famille allemande. Il a joué un rôle majeur dans l'histoire du Saint-Empire, car il en a modifié les conditions d'élection. Jusqu'alors, l'impétrant était désigné par un nombre infini de petits nobles allemands, ce qui donnait lieu à d'interminables querelles. Sa « Bulle d'or » – c'est le nom qu'on donne aux textes importants – simplifie la donne en limitant à sept le nombre des électeurs, des grands princes et des évêques. Il la promulgue à Metz, ville aujourd'hui française, qui ne l'était pas alors. Charles se rapprochait de son pays de cœur. Il avait été élevé à la cour du roi de France, son parrain. Par sa mère, il avait hérité du trône de Bohême. Il fait de Prague, ville à la fois tchèque et allemande, sa capitale et l'une des cités les plus belles de l'Europe du temps. Tous les voyageurs qui s'y rendent connaissent le fameux pont Charles, qu'il fit construire et à qui on a donné son nom.

Tous les empereurs qu'on croit germaniques portaient un rêve universel. Désignés par Dieu, ils prétendaient au *dominium mundi*, le gouvernement du monde tout entier. L'ambition n'a rien de si original, quand on a une couronne comme la leur sur la tête. Les empereurs de Chine, qui disaient régner selon le mandat du Ciel, les sultans de l'Empire ottoman, qui se voyaient comme l'« ombre de Dieu sur terre », ont partagé la même : eux aussi voulaient être les rois du monde. La particularité est que, en Occident, un autre personnage aspirait au même rôle : le pape.

★

Revenons à la scène primitive de cette histoire, telle qu'elle s'est déroulée dans la basilique Saint-Pierre, à Noël 800. Le pape, ai-je écrit, a posé la couronne sur la tête de Charlemagne pour le faire empereur. Je n'ai pas encore dit la suite : à en croire son biographe, le couronné en a été furieux ! Il veut bien devenir empereur, mais pas de cette manière. Il fallait d'abord qu'il soit choisi par acclamation de son peuple, comme on faisait chez les rois germaniques, qu'il tire sa légitimité de lui-même, et qu'ensuite elle soit approuvée par Dieu et son représentant. Le pape estimait, à l'inverse, qu'il revenait à lui seul de désigner le prince gérant les réalités de ce monde. Qui doit être le patron du monde chrétien ? Le pape, ou l'empereur ? C'est la grande obsession, la grande question de toute l'histoire de l'Europe pour les siècles qui suivent. Elle ne cesse de se reposer sous les formes les plus diverses. Qui a le pouvoir d'investir les évêques ? L'empereur, supérieur du seigneur où se trouve le diocèse, ou le pape, patron du clergé ? Est-ce que le pape peut mettre son nez dans l'élection impériale ? Est-ce que l'empereur peut mettre le sien dans l'élection pontificale ? Les historiens appellent cette interminable querelle la « lutte du Sacerdoce et de l'Empire ». Elle dure du XIe au XIIIe siècle, et donne lieu à des scènes surréalistes. En 1077, Henri IV, empereur, se traîne en habit de pénitent, à genoux, dans la neige, face à la forteresse de Canossa où réside alors le redoutable Grégoire VII (1015 – règne : 1073-1085), parce que ce dernier a exigé un repentir public pour lever l'excommunication dont il avait frappé l'empereur. C'est donc le pape, le patron, comme le pense très officiellement Grégoire VII, le champion de ce qu'on appelle la « théocratie pontificale ». Dès qu'il s'est remis en selle, l'empereur ne le pense plus. Il s'appuie sur son clergé et dépose le pape.

Avec tous les empereurs suivants, les Frédéric Barberousse, les Frédéric II, le même feuilleton recommencera, avec d'autres bagarres, d'autres excommunications et d'autres « antipapes », des candidats de l'empereur non reconnus par Rome. Et quand, après la mort de Frédéric II (1250), l'Empire, en crise, n'est plus que l'ombre de lui-même, le nouveau puissant de l'Europe prend le relais. Dans les années 1300, c'est au tour de Philippe le Bel, roi de France, de se quereller à mort avec le pape, à propos des prérogatives de l'un et de l'autre sur le clergé du pays. C'est lui qui, pour être tranquille, réussit à faire élire un pontife français, et à l'installer à Avignon, ville impériale, mais toute proche de son royaume. On note toutefois qu'il ne l'a pas fait venir à Paris. Le détail compte.

La plupart des grandes religions n'ont pas connu cette distinction ni ces bagarres entre le pouvoir temporel et le pouvoir spirituel. Comme Mahomet l'avait été à Médine, les califes qui lui succèdent sont à la fois chef religieux et chef d'État, et les deux s'enchevêtrent. En Chine, il y a toujours eu plusieurs religions dans l'empire, et toutes ont toujours été à la main des empereurs. Elle n'existait pas non plus nécessairement dans le christianisme. De nombreux chrétiens, aujourd'hui, soutiennent le contraire. Jésus a toujours refusé le pouvoir. N'a-t-il pas proclamé qu'il fallait rendre à César ce qui est à César et à Dieu ce qui est à Dieu ? Jésus le pensait peut-être. Pas les premiers empereurs romains qui régnèrent en son nom. Pour eux, on ne peut s'occuper de Dieu que sous le contrôle de César. Quand Constantin organise le christianisme, il met en place un système parfois appelé le « césaro-papisme » : l'empereur est le « lieutenant de Dieu sur terre » ; c'est lui qui a toujours le dernier mot sur toutes les questions de foi, de doctrine, d'organisation de l'Église et de pouvoir en général. Dans la Russie des tsars, comme dans la plupart des pays orthodoxes, la tradition a perduré. Le clergé est toujours soumis au pouvoir politique. Et cette soumission est d'autant plus facile à obtenir que le patriarche est établi dans la ville où se trouve l'empereur. À partir de Charlemagne, et grâce à lui, cette configuration n'existera jamais en Occident. Les deux pouvoirs y seront toujours distincts. La distance physique qui sépare le pape de l'empereur (ou, plus tard, des rois) est une source de discorde, on vient de le voir. À terme, elle me semble une source de bienfaits. À mon sens, c'est dans ce large fossé placé dès le départ entre le temporel et le spirituel que germe lentement la laïcité, qui n'apparaîtra que des siècles plus tard. Bénissons-le.

3 – Du christianisme et autres racines

J'aurais pu prendre une voiture et tailler la route pour aller visiter, cheveux au vent, les ruines d'une antique abbaye perdue dans un vert vallon, comme celle de Glendalough, qu'on dit sublime. Elle n'est qu'à une heure, vers le sud. Il pleuvait fort. J'ai eu la flemme. Je suis resté à Dublin et, après un *irish stew* arrosé de Guinness, en hommage aux spécialités locales, je suis allé me réfugier dans la magnifique bibliothèque de Trinity College, vénérable université située au centre-ville.

Dans les premières salles, on trouve exposé sous des vitrines un trésor national, le *Livre de Kells*. Cet évangéliaire tout de dorure, typique de l'art celte, a été dessiné, peint, composé vers l'an 800 par des moines installés à Iona, une île au large de l'Écosse, puis, pour échapper aux raids des Vikings, mis à l'abri pendant des siècles dans l'abbaye irlandaise qui lui a donné son nom. Ce n'est pas simple à lire, un manuscrit enluminé du IXe siècle. Je cherche à reconnaître qui est saint Marc, saint Matthieu, saint Luc ou saint Jean parmi les personnages représentés au début de chaque Évangile. Je n'y arrive jamais. Alors je me perds, sans rien comprendre du texte, dans les courbes et lacis de rouge et d'or qui le dessinent. Tant mieux. Tout en faisant mine de l'admirer, je peux voyager en pensée dans l'histoire de la christianisation de l'Europe.

Hormis les Irlandais, la plupart des Européens ignorent le rôle essentiel que joua l'Irlande dans ce lent processus, aux temps lointains du haut Moyen Âge. Le pays que les Romains appelaient Hibernie, et qu'ils n'ont jamais conquis, est évangélisé, au début du Ve siècle, par le célèbre saint Patrick dont, tous les 17 mars, on fête encore le souvenir, à coups de pintes, à travers le monde. Si on en croit son hagiographie (sujette à caution, comme toutes les vies des saints de ces périodes reculées), ce fils d'un officier romain en poste en Bretagne (c'est-à-dire en Angleterre) est enlevé par des pirates et conduit dans la grande île, où il découvre Dieu. Il y revient et, à coups de miracles, mais aussi, selon la tradition, en enseignant au peuple les mystères de la Trinité avec un trèfle à trois feuilles, devenu l'insigne de l'Irlande, il en fait une terre toute vouée à la foi du Christ et bientôt couverte de monastères. Vers les VIe et VIIe siècles, les moines qui y vivent se sentent emplis d'une vocation missionnaire. Les uns après les autres, ils quittent leur île et affrontent marées, vents et tempêtes pour évangéliser le monde.

Saint Colomba (521-597), suivi, dit la tradition, de ses douze disciples, porte la bonne parole dans le nord de l'Angleterre et en Écosse. C'est lui qui fonde l'abbaye d'Iona où fut composé le magnifique manuscrit que je regardais à Trinity College.

Le plus fameux coreligionnaire est son presque homonyme, saint Colomban (540-615). Il s'occupe du continent. L'Europe occidentale a été christianisée du temps des Romains, mais si superficiellement que, partout, les anciens cultes, mâtinés sans doute de ceux apportés par les Germains, ont repris leurs droits. Parti de Bangor (Irlande du Nord), notre Irlandais débarque en petite Bretagne (ex-Armorique) et trace son chemin en Gaule franque. Après avoir noué une alliance avec un roi mérovingien d'Austrasie (à l'est de la France actuelle), il fonde un monastère à Luxeuil, non loin des Vosges. Les moines de la grande île sont célèbres pour la sévérité de leurs mœurs. Ils pratiquent nombre de jeûnes et de mortifications. Leur règle, lit-on dans une *Histoire du catholicisme*, va jusqu'à prévoir des coups de fouet pour « celui qui ne se sera pas assez retenu de tousser » au moment de l'office[1]. Colomban est de cette trempe. Peu après s'être installé, il se mêle de la vie du siècle et en vient à tonner contre les pratiques impies de la reine Brunehaut, qui multiplie les adultères et les bâtards. Elle le chasse. Il reprend la route, se pose sur les rives du lac de Constance, puis, laissant son compagnon saint Gall évangéliser la Suisse, s'établit dans le nord de l'Italie chez le roi des Lombards, un arien dont il obtient, avec l'aide de sa dévote de reine, la conversion à l'orthodoxie. Fort de cette protection, il fonde un nouveau monastère sur une colline solitaire, autour de laquelle se développera plus tard la petite ville de Bobbio, et il y meurt.

Pendant ces siècles, il y eut beaucoup d'autres évangélisateurs. Ils n'étaient pas forcément irlandais. Saint Augustin de Cantorbéry (mort en 604), le premier archevêque de cette ville, dont on a raconté déjà qu'il avait été envoyé par le pape pour convertir le sud de l'Angleterre, était auparavant un prieur romain. Saint Boniface (vers 680-754), « apôtre des Germains », élu archevêque de Mayence, qui évangélisa la Thuringe et une grande partie de l'Allemagne, et qui finit, martyr, tué par les païens en Frise, était lui-même originaire d'Angleterre.

L'Irlandais Colomban reste un des plus célèbres de tous ceux-là. Les Italiens en ont fait le patron des motards, ce qui est étonnant pour un homme qui ne s'est jamais déplacé qu'à pied ou en bateau. Le très croyant Robert Schuman, un des pères de l'Europe des années 1950, voyait plutôt en lui un bon candidat au poste de saint protecteur de l'unité européenne. Le titre ne nous paraît pas usurpé.

Des orthodoxes et des catholiques

Aux VIIIe, IXe, X^e^ et XIe siècles, le christianisme ne cesse de s'étendre sur la carte du Vieux Continent. Dans la plupart des cas, il s'est implanté par d'autres voies que celles des prédications de

1. Jean-Pierre Moisset, *Histoire du catholicisme*, Flammarion, 2006.

saints moines. Charlemagne s'est servi de l'épée pour faire entrer l'amour du prochain dans la tête des païens saxons. Cela lui a d'ailleurs coûté sa place au paradis. Au XIIe siècle, Frédéric Barberousse, fou d'amour pour son glorieux prédécesseur, impose à l'antipape qu'il a nommé de le canoniser. Dans les siècles qui suivent, l'Église le retire du martyrologe, le catalogue des saints, pour marquer sa désapprobation d'un prosélytisme aussi sanglant – sans toutefois empêcher son culte. On fête toujours saint Charlemagne dans le nord de la France et de l'Allemagne, et en Belgique.

La plupart du temps, le basculement passe, si on ose écrire, par la tête. Le pays devient chrétien dès lors que son roi choisit de le devenir. Comme on l'a vu avec Clovis, les conversions des princes sont intimement liées à la géopolitique. À partir du IXe siècle, le monde chrétien est scindé en deux pôles : d'un côté le pape et le Saint-Empire romain, de l'autre Byzance. En envoyant ses missionnaires chez tous les princes encore païens, chacun de ces deux rivaux cherche à toute force à faire tomber les pays dans sa sphère d'influence. En 861, le Bulgare Boris Ier choisit le christianisme byzantin, comme le prince de Serbie à cette même période. En 966, Mieszko Ier, duc des Polânes – d'où va sortir la Pologne –, lié par sa femme à la Bohême, déjà catholique, et voisin du Saint-Empire, se fait baptiser dans le christianisme romain, comme le roi de Hongrie Étienne Ier, vers l'an mille. C'est ainsi, au gré des hasards stratégiques et des choix d'alliance, que s'est dessinée la grande frontière entre orthodoxie et catholicisme, qui existe toujours.

Évidemment, la tradition pose toujours que le choix du prince est dû à un authentique cheminement spirituel. Elle nous le rapporte même parfois sous des formes qui relèveraient presque du *benchmarking*[1]. Dans l'actuelle Ukraine se sont installés au IXe siècle des Vikings venus de l'ouest de la Scandinavie, les Varègues. Unis aux Slaves, ils ont fondé un petit État, la Rus' de Kiev, considéré comme le berceau de l'actuelle Russie. Il lui a

1. Techniques de marketing consistant à étudier ce que font les entreprises concurrentes.

d'ailleurs donné son nom. À la toute fin du xe siècle, Vladimir, le prince varègue, toujours païen, veut choisir une nouvelle religion. Pour pouvoir faire son choix, nous dit sa légende, il fait venir à lui tous les représentants de ce qui se pratique alors : des musulmans du califat de Bagdad, des Khazars, un peuple de la mer Noire converti au judaïsme, des envoyés du pape. Il rejette leurs avances les unes après les autres : l'islam à cause de l'interdiction de l'alcool, le judaïsme parce que Dieu a dispersé ce peuple, le christianisme de Rome parce qu'il le trouve austère, sinistre. C'est ainsi, racontent encore aujourd'hui bien des Russes orthodoxes, que Vladimir le Grand a élu leur religion, la plus belle, la plus fervente, la plus joyeuse, etc. Les historiens préfèrent rappeler que le prince a surtout choisi la puissance avec laquelle son petit État était déjà lié militairement et commercialement, et que Constantinople avait su lui faire miroiter des cadeaux de baptême difficiles à refuser. En échange de sa conversion (988), Vladimir reçoit non seulement une ville, mais aussi la propre sœur de l'empereur, une princesse au nom splendide : Anna *Porphyrogénète*, « née dans la pourpre », c'est-à-dire dans le palais du souverain régnant. Le mariage scelle un lien avec Constantinople que, des siècles plus tard, Moscou continue de revendiquer.

Bien sûr, il est très difficile de savoir comment, une fois le prince converti, le peuple tout entier bascule. On cite toujours, dans les chroniques, des scènes miraculeuses de baptêmes collectifs. Les choses ne se sont pas toujours aussi bien passées. Au début du xe siècle, un roi viking de Norvège qui s'est converti chez ses cousins devenus rois en Angleterre entend, à son retour, imposer le christianisme dans son pays. Cela se traduit par des décennies de révoltes, d'églises brûlées, de prêtres chassés par un peuple qui refuse à toute force une religion qu'il exècre. Mais, *in fine*, les Norvégiens deviennent chrétiens.

Y eut-il ailleurs autant de résistances ? En tout cas, dans la mémoire historique, elles sont oubliées, noyées sous des siècles d'eau bénite. Relevant des hasards de la stratégie, les choix des princes deviennent, dans la mémoire, des signes miraculeux d'un choix de Dieu qui, par extension, s'est porté aussi sur tout un peuple et sur la terre qu'il habite à ce moment-là. Au fil du temps, Vladimir, qui s'est effectivement fait baptiser lui-même, devient l'homme qui a « baptisé la Russie », comme Étienne la Hongrie, Mieszko la Pologne, ou Clovis, ce Germanique mérovingien, récupéré plus tard par les rois de France, est celui qui a « baptisé la France ». Le Franc étant, comme on s'en souvient, le premier dans cette longue liste de barbares convertis, les monarques capétiens réussirent même à décrocher du Saint-Siège, pour leur France, le titre de « fille aînée de l'Église ».

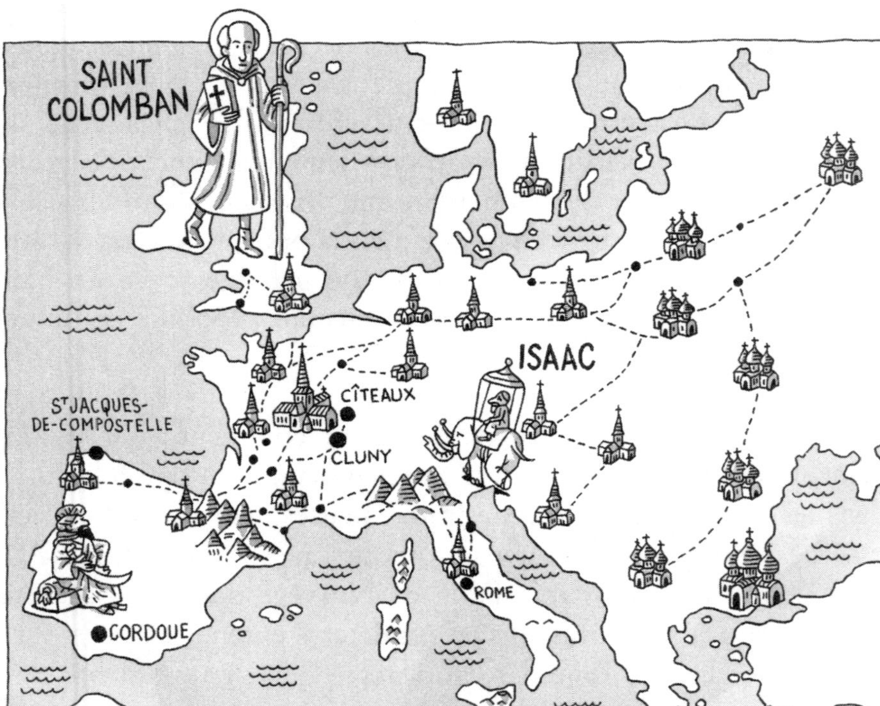

Naissance de la chrétienté

De cette métamorphose d'événements politiques en phénomènes religieux vient cette curieuse façon de donner une coloration ethnique à un choix spirituel, de le regarder par un biais national. Le procédé a été prégnant à la fin du XIXe siècle, l'époque du délire nationaliste. Il revient en force dans notre XXIe siècle, qui s'en approche. J'avoue que j'ai toujours beaucoup de mal à comprendre comment on peut se dire à la fois chrétien et nationaliste, comment on peut mélanger deux principes à ce point contraires. L'Ancien Testament pose certes l'idée d'un peuple élu, mais le propre du Nouveau est d'avoir rompu avec elle. Depuis saint Paul, le christianisme est universel. Le Dieu qu'il promeut ne parle à aucun peuple en particulier, puisqu'il s'adresse à tous.

Il est vrai – on ne cesse de l'expliquer depuis le début de ce livre – que cette religion, comme toutes les religions, s'est développée dans un cadre géographique particulier. Précisément, depuis que le christianisme latin dirigé par Rome (que nous appelons catholique) s'est séparé du christianisme grec dirigé par Byzance (que nous appelons orthodoxe), s'est formé en Europe occidentale un espace nouveau : la *chrétienté*. Elle n'est pas organisée par nations, puisque celles-ci n'existent pas encore, ni même par pays. Elle est perçue, par ceux qui la défendent, comme une vaste et unique Église unifiée dont l'Évangile – tout au moins la façon dont Rome l'interprète – est la fondation, et le pape la clé de voûte.

Pour organiser cet espace, le pape dispose d'un clergé. Le clergé *séculier*, celui qui gère les ouailles, n'est pas forcément le plus fiable. Les évêques, depuis leurs diocèses, seront de plus en plus soumis aux pouvoirs politiques locaux, aux seigneurs, aux princes, qui ont tendance à se comporter eux-mêmes en potentats. Le bas clergé, celui des prêtres du quotidien, des curés des paroisses de campagne, ne brille pas toujours par de hautes compétences. En tout cas, à chaque fois qu'on parle d'eux pendant tout le Moyen Âge, c'est pour leur reprocher leur instruction déplorable, leurs mœurs relâchées. Deux mots typiques de l'époque médiévale reviennent sans cesse, à propos des uns et des autres : la *simonie*, le péché consistant à vendre des actes religieux, et le *nicolaïsme*, le fait de vivre en concubinage ou de s'adonner à la luxure. Sans doute le jugement, un peu trop général, est-il brutal. Il devait bien se trouver, parmi l'armée des clercs, de bons pasteurs. On note en tout cas qu'à chacun des grands conciles qui sont réunis par les papes pendant le Moyen Âge sont prises des résolutions qui promettent d'en finir avec ces horreurs et que, en général, on les retrouve sous la même forme au concile suivant.

En revanche, le pape peut s'appuyer sur le clergé *régulier*, cette armée de moines installés dans l'extraordinaire maillage d'abbayes qui se met en place au Moyen Âge.

Prie et travaille

Le monachisme est une invention orientale. On la doit à saint Antoine le Grand, un Égyptien qui le premier, entre les IIIe et IVe siècles, part seul dans le désert pour s'éloigner du monde et se rapprocher de Dieu. Après lui, d'autres font de même, mais se retrouvent ensemble : ce sont les *cénobites*, qui entendent vivre leur vie en communauté dans l'imitation du Christ, la pauvreté, la chasteté, l'obéissance au Père et au supérieur qui le représente. Le père du monachisme occidental est saint Benoît de Nursie, un Italien du VIe siècle qui fonde un monastère au mont Cassin, dans le Latium. Il y édicte pour ses frères de communauté une règle de vie qui mélange la prière et le travail (un bénédictin du XIXe siècle résumera cela d'une célèbre formule latine : « *ora et labora* »). D'autres, comme les Irlandais, peuvent avoir leurs coutumes à eux. La plupart des grandes abbayes médiévales suivront la voie bénédictine, celle de saint Benoît. Une des plus illustres est celle de Cluny, en Bourgogne, fondée en 910. Deux siècles après, un abbé réformateur, estimant que Cluny est tombée dans un état de décadence lamentable, en fonde une autre, à Cîteaux, toujours en Bourgogne, mais à 100 kilomètres au nord. Chaque fois, ces maisons mères essaiment en « abbayes filles » et l'ensemble des établissements et des moines qui y demeurent forme un ordre, celui de Cluny – l'ordre *clunisien* – ou celui de Cîteaux, qu'on appelle *cistercien*, et qui est renommé pour son austérité, son goût du dépouillement.

À côté des abbayes d'hommes, d'autres sont destinées aux femmes et dirigées par des abbesses. La plus célèbre des grandes bénédictines du Moyen Âge est sainte Hildegarde de Bingen (1098-1179), une mystique qui fascina par ses visions, pratiqua la médecine et composa des hymnes et des chants liturgiques qu'on interprète encore. Son abbaye existe toujours, dans l'ouest de l'Allemagne, mais elle a été reconstruite au début du XXe siècle. On peut en visiter beaucoup d'autres. Je conseille aux voyageurs le monastère d'Alcobaça au Portugal, situé sur la route entre Porto et Lisbonne. La façade de l'église a été reprise au XVIIIe siècle en style baroque, mais la nef, avec sa forêt de hauts piliers, est typique de ce gothique lumineux et dépouillé qu'aimaient les cisterciens. Ce sont eux qui fondèrent l'endroit, sur un terrain offert par le roi. On peut toujours s'y recueillir sur le tombeau d'Inès de Castro, la « reine morte » (1325-1355). Elle était la maîtresse de dom Pedro, l'infant de Portugal, qui l'aimait d'un amour fou. Le roi, pour des raisons politiques, la fit tuer. Aussitôt qu'il succède à ce père cruel, Pedro fait exhumer son amante pour la placer à côté de lui sur le trône et obliger tous les courtisans qui avaient participé au crime à baiser la main du cadavre.

Les âmes élevées qui cherchent des lieux moins chargés d'histoires aussi profanes iront ailleurs. Elles ont le choix. Il existe une « route européenne des abbayes cisterciennes[1] » qui va de la Suède à la Galice et de la Poméranie polonaise au midi de la

1. https ://www.cister.net.

France. On en trouve sans doute de semblables pour tous les autres grands ordres. Comment s'en étonner ? Rayonner est leur principe même. Grâce aux grands domaines qui les font vivre, les abbayes peuvent se tenir à l'écart des pouvoirs locaux, et se consacrer à leur vocation : elles sont les piliers de la chrétienté tout entière. Cluny, dès sa fondation, est placée explicitement sous la dépendance du pape. Au XIe siècle, elle devient le fer de lance de la « réforme grégorienne » que Grégoire VII et d'autres pontifes mettent en place pour asseoir leur pouvoir sur l'Occident. Cîteaux s'attribue le même rôle deux siècles plus tard. Les deux abbayes sont situées dans la France actuelle. Elles ne sont pas pour autant *françaises*. Saint Étienne Harding (1050-1134), le troisième abbé de Cîteaux, qui donne à l'ordre la charte qui l'organise, est né en Angleterre, a voyagé en Écosse, étudié à Paris, fait le pèlerinage à Rome et, au retour, a trouvé la grande demeure où il est resté. L'ordre, à son époque, a pris un vif essor grâce à un autre saint : Bernard, qu'on appelle Bernard de Clairvaux en référence à la petite annexe de l'abbaye mère qu'il a fondée en Champagne avec quelques compagnons. Il est un des personnages les plus importants et les plus célèbres du XIIe siècle. Comme toutes les stars, il est pétri de contradictions. Fils de Cîteaux, il prône l'humilité, le retrait, et ne jure que par les plus dures mortifications pour dompter son orgueil. Dans le même temps, il circule sans cesse, se mêle de tout, et on n'entend plus que lui. Y a-t-il une querelle entre deux rivaux pour le trône de saint Pierre, il est en Italie pour soutenir l'un contre l'autre. Il est en France pour conseiller le roi ou tonner contre les imprudents qui osent ne pas partager ses idées. Il est dans l'Empire pour prêcher devant l'empereur. Il passe son temps à courir l'Europe pour faire la leçon à tout le monde.

L'Église s'est alors donné pour mission de faire régner la paix, au nom de l'Évangile, ou, tout au moins, de pacifier les mœurs. Un peu à la fois, elle tente d'endiguer la guerre en l'interdisant certains jours de la semaine, en incitant les gens d'armes à protéger les plus faibles, à épargner aux populations civiles la violence des combats. Le « droit d'asile », qui fait de certains endroits des abris inviolables, remonte à l'Antiquité. Les églises et les monastères du Moyen Âge le réactivent. On doit pouvoir s'y mettre sous la protection de Dieu. Au fil des siècles, le christianisme romain a ainsi un rôle que nous dirions *civilisateur*, même si, à nos yeux, cet idéal de douce concorde peut prendre des détours étonnants.

Les chemins du pèlerinage

Au XIe siècle, les Turcs, un nouveau peuple venu d'Asie centrale, s'installent peu à peu au Proche-Orient, jusqu'alors dominé par les Arabes, et le déséquilibrent. Ils perturbent les pèlerinages des chrétiens à Jérusalem, jusque-là protégés, et ils menacent militairement l'Empire byzantin. L'empereur de Constantinople appelle à l'aide le vieux rival romain et le pape décide de répondre positivement. En 1095, à Clermont, il invite tous les chevaliers chrétiens d'Occident à aller délivrer le tombeau du Christ. C'est ainsi que commence la croisade. Le point qui nous intéresse ici est qu'elle s'inscrit dans ce mouvement vécu alors comme pacificateur. En appelant à cet étonnant pèlerinage armé, le pape poursuit un double but. Il veut rappeler que c'est lui qui a le pouvoir sur l'Occident. Il cherche aussi à canaliser cette violence entre princes chrétiens en la détournant vers un objectif qu'il juge saint et élevé. Des expéditions en Terre sainte, nous retenons les massacres. Celui qui accompagna la prise de Jérusalem, en 1099, lors de la première expédition, dépasse l'entendement par son étendue. Les chroniqueurs du temps parlent de rivières de sang. Le pape de l'époque retint sans doute surtout ce qui suivit : les milliers de chevaliers qui, leur holocauste accompli, se jetèrent à genoux devant le Saint-Sépulcre pour remercier Dieu de leur avoir permis de « délivrer le tombeau du Christ ».

Saint Bernard lui-même prêche la deuxième croisade à Vézelay devant le roi de France, puis à Spire devant l'empereur, avec une fougue qui extasie ses contemporains. Il devient aussi l'un des promoteurs de l'ordre des Templiers, la première de ces institutions religieuses et militaires qui se donnaient pour but de défendre par le fer les royaumes chrétiens en Terre sainte. Comment un moine, voué à l'Évangile, peut-il porter une arme ? Saint Bernard a la réponse. Lorsqu'on tue un infidèle, on n'est pas « homicide », mais « malicide ». On ne tue pas un homme, mais le mal, et cela vaut le paradis puisque, ce faisant, on « exécute à la lettre les vengeances du Christ ». Au nom de l'amour de Dieu, il invente la guerre sainte, concept périlleux.

D'autres pèlerinages sont authentiquement pacifiques. Ceux qui ne font pas le chemin de Jérusalem peuvent aller à Rome, en descendant une vieille route qui court l'Italie. Ou alors ils font le chemin de l'Espagne. Vers 800, dans la belle province de Galice, au nord-ouest de la Péninsule, on trouve par miracle les restes de saint Jacques le Majeur, un des compagnons de Jésus, pêcheur du lac de Tibériade, connu pour son tempérament enflammé. Les Actes des Apôtres (12 : 2) nous apprennent qu'il est mort décapité en 44 de notre ère, quelque part en Judée. La tradition soutient que ses disciples ont ensuite apporté ses restes dans ces confins d'Europe. En tout cas, un ermite affirme y avoir senti leur présence, et un miracle confirme son intuition. Au-dessus du champ (*campus*) où se trouve le corps brillait une splendide étoile (*stella*), d'où le nom de l'église, puis de la ville édifiées dessus : Saint-Jacques-de-Compostelle.

La pratique de le visiter s'était perdue. Depuis la fin du XXe siècle, elle reprend vie. On s'y rend toujours, à pied, forcément, avec les attributs des pèlerins du Moyen Âge, au chapeau une coquille, à la main un *bourdon*, le lourd bâton du marcheur, qui le soutient et le défend à l'occasion, contre les chiens errants ou les rencontres inopportunes. De nos jours, les derniers kilomètres sont âpres : la ville nouvelle forme des banlieues sans charme qui n'en finissent pas. Mais le but du voyage vaut toujours le coup. La vieille ville et sa cathédrale sont de toute beauté. On achève sa longue randonnée dans la file de marcheurs qui attendent de pouvoir monter quelques marches, derrière l'autel, pour embrasser dans le dos une effigie de saint Jacques, aussi rutilante et dorée qu'un prélat napolitain. On refait la queue pour descendre dans la crypte s'incliner devant ses restes. Puis, empli de la satisfaction du devoir accompli, on va chercher son diplôme.

Tous les anciens pèlerins français que je connais ont rapporté au moins un mot espagnol de leur escapade. Ils citent tous le *camino francés*, le chemin français, l'antique itinéraire qu'ils ont suivi et qui, depuis mille ans, traverse leur pays. Pour se rendre à Saint-Jacques, il en existe tant d'autres. Un *camino inglés* (partant des ports de la côte nord, où débarquaient les voyageurs arrivés d'Angleterre en bateau), un chemin portugais, deux routes principales venues du Saint-Empire, la *Niederstrasse* (passant par Aix-la-Chapelle et Bruxelles, avant de rejoindre Paris et les Pyrénées) et l'*Oberstrasse* (parcourant d'abord l'Allemagne du Sud et la Suisse), et même une route scandinave. Comme tout ce qui concerne le christianisme au Moyen Âge, le pèlerinage est européen.

★

Faut-il donc, après cette longue démonstration, en arriver à une conclusion qui semblera d'évidence ? Est-il légitime de parler des « racines chrétiennes de l'Europe » ? Depuis une vingtaine d'années, la question est lancinante. Elle revient régulièrement, sous-tendue par des arrière-pensées parfois pures, souvent peu charitables : il ne s'agit pas tant de rappeler que l'Europe a été chrétienne, il s'agit d'en exclure ceux qui ne le sont pas. À mon sens, on n'a nul besoin de se plonger dans les débats politiques du XXIe siècle pour trancher ce débat. L'histoire suffit. Cette expression de « racines chrétiennes » est inadéquate et fausse.

Le premier reproche qu'on peut lui faire est de prétendre à un monopole auquel elle n'a pas droit. Le christianisme romain a une place essentielle dans la formation politique de notre continent.

Pourquoi faudrait-il oublier pour autant les autres religions qui y ont contribué ? Si le grand pèlerinage de Saint-Jacques est si populaire, dans ce nord de la péninsule espagnole, c'est aussi qu'il se fait aux frontières de ce qui est alors la chrétienté. C'est là qu'il faut aller la défendre, et prier pour son expansion. Tout près, au sud, en effet, il y a les musulmans. Ils se sont installés en Espagne en 711 et le dernier royaume maure, celui de Grenade, couronné de son sublime palais de l'Alhambra, tombera en 1492. Ils y ont développé une culture, une civilisation propre, brillante, raffinée, qui s'étend donc sur huit cents ans. Pendant deux siècles aussi, ils sont en Sicile. Convient-il, sur des durées pareilles, de parler simplement d'« occupation musulmane », comme on le lit encore ? Parle-t-on d'« occupation chrétienne » de l'Amérique ? Par cette présence, l'islam appartient depuis le Moyen Âge à l'histoire de l'Europe.

Depuis l'Antiquité romaine, de nombreux juifs s'y sont installés. On peut donc supposer qu'ils y sont depuis au moins aussi longtemps que les chrétiens. Des fouilles ont fait sortir de terre, à Barcelone, à Ostie, des synagogues qui remontent aux IIIe et IVe siècles, peut-être même au Ier. La plus vieille toujours debout date de 1094 : elle se trouve à Erfurt, en Allemagne, mais ne sert plus au culte ; elle a été transformée en musée. Celle de Lincoln, en Angleterre, a vu le jour en 1150. Celle de Prague n'a été édifiée qu'en 1270, mais elle est la plus vieille à être toujours en activité. On a exhumé à Rouen, dans les années 1970, une demeure qui porte le beau nom de « maison sublime », car cette inscription biblique a été retrouvée sur un mur. On ignore à quoi servait le lieu exactement, mais on est sûr qu'il appartenait à des familles juives. Il date de 1100.

Le plus souvent, on envisage l'histoire des juifs au Moyen Âge sous l'angle de la persécution. Il ne faut pas la nier. Le roi mérovingien Dagobert (VIIe siècle), se voulant très chrétien, fut un grand persécuteur de juifs. Les Wisigoths d'Espagne voulaient carrément les éliminer, ce qui explique pourquoi les juifs accueillirent les musulmans en sauveurs.

Il ne faut pas oublier non plus que, durant d'autres très longues périodes, les juifs vécurent chez eux en Europe occidentale, en harmonie avec les autres populations. Charlemagne eut des conseillers juifs, dont Isaac, le fameux voyageur qui participa à l'ambassade envoyée chez le calife de Bagdad et fut seul à en revenir, avec un éléphant blanc donné en cadeau par le prince de l'Orient. Rachi, un des plus illustres commentateurs du Talmud, vit à une époque charnière. Il est contemporain des grands massacres de juifs du Rhin que commirent les foules fanatisées partant à la première croisade, dans les années 1090. Lui vivait à Troyes, en Champagne. Il y eut une existence paisible, partagée entre l'étude des textes saints et son autre métier de vigneron.

Un mot, enfin, de ces païens dont on a beaucoup parlé depuis le début de ce chapitre. Le propre de l'évangélisation de l'Europe fut d'en venir à bout. Cela prit du temps. Les derniers, vivant en Lituanie, résistèrent jusqu'au xve siècle. Le mot lui-même, que nous avons utilisé par commodité, peut sembler péjoratif. Il est dérivé du latin *paganus*, « paysan ». Le païen, c'est l'homme de la terre, le rustaud des campagnes, qui n'a pas encore reçu les lumières venues des cités. Pour le coup, les racines sont clairement de son côté à lui. En parler, à propos du christianisme, devient absurde dans ce contexte. L'expression nous ferait croire que le christianisme a été planté dans une terre vierge, qu'il est un point de départ, une souche. Il est plutôt un semis tardif sur un champ planté depuis longtemps. Le Dieu unique qu'il adore prend la place d'autres, comme ceux-ci, quelques millénaires auparavant, avaient germé là où d'autres encore préexistaient. Par bien des aspects, il ne les remplace d'ailleurs pas. Comme toutes les autres religions, le christianisme ne s'est pas implanté en faisant table rase des cultes précédents, mais en les absorbant. Comme à Rome, le culte des saints, si vivace dans l'Europe médiévale, a servi de succédané au polythéisme. Partout, les sainte Anne et les Vierge Marie ont servi à remplacer les déesses païennes. Les églises se sont édifiées sur les temples anciens, les fêtes chrétiennes sur les cultes ancestraux des saisons. Le ménage n'a pas toujours été bien fait. Le calendrier nous le dit encore. En français, dimanche est le jour de *Dominus*, le Seigneur, mais jeudi celui de *Jovis*, Jupiter, comme le Thursday anglais est celui de *Thor*, dieu germanique. Où sont les racines sur une terre habitée par les hommes depuis des millénaires ? Au mieux peut-on parler de greffes et de buissons.

4 – Des chevaliers et des rois

Où puis-je vous emmener pour mettre en scène mon sujet ? J'ai l'embarras du choix. Sous les austères murailles de Windsor Castle qui continue, chaque année, à attirer des fans de la famille royale britannique ? Sa construction a commencé sous Guillaume le Conquérant et on lui prête d'être le plus ancien château encore habité d'Europe. Ou de l'autre côté du Vieux Continent, dans ce qui est aujourd'hui le nord de la Pologne et fut jadis la Prusse ? On y admire l'impressionnante bâtisse de brique rouge de Malbork. Sous le nom de Marienbourg, elle abrita l'état-major des redoutables chevaliers Teutoniques. Ou à Loarre, dont les fières tours dominent la plaine depuis le XIe siècle ? Ce château-ci se trouve en Aragon. Quoi de plus beau qu'un château en Espagne ? Peut-être un autre château en Transylvanie. Celui de Hunedoara fut édifié au XVe siècle par un riche régent d'un royaume devenu, par les vicissitudes du destin, une province roumaine.

Je pourrais aussi tenter le second degré historique. Direction Neuschwanstein, en Bavière. Quoi qu'indiquent ses tourelles et son piton rocheux, le plus visité des châteaux d'Allemagne n'a rien de médiéval. Fruit des songes de Louis II, il est une chimère de Moyen Âge, un Moyen Âge comme le fantasmait un roi enivré de Wagner et de romantisme. Ce rêve dura longtemps, et nous permet de monter d'un échelon encore en poussant notre voyage jusqu'aux États-Unis. Le château de la Belle au

Bois dormant du Disneyland de Floride a été construit, dans les années 1950, sur le modèle de la folie bavaroise.

L'Europe – et même au-delà – d'un château à l'autre. Et le Moyen Âge comme tous les Européens – et au-delà – se le représentent, avec ses murailles crénelées, ses mâchicoulis, ses ponts-levis, ses chevaliers et ses belles dames. Comment échapper à une mythologie aussi puissante ? Elle est constitutive de notre identité continentale. Plongeons-y.

Charlemagne a certes repris la couronne des Césars, mais il n'a pas réussi à perpétuer ce qui, pendant des siècles, a assuré la gloire et la puissance de Rome : un État, c'est-à-dire une administration qui organise le pouvoir, avec ses impôts, ses codes de lois, ses armées. Au Moyen Âge, il n'existe plus. Entre 950 et 1050 se met en place en Europe le régime féodal, une autre façon de gouverner les hommes.

Après la mort du premier empereur d'Occident, les temps sont difficiles. Le continent est bouleversé par de nouvelles invasions. Les Vikings l'attaquent par le nord, les Hongrois par l'est. La guerre est partout, la menace constante. Le premier but de la féodalité est de garantir la sécurité. Elle fonctionne sur des pactes d'homme à homme. Le moins puissant des deux, le *vassal*, promet au plus puissant, son *suzerain*, de le conseiller et de l'aider dès que celui-ci l'appellera à l'aide. En échange, le seigneur donne à l'autre une petite terre, un *fief*, d'où vient le mot « féodal ». Le vassal pourra y assurer sa subsistance et produire de quoi se procurer des armes et un cheval. Il sera *chevalier*. Peu à peu, pour augmenter leur protection, les seigneurs érigent des *châteaux* – le mot dérive du latin *castrum*, qui désigne, littéralement, un endroit *retranché*. Ils sont au départ en bois, puis prennent leur aspect de château fort, avec tours et créneaux.

Nos systèmes politiques, au moins dans le principe, reposent sur l'égalité de tous. Le pouvoir émane de l'ensemble des citoyens, qui délèguent une partie de leur souveraineté à des chefs qui les représentent. Le monde féodal est pyramidal : chaque vassal est soumis à un suzerain, lequel est lui-même le vassal d'un autre seigneur plus élevé. On peut même reproduire ce système pour le reste de la société : les paysans qui forment la masse des humains n'appartiennent pas à un ensemble ; ils dépendent eux-mêmes d'un seigneur, à qui ils donnent le produit de leur travail et à qui ils versent des taxes, en échange de sa protection. Pour autant, les liens qui les unissent au seigneur ne sont pas les mêmes que ceux qui unissent chevaliers et seigneurs. Ils ne sont pas de la même caste. La société féodale n'est pas composée d'individus égaux. Elle est divisée en trois ordres, presque étanches entre eux, qui classent les hommes selon la fonction à laquelle leur naissance les a destinés. Adalbéron de Laon, un évêque de l'an mille, en a résumé l'essence dans une formule célèbre. Tout en bas de la société humaine sont les *laboratores*, ceux qui travaillent, la masse, les paysans, ceux qui n'ont comme rôle que de servir et de nourrir. Tout en haut, les *oratores*, ceux qui prient, c'est-à-dire le clergé, qui assure le salut des âmes. Entre les deux, les *bellatores*, ceux qui font la guerre, les chevaliers, la noblesse, ceux qui tiennent le pouvoir et se partagent le territoire.

Les chevaliers

Au départ, durant les siècles turbulents du haut Moyen Âge, cette noblesse est fort rustique. Il faut du temps pour que les guerriers à cheval mal dégrossis de l'an mille deviennent des *chevaliers*, avec toutes les connotations positives de galanterie et de courage que nous donnons à ce mot. L'Église est pour beaucoup dans ce mécanisme civilisateur. C'est elle qui va conférer une onction religieuse aux diverses cérémonies féodales, comme celle de l'*adoubement*, par lequel un jeune homme est fait chevalier, ou celle de l'*hommage*, par lequel, comme l'indique l'étymologie, un individu se déclare l'« homme » d'un seigneur, son vassal, en s'agenouillant devant lui pour placer ses mains jointes dans les siennes. Le geste de la prière chrétienne – ces deux mains serrées qui sont placées symboliquement dans celles du Seigneur Dieu – en est d'ailleurs un écho. L'Église, j'en ai parlé, cherche à dompter cette violence, en enseignant la protection des plus faibles, ou à la détourner vers des buts jugés nobles – j'ai mentionné aussi les croisades en Terre sainte, huit expéditions qui s'étalent sur deux siècles (1095-1291). Y participent au départ les chevaliers francs venus de ce qui est aujourd'hui le nord de la France, de l'Allemagne ou de la Belgique, comme Godefroy de Bouillon, duc de ce qu'on appelait alors la Basse-Lotharingie. On y verra passer les rois de France, d'Angleterre, l'empereur du Saint-Empire, mais aussi des princes hongrois, autrichiens, aquitains, toulousains, et même un doge de Venise, qui prit part à la plus consternante de ces équipées. Partie comme les autres pour « délivrer le tombeau du Christ », mais financée par de l'argent vénitien, l'expédition s'arrête en chemin à Constantinople (1204) et finit en pillage en règle de la ville, pourtant chrétienne.

Durant ces mêmes siècles, les papes auront l'occasion de prêcher d'autres croisades, qui occuperont d'autres chevaliers européens, comme la Reconquista, la guerre faite pour repousser les musulmans d'Espagne, comme les expéditions contre les hérétiques cathares, en Occitanie, ou contre les païens des régions baltes.

Ces équipées ne vont pas sans horreurs. En donnant à toute cette noblesse des ennemis communs, les « Sarrasins », les « Grecs », ces chrétiens orientaux généralement méprisés, les hérétiques, les païens, elles renforcent son identité commune. Peu à peu, elles participent aussi à son idéalisation. La chevalerie devient ce monde de preux qui se battent au service du Christ. La littérature y contribue. À la fin du XIe siècle et au début du XIIe apparaissent, dans le sud de la France actuelle, puis au nord de l'Espagne et de l'Italie, les troubadours, ces poètes qui vont de châteaux en châteaux. Ils essaiment et on retrouve leurs cousins sous d'autres noms, les trouvères dans la France du Nord, les *Minnesänger* dans le monde germanique. Ils chantent l'héroïsme des chevaliers à travers de longs textes en vers, les chansons de geste, comme la *Chanson de Roland*, qui romance les aventures de Charlemagne et de ses preux en expédition en Espagne. Cette circulation culturelle est européenne. Le cycle des aventures des chevaliers du roi Arthur est issu d'Angleterre, et enrichi par Chrétien de Troyes (1135-1183). Dans les aventures de Lancelot, il ajoute l'élément féminin et amoureux qui manquait. Le compagnon d'Arthur est un combattant impavide et dévoué, mais il est fou d'amour pour la reine Guenièvre, femme du roi. La belle dame pour qui combat le chevalier est un des grands thèmes de ce que le XIXe siècle baptisera l'« amour courtois ». Il irrigue l'imaginaire pendant fort longtemps. Même quand l'organisation politique prend d'autres formes, la littérature continue à chanter les chevaliers, leur geste héroïque et leurs amours. Quelques-uns des plus grands romans de chevalerie sont publiés au XVIe siècle et, une fois encore, ils ont des origines diverses : *Palmerin d'Angleterre*, quoi qu'indique son nom, nous vient du Portugal ; *Amadis de Gaule* – dont le surnom du héros, Beltenebroso, le « beau ténébreux », est entré dans la langue –, d'Espagne ; le *Roland furieux* et la *Jérusalem délivrée*, d'Italie.

Les chevaliers, *stricto sensu*, constituent donc le premier grade de la noblesse. Il y en a bien d'autres, qui suivent cette hiérarchie de titres qu'on a toujours dans l'oreille. Hormis les barons, mot de racine germanique, la plupart remontent à l'époque romaine et l'étymologie nous rappelle à quelle fonction d'origine ils se rattachent : les comtes (latin *comes*) sont les compagnons de l'empereur, sa suite ; les marquis, ceux qui tiennent les *marches* – les provinces frontières de l'Empire ; les ducs (latin *dux*), les chefs, les généraux. Tous, de vassaux en suzerains, forment une pyramide au sommet de laquelle trônent les rois.

Les rois

Tout le sens de l'histoire occidentale médiévale tient dans la volonté des rois d'augmenter leur pouvoir pour conquérir leur autonomie. C'est ainsi que se dessinent peu à peu sur la carte les différents États que nous connaissons. Le processus est long, complexe. Selon l'idéal de la chrétienté, les rois devaient être subordonnés à l'empereur. Dans les faits, sa préséance n'est que protocolaire. Quoiqu'ils s'y essaient constamment, les souverains ont plus de mal à s'affranchir de l'autorité des papes, qui disposent de vrais pouvoirs pour l'imposer. Quand il s'oppose à un prince, même sur des questions d'ordre privé, le pontife peut l'excommunier, mais aussi « jeter l'interdit » sur tout son royaume, c'est-à-dire y déclarer nuls tous les sacrements, les mariages, les enterrements. Il le fait par exemple en 1193, lors du long conflit qui l'oppose au roi de France Philippe Auguste parce que celui-ci a répudié sa femme, une princesse danoise, le lendemain même des noces, sans raison et sans autorisation. L'arme est efficace. En 1194, Philippe cède à Rome et organise une réconciliation, au moins de façade, avec la malheureuse Danoise, ce qui permet de rétablir le fonctionnement des églises.

Dans les années 1160, Henri II, roi d'Angleterre, avait poussé très loin ces rêves émancipateurs. En guerre pendant des années avec Thomas Becket, l'archevêque de Cantorbéry, qui lui reproche de vouloir contrôler le clergé pour le soustraire à l'autorité de l'Église, il vide la querelle avec une violence inouïe. Le 29 décembre 1170, des courtisans d'Henri assassinent le prélat dans la cathédrale, devant son autel. Était-ce sur ordre du roi, était-ce pour lui complaire ? Le fait est que le scandale, immense, oblige le roi à faire pénitence publique, à revenir sur ses réformes, et Thomas Becket, canonisé trois ans après sa mort, devient un des saints les plus populaires du temps.

Partout, les rois doivent surtout lutter contre leurs féodaux. Au départ, selon les principes mêmes de cet ordre féodal, ils en dépendent pour tout. Il faut faire appel à eux pour aller à la guerre, il faut faire appel à eux pour juger quelqu'un qui dépend de leurs seigneuries, il faut faire appel à eux quand on a besoin d'argent. Pendant des siècles, les rois vont peu à peu travailler à avoir leurs propres armées, leur propre justice, leur propre administration, leurs propres impôts. Ils vont aussi asseoir leur pouvoir en abaissant la puissance de leurs vassaux ou, au contraire, en inventant de fascinants jeux d'alliance avec eux.

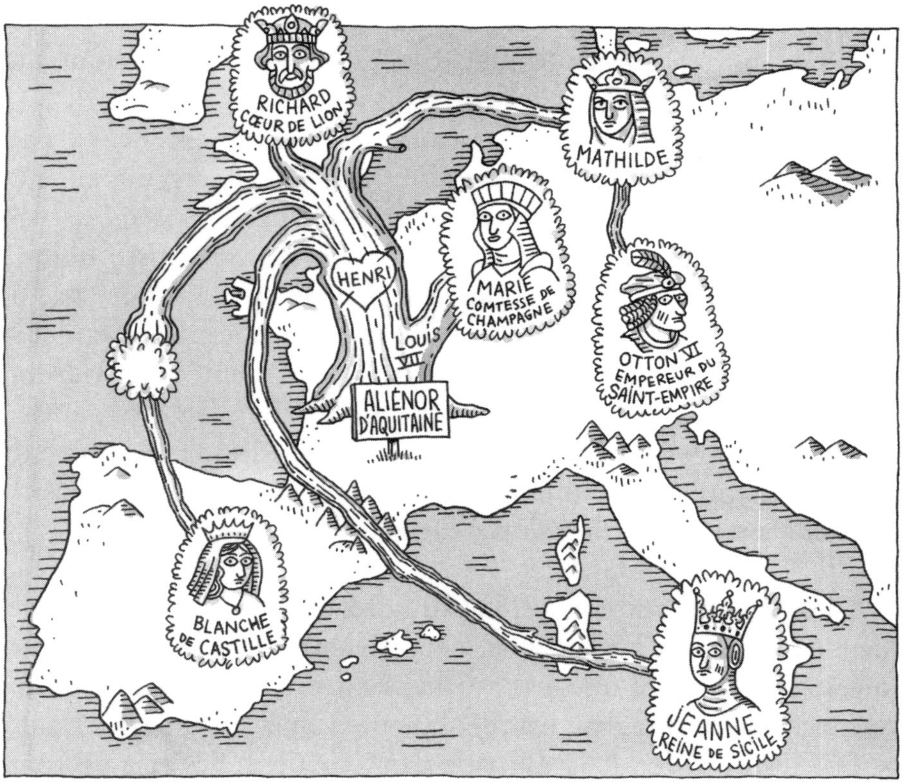

Jeux de couronnes

Voyons, par exemple, ce qui se passe dans la péninsule Ibérique. Depuis le VIIIe siècle, elle était presque entièrement musulmane. À partir des Xe et XIe siècles commence la Reconquista, la « reconquête » par les chrétiens du Nord. Ils sont organisés en une multitude de petits royaumes et comtés : Asturies, León, Castille, Aragon, Catalogne. Au fur et à mesure des terres conquises, les frontières ne cessent de bouger. En trois ou quatre siècles, un jeu de recomposition entre ces diverses entités féodales aboutit à peu près à dessiner la carte qu'on connaît.

À l'ouest, le comté de Porto n'est au XIe siècle qu'un petit vassal du royaume de León, mais son comte Alphonse obtient de si brillantes victoires contre les musulmans qu'il gagne le droit de porter une couronne royale. Naissance, au début du XIIe siècle, du royaume de Portugal.

De l'autre côté de la Péninsule, le mouvement ne va pas vers la scission, mais au contraire vers le lent regroupement. Au nord-est, d'autres comtés se sont d'abord rassemblés en « principauté de Catalogne ». En 1137, première grosse union. Le comte de Catalogne épouse l'héritière du royaume voisin d'Aragon, ce qui crée une nouvelle entité chapeautant les deux précédentes : la « couronne d'Aragon » (dont bientôt dépendront en plus les Baléares, la Sicile, le sud de l'Italie). En 1469, enfin, second mariage à fortes conséquences. L'héritier de la couronne d'Aragon épouse l'héritière de Castille, le gros royaume voisin. De leur accouplement naîtra l'Espagne.

Cela se passe autrement plus au nord. Au moment du partage de l'empire de Charlemagne, ce que nous appelons la France n'était rien d'autre que la Francie occidentale, un petit tiers du vaste gâteau carolingien. En 987, Hugues Capet, un guerrier franc, y est élu roi. Il fonde la dynastie des Capétiens. Ses rois ne vont cesser d'augmenter leur pouvoir. Pour couper toute sujétion à l'empereur du Saint-Empire, ils ont l'idée d'organiser leur sacre royal à Reims, ce qui les place sous la protection de Dieu, et dans la succession prestigieuse de Clovis. Pour le reste, ils ne règnent au départ que sur leurs petits territoires de l'Île-de-France, la région située autour de Paris. Ils vont passer des siècles à l'agrandir en luttant contre leurs vassaux, dont certains, pourtant, sont coriaces.

À l'ouest du royaume, il y a la Normandie. En 1066, son duc Guillaume, descendant des Vikings, conquiert l'Angleterre, où s'étaient installés d'autres Vikings. Le voici donc vassal d'un côté de la Manche, mais roi de l'autre. Le déséquilibre, fort périlleux pour les Capétiens, prend des proportions délirantes un siècle plus tard. Un certain Henri Plantagenêt (1133-1189) est un seigneur français, duc de Normandie, qui devient aussi comte d'Anjou, de Maine, de Touraine. En 1152, il se marie avec Aliénor d'Aquitaine, duchesse d'Aquitaine, comtesse de Poitou, qui vient de se séparer du roi de France. Elle lui apporte en dot tout le sud-ouest de la France actuelle. Par les hasards d'une querelle de succession, en 1154, il devient également roi d'Angleterre. Il s'agit de l'Henri II dont j'ai parlé plus haut. De l'autre côté de l'eau, il possède donc aussi un domaine qui doit être trois ou quatre fois plus grand que celui de son suzerain. Comment celui-ci pourrait-il accepter cela ? Pendant des décennies, les rois de France, en particulier le puissant Philippe Auguste, se battent avec Henri et ses successeurs pour briser cet état de fait. Au début du XIIIe siècle, le Français Philippe, puis son successeur, sortent vainqueurs de la partie. Ils ont réussi à briser les rois anglais et à récupérer tous les territoires au nord de la Loire.

Un siècle plus tard, tout recommence. Au tournant des XIIIe et XIVe siècles, le Capétien Philippe le Bel a fait du royaume de France le plus puissant d'Europe. Mais ses fils, qui règnent après lui, meurent sans héritier direct. Les nobles français mettent au pouvoir un roi de la famille de Valois, une branche cadette des Capétiens. Le Plantagenêt qui règne de l'autre côté de la Manche n'est pas d'accord. Par ses possessions dans le sud-ouest du royaume de France, il a son mot à dire et, par sa mère, il est un petit-fils de Philippe le Bel. Il a donc lui aussi droit à la couronne. Ainsi commence, en 1337, la fameuse guerre de Cent Ans. Un des épisodes les plus célèbres de ce long feuilleton est un des derniers. Au début du XVe siècle, les offensives reprennent du fait d'Henri V, un roi anglais décidé, lui aussi, à refaire valoir ses droits contre le Valois du moment, Charles VI, par ailleurs fou, qui règne à Paris. Il débarque en Normandie, inflige à la chevalerie française la cinglante défaite d'Azincourt (1415), et réussit à imposer un traité qui doit sceller la paix. Il épouse la fille du Valois et leur héritier sera à la fois roi de France et d'Angleterre. C'est la « double monarchie ». Elle satisfait tout le monde, sauf un : le dauphin Charles, fils de Charles VI, qui estime qu'il est l'héritier légitime de la couronne. Poussé dans le dos par une certaine Jeanne d'Arc, petite paysanne lorraine qui prend fait et cause pour lui, il part à la conquête de ce qu'il juge être son royaume, se fait sacrer à Reims et, sous son nom royal de Charles VII, parvient, en quelques décennies, à chasser les Anglais de partout (seul Calais leur reste à la fin du XVe siècle). C'est lui qui, en somme, dessine l'esquisse de ce que nous connaissons : d'un côté de la Manche, la France ; de l'autre, l'Angleterre. Tous les Français ont appris à bénir Charles VII et sa Jeanne d'Arc d'avoir réussi ce miracle. En quoi en est-ce un ? En quoi la double monarchie, l'union de la France et de l'Angleterre scellée par un mariage, aurait-elle été si tragique ? C'est exactement la solution qui permet, à peu près au même moment, de former l'Espagne.

Je n'ai pas l'ambition de réécrire l'histoire. Je tente de la sortir de cette gangue nationale, forgée au XIXe siècle, qui l'emprisonne. Elle cherche à donner une teinte populaire à des aventures qui ne concernent que la noblesse.

C'est vrai, on voit apparaître, au XVe siècle, les prémices d'un sentiment, d'une langue, d'une culture nationale. Ce n'est qu'en germe, et cela ne joue qu'à la marge. À cause de la montée en puissance des rois, les pays que nous connaissons se dessinent peu à peu dans la chrétienté médiévale. Leur constitution ne doit rien à une quelconque volonté populaire, comme cela sera le cas au temps du « droit des peuples à disposer d'eux-mêmes ». Les peuples, alors, ne disposent de rien. Les limites qu'on trace autour d'eux sont le fruit des jeux de puissance d'un petit monde. Plutôt que de regarder l'Europe comme éternellement scindée en différents pays, avec ses peuples aux identités figées depuis la nuit des temps, pensons plutôt à ce qu'elle était aux temps féodaux : une sorte de grand plateau de Monopoly que se disputait la noblesse, dont tous les membres passaient le temps à circuler en s'échangeant les prises.

On oublie trop ce principe. Il apparaît pourtant avec évidence dans les noms des dynasties. J'ai parlé plus haut d'Alphonse, le premier roi de Portugal. Croyez-vous qu'il s'appelait Gomez ou da Silva ? Il était de la famille de Bourgogne, par son père. J'ai parlé aussi du comté d'Anjou. Un de ses titulaires au XIIIe siècle, fils d'un roi de France, devient roi de Sicile, une île où avaient régné auparavant des seigneurs normands, qui l'avaient prise aux musulmans. Au XIVe siècle, on retrouve certains de ses descendants, des Anjou, donc, sur les trônes de Hongrie et de Pologne.

Le personnage le plus emblématique de ce système est un des plus romanesques du Moyen Âge. Aliénor d'Aquitaine est née vers 1120. Elle est la petite-fille du duc Guillaume, qui fut aussi mécène et troubadour, et qui avait fondé une cour à Bordeaux et à Poitiers, où elle fut élevée. Elle en garda toute sa vie le goût de la musique, de la poésie et de la belle langue occitane qui était la sienne. Elle est vite mariée au fils du roi de France, qui voit dans l'alliance un moyen d'arrimer la riche Aquitaine à son patrimoine. Le mariage se révèle catastrophique, surtout après la croisade, à laquelle participent Aliénor et son époux, devenu roi. On ne sait trop ce qui s'y est passé. On sait qu'au retour le roi demande la séparation, ce qui permet à notre Aliénor de se marier avec Henri Plantagenêt, bientôt roi d'Angleterre.

C'est ainsi qu'elle se trouve au cœur de ces rivalités plus haut mentionnées. Je les ai présentées comme des querelles entre la France et l'Angleterre. Elles ont été surtout des guerres de famille. Les bagarres pour la possession de tel ou tel fief opposent d'abord Henri II Plantagenêt à ses propres fils, dont l'illustre Richard Cœur de Lion, avant de se renverser en querelles à mort entre ce même Richard et le roi Philippe Auguste.

Richard ! *The Lionheart !* Le héros caché de Robin des Bois et d'Ivanhoé ! Quel nom est plus emblématique des souverains britanniques ? Peut-être, mais il passa au plus six mois de sa vie sur l'actuel sol anglais. Sa langue maternelle était l'occitan ; il mourut dans le Limousin, et son mortel ennemi le roi de France, Philippe Auguste, qu'il fréquentait depuis sa jeunesse, passe parfois pour avoir été d'abord son amant.

Dans les manuels d'histoire de mon enfance, au sommet de cette première manche des guerres franco-anglaises du Moyen Âge, on plaçait toujours la bataille de Bouvines (1214), brillante victoire de ce Philippe Auguste. Dans cette ville située non loin de Lille, le roi de France, lisait-on, avait affronté deux de ses vassaux révoltés ligués avec le roi d'Angleterre Jean sans Terre (frère cadet de Richard) et même l'« empereur d'Allemagne Otton de Brunswick ». Cela nous faisait une sorte de guerre de 1914 avant la lettre. Il s'agissait en fait, une fois de plus, d'un huis-clos social. Tous ces gens-là se fréquentent depuis toujours et se connaissent par cœur. Même Otton de Brunswick. Son nom peut nous induire en erreur. Il le tient de son père, duc de Bavière. Sa mère est une des filles d'Aliénor. Otton est donc élevé par son oncle Richard Cœur de Lion, très proche de lui, qui a voulu en faire un comte d'York, puis un roi d'Écosse, et qui l'avait placé à Poitiers. Il n'est rattrapé par le monde germanique que lorsque les électeurs de l'Empire le choisissent pour être « roi des Romains », la première marche vers la couronne impériale…

Comme la reine Victoria dont on disait au XIXe siècle qu'elle était la « grand-mère de l'Europe », Aliénor est celle du XIIe siècle. Elle avait fait d'une de ses nombreuses filles une reine de Sicile, avant de la marier, après son veuvage, au comte de Toulouse. Une de ses petites-filles était devenue reine de Castille. Un des derniers voyages de notre duchesse pérégrine sera de se rendre chez elle pour en ramener une petite princesse, Blanca de Castilla, destinée, sous le nom de Blanche de Castille, à épouser un roi de France. Épuisée par le périple, très âgée, Aliénor meurt à Poitiers (1204), mais a formé le vœu de se faire enterrer dans l'abbaye de Fontevraud, située non loin de Saumur. Elle y retrouve son volage époux Henri II (mort en 1189) et son fils Richard (mort en 1199), et sera bientôt rejointe par sa belle-fille Isabelle d'Angoulême, femme de Jean sans Terre et reine d'Angleterre. Je vous recommande le voyage. Nous avons commencé le chapitre sous les murailles de Windsor, non loin de la Tamise. Nous le finissons devant les gisants des Plantagenêts pour songer au temps où les rois d'Angleterre trouvaient leur dernière demeure du côté de la Loire.

5 – Des marchands et des villes

Si vous êtes à Paris et si vous voulez voyager fort loin sans trop de frais, rendez-vous gare de l'Est et prenez un train qui, en une heure, vous déposera à Provins. À première vue, l'exotisme de la bourgade ne vous sautera pas aux yeux. Quand on sort de la gare, on traverse d'abord la ville basse, qui a le charme désuet de la province française des années 1950. Avec un peu de pluie, ça doit donner un décor parfait pour adapter un Simenon. Il faut continuer son chemin et grimper la colline pour faire le grand saut. Nous voilà huit ou neuf siècles en arrière. Dans cette ville haute, toujours dominée par son château, toujours ceinte, au moins d'un côté, de son vieux rempart et parsemée de maisons qui remontent elles aussi au Moyen Âge, Provins a l'heureuse idée, à travers diverses petites expositions pédagogiques situées dans des lieux adéquats, de nous ressusciter les XIIe et XIIIe siècles qui firent sa gloire. Avec les villes voisines de Lagny-sur-Marne, de Bar-sur-Aube et de Troyes, elle était alors une des grandes places des célèbres foires de Champagne.

En ces temps lointains, la province n'était pas encore connue pour un fameux vin pétillant qui lui vaut une gloire mondiale. Elle avait pour elle un autre atout. Elle était placée sur le chemin qui allait des Flandres à l'Italie du Nord, les deux grands pôles d'activité, de production et de commerce de l'époque. Les comtes de Champagne ont donc l'idée de favoriser la rencontre des marchands de l'un et de l'autre, plusieurs fois par an, en les attirant avec divers avantages : des logements, des entrepôts où laisser la marchandise en sécurité, une bonne police, une bonne justice, de bons règlements qui puissent garantir les échanges et bientôt les précieux « conduits de foire », une sorte d'assurance que contracte le marchand de quelque provenance qu'il soit afin de quérir protection auprès du comte s'il est molesté ou lésé. Tiré sur les rivières et les canaux, ou à dos de mulet, arrive tout ce qui peut se vendre de bon et de précieux. Depuis le Nord, les harengs, les fourrures, le miel de la Baltique et le drap des Flandres. Depuis le Sud, les biens d'Italie, à la fois les soieries, les épices, les parfums qu'on a fait venir d'Orient et les riches tissus qu'on produit dans le nord de la péninsule. Les foires se déroulent selon une procédure très réglée. D'abord la « montre », consistant à présenter la marchandise, puis la vente, puis le règlement, puis la « sortie de foire », les joyeuses festivités qui célèbrent les bonnes affaires qu'on est censé avoir faites. Chaque événement dure en général quelques semaines. Les seigneurs du cru, inventeurs du *yield management*[1] avant l'heure, ont l'idée d'en proposer dans quatre de leurs villes, selon un calendrier qui s'étire sur toute l'année, ce qui leur permet d'étendre leurs revenus. Le plus connu de ces comtes de Champagne en tire son surnom : Henri le Libéral (1127-1181), c'est-à-dire le généreux, le dispendieux. Il est un des grands personnages du temps. Il fit la croisade, fut mécène à ses heures. Il est par ailleurs l'époux de Marie de France, une des filles d'Aliénor d'Aquitaine. Elle fut elle-même la muse de Chrétien de Troyes. Le Moyen Âge est un petit monde.

Ces foires n'ont pas duré si longtemps. Elles sont à leur apogée à la fin du XIIe siècle et déclinent dès le milieu du siècle suivant. L'ouverture, à partir de 1230, de la route du Saint-Gothard permet aux marchands de faire le chemin de l'Italie aux Flandres en passant par l'Allemagne. À partir de 1277, Gênes et ses galères ouvrent, *via* Gibraltar, une voie maritime qui rejoint l'Angleterre

1. Pratique commerciale cherchant à optimiser son rendement, par exemple en étalant les réservations sur tout le calendrier.

et les Flandres par l'Atlantique. Reste que les grandes heures de la Champagne ont assez marqué pour être toujours présentes jusque dans les balances. Aujourd'hui encore, dans le monde anglo-saxon, l'or se mesure avec l'*once troy* (*troy ounce*, abrégée en *ozt*). Contrairement à ce qu'imaginent peut-être quelques boursicoteurs new-yorkais, elle ne fait pas référence à l'antique cité d'Hector et de Priam, mais renvoie à la ville de Troyes, dans l'actuel département français de l'Aube. Et ce passage par la région nous aura permis d'entrer dans un autre Moyen Âge. Nous avons parlé de celui des empereurs et des papes, des moines et des abbayes, des chevaliers, des rois et des châteaux. Voici celui, non moins essentiel, des marchands et des villes.

De Venise à la Hanse

À partir de l'an mille, l'Occident se transforme. Le climat est plus doux. Des techniques, des outils nouveaux apparaissent dans les campagnes. Pour labourer, le cheval remplace le bœuf. Le collier d'épaule décuple sa force de traction. L'assolement triennal – c'est-à-dire l'alternance des cultures avec une phase de jachère – se substitue à celui sur deux ans, bien moins efficace, qu'on pratiquait jusque-là. On défriche les forêts, on avance sur les landes pour en faire des terres et, à partir du XIIe siècle, le paysage se couvre de moulins à vent, qui, selon les endroits, donnent la farine, l'huile, ou aident à assécher les marais.

La population augmente et quitte les villages pour grossir celle des villes. C'est ainsi qu'apparaît et se développe un artisanat qui produit en quantité suffisante pour accroître les échanges, ce qui développe, par conséquent, le transport, le commerce, les flux d'argent.

Au Nord, il y a cette vaste zone centrée sur la Baltique et la mer du Nord. Les marchands en remontent les côtes pour aller chercher le hareng en Scandinavie et le miel, le bois, les fourrures jusqu'à Novgorod, aujourd'hui une grande ville russe. Ils les rapportent jusqu'en Flandres ou en Angleterre, qui vend, elle, la laine de ses moutons et même, on l'a oublié, le vin de Bordeaux – la Guyenne est anglaise. Au fil des siècles, ils fondent sur la côte de petites places de commerce, appelées comptoirs, ou s'installent dans des ports où ils établissent leurs quartiers. Lübeck, Kiel, Wismar, dans le nord de l'Allemagne actuelle, Bergen en Norvège, Gdańsk/Dantzig en Pologne, apparaissent ou grandissent ainsi. Ces marchands, au XIIIe siècle, forment des unions leur permettant d'organiser les voyages en convois et d'être en position de force pour négocier. Bientôt, à partir d'une première union entre Lübeck et Hambourg, les villes elles-mêmes – gouvernées par ces mêmes marchands – s'instituent en « Hanse » : c'est le nom qu'on donne à ces sortes de syndicats de commerce. En 1346 est fondée la puissante « Ligue hanséatique », toujours dirigée depuis Lübeck. Courant de Londres à Novgorod, elle impose ses tarifs, ses lois, ses règlements. On ne trouve pas grand monde qui ose l'affronter. Elle a même obtenu qu'aucun roi de Danemark, dont le royaume contrôle l'entrée de la Baltique, ne puisse être élu sans son accord.

De l'autre côté de l'Europe, d'autres villes sont, elles aussi, en plein essor. Venise est la plus célèbre. Son existence remonte à loin. On dit que cette étrange perle poussée sur une lagune a été fondée au temps des grandes invasions, par des populations qui s'étaient réfugiées dans des marais, seuls endroits inaccessibles à des barbares montés sur des chevaux. Quoique le lien soit devenu fort ténu, elle dépend officiellement depuis son origine de l'empire romain de Constantinople, ce qui en a fait le trait d'union naturel entre l'Orient et l'Occident. Son fameux arsenal qui, dès le tout début du XIIe siècle, construit et répare les bateaux à une cadence folle, lui donne une flotte qui lui permet d'être une capitale mondiale du commerce. Aujourd'hui encore, à Venise, on visite à l'occasion tel ou tel splendide palais qui était, à l'origine, un *fondaco*. C'était le nom donné aux entrepôts où on logeait les marchands et leurs marchandises. Ainsi celui des Allemands (*Fondaco dei Tedeschi*), redevenu, depuis 2016, un centre commercial, ou celui des Turcs (*Fondaco dei Turchi*), aujourd'hui un musée. Le nom est une italianisation de l'arabe *foundouk*, le caravansérail du monde musulman. L'étymologie nous pousse déjà vers l'Orient. Encore quelques semaines à suivre les chameaux qui traversent l'Asie centrale par la fameuse route de la soie et nous serons en Chine – ou peut-être en Inde. Tout ce qui se fait de précieux dans ce monde lointain et fastueux débarque un jour ou l'autre sur les quais de Venise : la soie et la porcelaine de Chine ; les épices des îles lointaines ; les beaux tissus, l'ivoire d'Inde ; les parfums, le brocart de Damas. Ils sont arrivés à Constantinople, ou sur la côte de Syrie, puis ont été embarqués sur les navires de la Sérénissime qui sillonnent la Méditerranée orientale et l'Adriatique. Venise y est chez elle. Elle a ses comptoirs dans un impressionnant chapelet d'îles grecques, et presque toute la côte dalmate lui appartient.

Seules quelques rivales osent faire passer de l'ombre devant ce soleil. Pise et Gênes sont deux autres « républiques maritimes », riches, indépendantes et tout aussi arrogantes, qui se disputent la mer. Elles ont réussi à tirer profit des croisades pour sécuriser places et comptoirs en Méditerranée. Gênes en a jusqu'à la mer Noire. Installée à Constantinople, elle ne cesse d'y fomenter tous les mauvais coups pour y supplanter Venise. Le commerce peut être un jeu dangereux. On a oublié les guerres maritimes insensées et meurtrières que se menèrent pendant des décennies ces villes italiennes. Pise, au XIIIe siècle, est écrasée par Gênes qui, au siècle suivant, affronte Venise. Quoique vaincue sur les mers, elle continue à lui tenir tête longtemps.

Si le commerce avec l'Occident est enfin florissant, c'est que l'Occident a des choses à vendre. Les céréales, le sel, le vin, les métaux qui viennent de ses mines. Et, surtout, le drap des Flandres et celui de l'Italie du Nord. Le réveil des échanges a suscité le réveil de la monnaie. On frappe à nouveau l'or. Au XIIIe siècle, Florence a ses *florins*, Venise ses *ducats*. C'est dans cette région du monde qu'on invente peu à peu des techniques économiques qui sont les ancêtres des nôtres : les bases de la comptabilité ou la « lettre de change », lointaine mère du chèque, qui permet au marchand de voyager sans risquer de se faire voler son or. C'est à ce moment que naissent les premières banques – du mot *banca*, le banc, c'est-à-dire le tréteau sur lequel les changeurs de Lombardie pratiquaient leur commerce. Quand le changeur avait failli, ou triché, on brisait son banc, pour lui interdire de continuer ses affaires. Toutes les langues européennes en ont gardé aussi le mot « banqueroute », de l'italien *banca rotta*, le banc cassé. D'Italie, ces pratiques passent en Flandres, qui elles aussi ont imprimé leur marque dans notre vocabulaire. Le mot « bourse », utilisé en français, en italien, en allemand et en néerlandais dans le sens de « bourse des valeurs », dérive sans doute du nom des Van der Buerse, d'anciens aubergistes de Bruges devenus fort riches. Leur hôtel particulier, situé sur la grand-place, était le lieu de rendez-vous où les marchands venaient négocier leurs affaires.

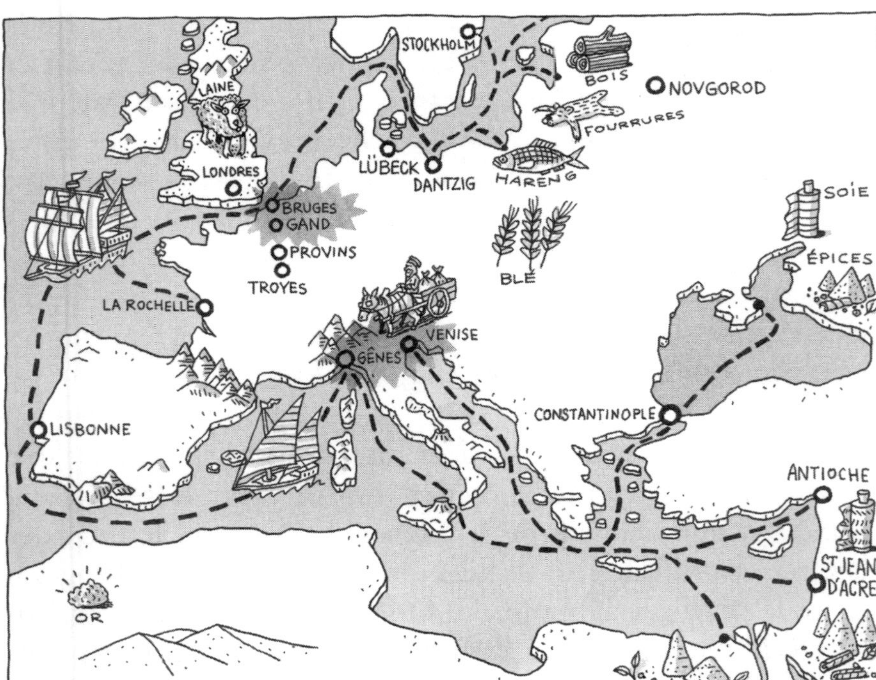

Un Moyen Âge urbain

J'ai commencé cette étape à Provins ; on est passé, entre autres villes, par Lübeck, Milan, Florence et Bruges. J'aurais pu faire le détour par tant d'autres de ces cités médiévales, dont on admire toujours les beaux restes, même un peu retouchés, comme Carcassonne (entièrement restaurée au XIXe siècle) ou encore Sienne (Italie), York (Angleterre), Nuremberg (dont le vieux centre a été restauré à l'identique après la Seconde Guerre mondiale) ou, non loin de là, Rothenburg ob der Tauber, ce petit joyau du nord de la Bavière, tant aimé des Allemands. L'apparition, ou plutôt la réapparition, des villes est un élément fondamental de l'histoire du Moyen Âge européen.

Il y en avait beaucoup du temps de Rome, grande civilisation urbaine. Elles ont disparu aux temps mauvais des grandes invasions. Rome, qui dépassa le million d'habitants, n'est plus, à l'époque de Charlemagne, qu'une reine déchue qui en compte au plus 30 000. Aix-la-Chapelle, où l'empereur a son palais, est une bourgade. Au IXe siècle, en Europe, la seule métropole digne de ce nom est Cordoue, la capitale de l'Andalousie musulmane. Ailleurs, ce sont des villages, protégés par le château.

La poussée démographique du XIe siècle relance le mouvement. Nombreux sont ceux qui quittent les campagnes surpeuplées pour grossir le petit peuple des villes. Bien évidemment, l'immense majorité de la population européenne est toujours formée de paysans – ce sera le cas jusqu'à la fin du XIXe siècle. Mais l'expansion urbaine entraîne des bouleversements majeurs.

La cathédrale gothique, haute, vaste, prête à accueillir les foules, est le symbole le plus évident du changement en cours. Le but de cet ouvrage est de rappeler aux Européens qu'il existe une histoire européenne commune. Ce trait n'échappera pas à grand monde à propos de ce long et brillant moment de l'architecture, si également répandu sur le continent. La cathédrale de la Vierge Marie de Lincoln, Notre-Dame de Paris,

Saint-Étienne de Vienne, Saint-Vitus de Prague, Saint-Giles d'Édimbourg, Sainte-Marie de Burgos, ou encore les cathédrales d'Uppsala, de Cologne, de la Nativité-de-la-Sainte-Vierge de Milan. Quel pays européen ne peut s'enorgueillir de sa perle gothique avec ses vitraux colorés, son vaste parvis, ses hautes tours, sa même immense nef soutenue par une forêt de piliers qui semblent faits pour monter au ciel ? Quel visiteur ne voit pas l'évidence d'un mouvement qui fut dès l'origine, et resta pendant les trois ou quatre siècles qu'il dura, paneuropéen ? Le seul reproche à faire au gothique, c'est qu'on continue à le désigner sous ce nom. C'est en Île-de-France que des maîtres d'œuvre ont les premiers utilisé quelques innovations apparues ailleurs : la croisée d'ogive, les arcs-boutants qui permettent de bâtir haut et fin, ce qui caractérise cette esthétique. La première église qui la représente est la cathédrale de Sens, puis vient l'abbatiale de Saint-Denis, érigée à la demande de l'abbé Suger, puissant conseiller du roi de France Louis VII. Elle est consacrée, en juin 1144, en présence de sa femme du moment, la reine Aliénor, décidément incontournable. Pour cette raison, ce style qui bientôt conquiert toute la chrétienté et s'y impose, avec des évolutions, jusqu'au XVIe siècle, est toujours appelé par les contemporains *francigenum opus*, c'est-à-dire « œuvre francilienne ». Le qualificatif de « gothique » ne lui est donné qu'au moment de la Renaissance, par les artistes italiens qui ne l'aiment pas, et veulent passer à autre chose. Ils ont donc l'étrange idée de le faire passer pour une invention des Goths, des Germains, de ces peuples barbares caractéristiques des « temps obscurs ». Un comble pour un art qui n'aimait que la lumière.

Je préfère insister sur l'aspect politique de cette poussée urbaine. On y pense moins. L'histoire des villes du Moyen Âge, c'est aussi une certaine idée de la liberté.

Au temps des communes

L'ordre féodal est né dans un monde de seigneurs, de châteaux et de paysans : un monde agraire. La nouvelle population qui vit dans les villes a du mal à entrer dans ce cadre. Peu à peu, les habitants des bourgs – les bourgeois –, cherchant à protéger ou à développer leurs activités d'artisanat ou de commerce, s'associent pour réclamer aux seigneurs ou au souverain dont ils dépendent des droits particuliers et être dispensés des charges que les châteaux imposaient aux paysans. Pour être entendus, ils se mettent ensemble et font des pactes « communs » – d'où nous vient le nom de « commune ».

Le phénomène survient vers les XIe-XIIIe siècles. Les historiens français l'appellent « mouvement communal ». Il concerne de fait tout l'Occident, mais il prend des formes diverses, selon les configurations des pouvoirs de tel ou tel endroit, et dessine en partie l'histoire européenne.

Le nord de la péninsule italienne fait partie du Saint-Empire, mais l'empereur est loin. Il est aussi sous l'influence du pape, son éternel rival. Les villes qui s'y développent jouent habilement de ce branle entre les deux pouvoirs concurrents pour s'affranchir, peu à peu, de l'un et de l'autre. Le jeu peut être dangereux. Quand Milan refuse de payer les taxes impériales que réclame Frédéric Barberousse, le redoutable souverain se fâche et fait détruire la ville (1162). Les autres cités de la région ne se démontent pas et montent, avec le soutien de Rome, des « ligues », dites ligues lombardes, si puissantes qu'elles réussissent, en 1176, à battre l'armée impériale. À la fin du XXe siècle, un grand mouvement populiste italien qui rêvait alors de séparer le nord de la péninsule du reste de la République a pris le nom de « ligue du Nord », en référence à cette histoire, et continue à tenir son congrès annuel à Pontida, non loin de Bergame, où la première des coalitions lombardes auraient été fondée.

Au XIIIe siècle, la rivalité entre le pape et l'empereur débouche sur une guerre civile. Toutes les grandes villes de la moitié nord de l'Italie sont déchirées par la lutte entre les partisans du premier, qu'on appelle les *guelfes*, et ceux du second, les *gibelins*[1]. Mais ces conflits finissent par entraîner l'émancipation quasi totale de toutes ces diverses cités à l'égard de l'un et l'autre pouvoir. Les régimes politiques qui se mettent en place à Florence, Mantoue, Ferrare, ou encore Gênes et Milan, sont très différents. Le pouvoir peut être contrôlé par de riches familles seigneuriales, des conseils de patriciens, ou se rapprocher, un temps, de formes plus démocratiques. Dans les faits, toutes ces places sont indépendantes.

À l'inverse, dans la partie germanique de l'Empire, d'autres cités s'appuient sur l'empereur pour se battre contre les seigneurs locaux, souvent le prince-évêque, et obtenir le titre chatoyant de « ville libre d'Empire ». Besançon, Metz, Mulhouse, les centres hanséatiques comme Lübeck, ou encore Nuremberg, en furent.

C'est aussi, souvent, en s'appuyant sur le roi que les premières communes de France – puis d'Angleterre – arrivent à arracher au seigneur les « franchises », les chartes qui les protègent, et organisent la vie des métiers ou le conseil de magistrats qui gérera le lieu. Ensuite, c'est vrai, les rois utilisent les villes pour y asseoir leur administration, leur justice, et elles deviennent un relais de leur pouvoir.

Parfois, ce pouvoir se casse les dents sur la puissance des communes. Au XIIIe siècle, la population des Flandres est divisée. Selon l'ordre féodal, le comté dépend du royaume de France, dont il est vassal. Mais le drap qu'on y fabrique et qui assure la prospérité des villes est fait avec de la laine anglaise. Cela crée deux partis. Les patriciens, les nobles, sont pour le roi de France. Le comte et les tisserands, sur lesquels il s'appuie, penchent contre ce suzerain, pour pouvoir commercer librement outre-Manche. À la fin du siècle, quand le roi Philippe le Bel prétend taxer les importations anglaises, le conflit explose. Les

1. Le premier nom dérive de « Welf », une famille allemande soutenant la papauté ; le second de « Waiblingen », où se trouvait le château des partisans de l'empereur.

révoltes de villes, réprimées durement, dégénèrent bientôt en une guerre ouverte. Le roi de France y apprend ce qu'il en coûte de s'en prendre à des citadins. En 1302, à Courtrai, les milices communales flamandes armées de piques infligent une de ses plus cuisantes défaites à l'arrogante chevalerie française, qui pensait n'en faire qu'une bouchée. Des siècles plus tard, au XIXe, cette confrontation sera baptisée « bataille des Éperons d'or », parce que les Flamands, qui les avaient pris sur les chevaliers jetés à terre, en avaient récolté une telle moisson qu'ils purent en décorer une église toute proche. L'actuelle communauté flamande de Belgique a fait de la date anniversaire de l'affrontement, le 11 juillet, sa fête nationale.

L'*Ostkolonisation*

Disons un mot, enfin, de la façon dont le grand essor démographique change la géographie humaine d'une partie de l'Europe. Il explique en effet ce vaste mouvement de population appelé *Ostkolonisation* (colonisation de l'Est) ou encore *Drang nach Osten* (poussée vers l'Est). La plupart des Occidentaux le méconnaissent. La plupart des Allemands, des Polonais, des Baltes préféreraient l'oublier. La sanglante manière dont cet épisode commencé au Moyen Âge s'est conclu au XXe siècle a laissé dans les esprits des cicatrices encore brûlantes.

Retournons dans cette ville à laquelle j'ai donné son appellation double, Gdańsk/Dantzig. Les deux noms sonnent différemment à nos mémoires. Dantzig, c'est ce port au bout d'un fameux « corridor » polonais débouchant sur la Baltique, que Hitler voulait à tout prix, et dont la conquête, en 1939, a déclenché la Seconde Guerre mondiale. Gdańsk, ce sont les chantiers navals, la moustache de Wałęsa, les débuts de Solidarność dans les années 1970-1980. Les deux noms désignent pourtant la même ville, polonaise et allemande, allemande et polonaise.

Elle a été, pendant des siècles, comme toute cette partie nord-est de l'Europe, partagée, disputée entre ces deux univers.

L'implantation germanique dans cette région, qui débute vers le XIIe siècle, a, en partie, des bases économiques. Les artisans, les marins, les marchands viennent grossir la population dans les comptoirs installés par les négociants allemands, tout au long de la Baltique. Elle a aussi un fondement religieux. Le vaste territoire où se trouvent les actuels pays baltes est encore païen. La papauté y voit une zone d'expansion, idéalement située tout à côté du monde orthodoxe. Elle lance au début du XIIIe siècle les « croisades baltes », qui ont pour but d'amener ces brebis sans Dieu dans le giron de Rome. La mission est bientôt confiée à des ordres religieux militaires, dont celui des chevaliers Teutoniques, créé en Palestine. Ces moines-soldats ont une conception de l'évangélisation qui se rapproche diablement de ce que nous appelons la purification ethnique. Avec une brutalité sans nom, ils luttent en particulier contre des tribus locales nommées les « Borusses » (c'est-à-dire les « presque Russes »), ou en contraction les « Prussiens ». Ces malheureux sont éliminés quasiment jusqu'au dernier. Seul leur nom reste. Leurs bourreaux l'ont donné à l'État qu'ils créent, la Prusse, un État théocratique sur lequel règnent les chevaliers depuis Königsberg, ville fondée en 1226 et bientôt capitale. Aujourd'hui, elle s'appelle Kaliningrad et appartient à la Russie.

Partout dans ces régions du nord de la Pologne ou dans les pays baltes, mais aussi à l'est du Saint-Empire, partout où des terres sont ouvertes, où on a besoin de défricher, de cultiver, de fonder des villages, on installe des Allemands. C'est ainsi que se crée ce patchwork complexe, ce mélange de langues, de minorités et de majorités qui caractérise jusqu'au XXe siècle une large partie de l'Europe orientale. Il sera détricoté dans le sang à la fin de la Seconde Guerre mondiale, quand plus de 10 millions d'Allemands fuiront des zones où ils habitaient depuis des siècles et qui venaient d'être martyrisées de façon inimaginable par la soldatesque de leur pays. Seules quelques poches subsistent de cette longue histoire. Au XIIe siècle, les rois de Hongrie avaient fait appel à des paysans saxons pour peupler la Transylvanie, qui marquait la limite orientale de leur royaume. En 1918, la région est devenue une province roumaine. Les descendants des Saxons y sont toujours. Klaus Iohannis, qui fut élu président de la république de Roumanie en 2014, est de ceux-là. Il parle, paraît-il, l'allemand comme un Allemand.

6 – Lumières et ombres du Moyen Âge

J'y suis arrivé à la tombée du jour par la route qui vient de Madrid par Ávila, et la première vision que j'ai eue de Salamanque a été éblouissante : une somptueuse cathédrale aux tons ocre qui se découpe sur un horizon de bleu teinté de pourpre. Après, je suis bien sûr allé admirer la célèbre Plaza Mayor, joyau du XVIIIe siècle, presque fermée sur elle-même, avec ses beaux bâtiments à la castillane et ses galeries couvertes qui permettent d'en faire le tour en restant à l'ombre. Et, dès le lendemain matin, j'ai pu explorer ce qui m'intéressait et fait tout autant la réputation de la ville : les *facultades*, les *escuelas*, les *institutos.* Salamanque, pour un Espagnol, c'est Oxford pour un Anglais, Coimbra pour un Portugais ou Heidelberg pour un Allemand. C'est la ville universitaire par excellence. Cela fait précisément huit cents ans que cela dure. L'université y a été ouverte en 1218.

Il ne reste pas de bâtiments de l'époque, mais j'ai pu visiter, non sans émotion, la salle de cours où Charles Quint vint assister en personne aux leçons de Francisco de Vitoria, un des grands théologiens et juristes de la Renaissance. J'ai vu l'« abat-voix » – sorte de petit cône placé sur le pupitre – grâce auquel les maîtres se faisaient entendre. Au sortir de la visite, j'ai pu comme tout un chacun m'attarder devant la façade principale pour essayer de trouver, parmi les figures sculptées qui la décorent, l'endroit où se cache une petite grenouille de pierre. Les étudiants, paraît-il, sacrifient toujours à ce rite : réussir à pointer l'animal est le signe infaillible qu'on va réussir son année. Ensuite, j'ai inspecté les murs alentour pour y dénicher la trace de vieilles inscriptions rouges : au temps jadis, les brillants diplômés qui fêtaient leur doctorat avaient coutume de signer leur victoire sur les murs de la fac en traçant des V et leurs noms avec du sang de taureau. Certes, tout ce qu'on vient de voir, les salles de cours, les bâtiments, la façade, la grenouille et le sang de taureau, est fort récent : cela ne date jamais que du XVIe siècle. Mais cela garde suffisamment d'âme pour introduire mon propos : l'apparition des universités, un des autres grands bouleversements du Moyen Âge.

Une boulimie de savoir

Fondée au début du XIIIe siècle, Salamanque est une des plus anciennes universités d'Europe : la troisième ou la cinquième, selon les classements. La première est Bologne. Elle invente la formule à la fin du XIe siècle. Avant, le savoir était dans les monastères. Et l'enseignement, que nous appellerions « supérieur », dans les « écoles cathédrales » qui dépendaient de l'évêque et servaient principalement à former les futurs clercs du diocèse. À Bologne, donc, à une date que d'éminents historiens ont fixée à l'année 1088, des *écoliers* (l'équivalent de ce que nous appelons des étudiants) en ont assez de l'instruction médiocre qu'ils reçoivent. Ils se cotisent pour faire venir des maîtres de meilleur niveau et se détachent du pouvoir local de l'évêque. Comme les marchands, ils ont formé une sorte de guilde, d'union des maîtres et des élèves, ce qui se dit en latin *universitas magistrorum et scolarium* : une *université*. Au milieu du XIIe siècle, l'empereur lui confirme ce statut. Bientôt, de semblables institutions éclosent un peu partout. Oxford, Paris, Cambridge, Padoue, Naples, Toulouse, Montpellier, Coimbra au

XIIIe siècle, Prague, Vienne, Heidelberg, Cracovie au XIVe siècle, et tant d'autres.

Le principe de ces institutions est donc d'être autonomes du pouvoir local. L'impulsion peut venir d'en bas, comme à Bologne, et le plus souvent d'en haut, mais pas toujours de la même autorité : cela peut être, selon les cas, l'empereur, le pape, le roi. La plupart sont spécialisées : Salerne est renommée pour la médecine, Montpellier pour la médecine aussi et le droit, comme Bologne, Paris pour la théologie. Au départ, les cours peuvent être éparpillés dans la ville, ou rassemblés dans des locaux spécifiques. Et on s'organise. De nombreux étudiants appartiennent aux « ordres mendiants », les nouveaux ordres religieux, franciscain et dominicain, qui se sont implantés dans les villes. Ceux-là vivent donc dans leurs couvents. On loge les autres dans des « collèges », où ils dorment et mangent, et où bientôt on donne aussi des cours. Un des plus fameux est fondé en 1257 par Robert de Sorbon, un clerc qui est aussi le confesseur et ami du roi de France Saint Louis. Il finit par donner son nom à l'université de Paris, la Sorbonne.

Partout, les étudiants sont rassemblés en « nations ». Le point est intéressant. Le mot n'a pas le sens qu'on lui donne aujourd'hui. Une nation (du latin *natio*, dérivé de *natus*, « né »), alors, c'est un regroupement en fonction d'une région d'origine, ou de la langue. Le système existe toujours, au moins nominalement, dans certaines vieilles universités de Suède et de Finlande. Aujourd'hui, on parle de *fraternities* ou de *sororities* aux États-Unis, d'assoces ou de corpos en France, de *Studentenverbindungen* dans le monde germanophone.

La cohésion de chaque nation reposait évidemment sur un esprit de corps, et donc sur la détestation des autres groupes. Les batailles rangées inter-nations, si on peut dire, étaient courantes. Pour autant, les critères qui les déterminaient avaient peu à voir avec les frontières que nous avons dans la tête. À l'université de Paris, la « nation française (ou gallicane) » regroupe les natifs des provinces de Bourges, de Sens, de Tours, de Reims ou de Lyon, mais aussi ceux qui viennent de Genève ou de Bâle. Les gens arrivés des actuels Pays-Bas sont intégrés à la « nation picarde ».

À Vienne, au XIVe siècle, on découpe ainsi : « La nation d'Autriche comprend les étudiants d'Italie, la nation de Hongrie les Slaves, la nation rhénane les Français, la saxonne tous les Scandinaves et Britanniques[1]. » Cela nous dit au passage à quel point, six ou huit siècles avant le programme Erasmus, on circulait.

C'est le principe. Il ne faut pas imaginer les universités médiévales associées, comme aujourd'hui, à des pays particuliers, à leurs ministères, leur administration. Elles sont toutes sous la supervision générale de l'Église, c'est-à-dire du pape. Elles forment un réseau européen. Partout, on y parle le latin, cette belle langue commune qui nous manque tant aujourd'hui pour parfaire une unité. On suit un enseignement structuré de la même manière. Pour tout le monde, la base, ce sont toujours les sept « arts libéraux », définis et pratiqués depuis l'Antiquité. Les trois premiers, le *trivium*, aident à s'exprimer et à structurer sa pensée : la grammaire, la dialectique, la rhétorique. Les quatre seconds, le *quadrivium*, doivent permettre de maîtriser la science des nombres : l'arithmétique, la musique, la géométrie, l'astronomie. Après, on se spécialise. Le droit, la médecine, la théologie sont les trois matières reines.

Les diplômes vont du *baccalauréat* au *doctorat*, si on en a le courage : il faut de dix à douze ans pour y arriver. Il faut être passé entre-temps par la *maîtrise* qui, comme son nom l'indique, permet d'entrer dans le corps des maîtres. On peut aussi avoir obtenu sa *licence*, c'est-à-dire la *licentia docendi*, l'autorisation d'enseigner. Comme tout le reste, elle est contrôlée et donnée par Rome et ne se limite pas à l'université où on l'a obtenue. Les maîtres de certaines universités anciennes et renommées reçoivent même un *jus ubique docendi*, un droit d'enseigner partout sans repasser d'examen. Ce privilège accordé au départ à quelques vieilles maisons est peu à peu étendu à bien d'autres. L'enseignement supérieur médiéval est pérégrin. Les étudiants voulant retrouver là un enseignement plus réputé ou voulant reprendre une matière désormais interdite

1. Cité par Julien Benda dans *Discours à la nation européenne*.

ici vont ailleurs, voyagent. Les maîtres voyagent. Les universités médiévales forment un grand système circulatoire qui a pour fonction de faire vivre, de digérer, de réguler l'incroyable appétit de savoir apparu un peu plus tôt en Europe.

Aux temps de la scolastique

Rien n'exaspère plus les médiévistes que le préjugé consistant à faire de leur période d'étude un long tunnel d'obscurité, peuplé de foules maintenues dans l'ignorance, par des moines incultes et fanatisés, qui se termine lorsque apparaissent enfin les lumières de la Renaissance. Le Moyen Âge connut les siennes. On a parlé au chapitre 2 de la « renaissance carolingienne ». Depuis qu'un historien américain[1] a forgé le terme, dans les années 1920, les spécialistes parlent aussi volontiers de la « renaissance du XIIe siècle ». Un mot résume à la fois l'effervescence intellectuelle qui commence alors et les préjugés que nous pouvons avoir sur la période : la *scolastique*. Nous autres, modernes, avons en général découvert le mot sous la plume de ceux qui la détestent : Érasme, Luther ou, mieux encore, Rabelais, qui s'en moque avec une cruauté talentueuse. Pour ces gens vivant en un siècle qui invente l'humanisme, la scolastique, c'est le vieux, le sclérosé, le racorni, c'est l'éducation à l'ancienne, le savoir inutile rabâché dans un latin de cuisine par de vieux maîtres qui ratiocinent, ce sont d'interminables débats théologiques qui font du surplace. Voilà en effet ce que pense le XVIe siècle d'un système moribond, mis en place quatre ou cinq siècles auparavant. Pourquoi oublier la vigueur de son jeune âge ?

Comme l'indique l'étymologie (le mot est de la famille d'« école »), la scolastique désigne, *stricto sensu*, les méthodes d'enseignement qui ont cours dans les écoles cathédrales, puis, bientôt, dans les universités. Par extension, elle englobe ce qui est enseigné alors, et tout particulièrement la théologie, matière

1. Charles Homer Haskins (1870-1937).

noble entre toutes, qui fait des bonds fabuleux. Le grand problème du moment, c'est le choc entre la foi et la raison. L'appétit de savoir qui a saisi l'Occident, la volonté de tout connaître, de tout découvrir, en est la cause. Ai-je le droit de chercher, même si je m'éloigne des dogmes ? Puis-je me plonger dans les grands philosophes de l'Antiquité, même s'ils ne sont pas chrétiens ? Pour aller vers Dieu, dois-je prier ou réfléchir ? Pendant plus de deux siècles – du XIIe au XIVe –, dans les monastères, puis dans les institutions d'enseignement qui apparaissent, de grandes têtes tournent ces questions dans tous les sens et se lisent, s'écoutent, s'attaquent, se défendent, s'approuvent ou se contredisent, et font vivre ce qui ressemble à un premier grand débat européen. Il n'est pas feutré. Il peut être virulent et public. Dans les méthodes pédagogiques de la scolastique, il y a la *lectio*, l'étude commentée du texte, phrase après phrase, avec le maître. Il y a aussi la *disputatio*, qui demande à un orateur de résoudre une question après avoir été soumis au feu d'arguments contradictoires. Dans les grandes occasions, cela pouvait se passer sur une place de la ville, en public, et les maîtres se faisaient fort de répondre à n'importe quel sujet posé par une assistance pas toujours acquise. Aux XIIe et XIIIe siècles, ces méthodes ont fait progresser un débat passionnant, dans lequel se sont illustrés quelques esprits supérieurs.

L'homme qui ouvre la voie à la pensée nouvelle en théologie est Anselme de Cantorbéry (1033-1109), un moine bénédictin né à Aoste (Italie), qui étudia et enseigna à l'abbaye du Bec en Normandie, puis devint archevêque de Cantorbéry. Il est le premier à poser que la foi fonde la raison : « Je ne cherche pas à comprendre afin de croire, mais je crois afin de comprendre. » Un de ses disciples, Honoré d'Autun, qui suivit ses cours, puis se fixa dans un couvent près de Ratisbonne (Allemagne), est l'auteur d'une formule qui, neuf cents ans après avoir été écrite, n'a rien perdu de sa force : « L'exil de l'homme, c'est l'ignorance ; sa patrie, c'est la science. »

L'étoile de la génération suivante est Abélard (1079-1142). Son nom est resté célèbre, largement en raison d'un épisode scabreux dont le malheureux se serait bien passé. À cause de la folle passion qui l'unit à Héloïse, dont il devait assurer l'éducation, il subit la vengeance de l'oncle de celle-ci, qui lui envoie ses hommes de main pour le châtrer. Cet homme de chair est aussi un des plus beaux esprits du XIIe siècle. Il s'investit dans tous les combats intellectuels qui le traversent. Le plus fameux est la « querelle des universaux », une controverse qui divisait déjà les philosophes grecs, mais ressurgit alors. On peut en oublier le détail, un peu complexe[1], mais Abélard y démontre son talent de bretteur qui lui vaut de devenir l'idole d'une partie de la jeunesse. Il pousse la liberté d'esprit à un point qu'on associe peu au Moyen Âge. La morale qu'il développe est à l'origine d'une révolution de la pensée. Le premier, il pose qu'on ne doit pas juger seulement selon les actes, mais qu'il faut surtout connaître l'intention qui a présidé à l'acte. La « morale de l'intention » est au cœur des systèmes juridiques modernes. Il va même, dans un livre, jusqu'à étudier les contradictions qui peuvent exister sur tel ou tel point de doctrine entre les textes des différents Pères de l'Église, ce qui revient à soumettre les fondements de la religion à un examen critique. Toutes ces positions vont très loin, et causeront sa perte. Le redoutable Bernard de Clairvaux veille. Il ne supporte pas celui qu'il voit comme un blasphémateur (et sans doute pas non plus quiconque ose lui voler la vedette). Par deux fois, à vingt ans de distance, il convoque des conciles qui ont pour seul but de faire taire l'impudent. Celui de Sens (1140), où l'accusé ne peut même pas parler, aboutit à son excommunication. Abélard ira vivre ce qui lui reste d'ans chez son vieil ami l'abbé de Cluny, un des rares qui ne l'abandonnent pas.

---

1. On peut grossièrement la résumer ainsi : les « universaux » sont des concepts à valeur universelle qui englobent une totalité d'êtres, de choses. Par exemple, tous les hommes sont rassemblés sous l'universel d'« humanité », ou tous les chats sous celui de « félinité », ou d'« espèce féline ». Oui mais ces universaux existent-ils *réellement* quelque part et chaque chat, chaque homme que je vois n'en sont-ils qu'une manifestation, une ombre (c'est la position dite *réaliste*) ? Ou, au contraire, chaque homme, chaque chat que je vois sont-ils autant d'individus, et l'universel qui les englobe n'est-il qu'une étiquette, un nom (d'où le nom de *nominaliste* associé à cette position) ? Abélard prétendait trouver une position médiane.

D'Athènes à Jérusalem en passant par Bagdad

À la fin du XIIᵉ et au début du XIIIᵉ siècle, le grand débat entre la foi et la raison rejaillit avec une force encore plus grande, lorsque arrive en Occident l'ensemble de l'œuvre d'Aristote, qu'on tire des traductions de l'arabe, alors qu'on ne la connaissait que par fragments. Nouvelles fièvres, nouvelles oppositions. Que faire ? Est-il possible d'aller chercher tout le savoir chez un païen qui vécut avant la Révélation ? Et comment confronter cette œuvre avec les vérités de la Bible ? Contrairement à l'image dogmatique qu'on peut en avoir, l'Église hésite beaucoup et a bien du mal à déterminer une position. Thomas d'Aquin (1225-1274) l'aide à le faire en refermant toutes les portes qui ont été ouvertes. Il représente, lui aussi, une belle figure d'Européen. Né dans une famille noble du sud de l'Italie, il fait ses études à l'abbaye de Mont-Cassin. Au grand dam de ses parents, il entre chez les dominicains, un ordre alors tout jeune fondé par saint Dominique, un noble espagnol. Il vient étudier à Paris, suit son maître Albert le Grand, d'origine allemande (1193-1280), à Cologne, revient à l'université de Paris où il enseigne, et produit son grand œuvre. La *Somme théologique* est une extraordinaire synthèse de tout ce qui s'est pensé depuis deux siècles et réussit à résoudre la question cruciale du choc de la raison et de la foi en reconnaissant la grandeur de la première, mais en la soumettant à la seconde. La philosophie, dit-il, doit être la servante de la théologie. On dit qu'il a « réconcilié Athènes et Jérusalem ».

D'autres, en même temps que lui, explorent d'autres voies. L'appétit de savoir ne se limite pas à la théologie. Quasi contemporain de Thomas d'Aquin, Roger Bacon (1214-1294), un franciscain qui a commencé à étudier à Oxford et y revient, après avoir aussi enseigné à l'université de Paris, est un génie de tout ce que nous appelons les sciences, l'optique, l'astronomie, les mathématiques. Il tâte aussi, comme le veut l'époque, de l'alchimie. Sa connaissance, son inventivité lui valent le surnom de *Doctor Mirabilis*, le docteur admirable, ou merveilleux. Il est considéré comme un des précurseurs de la science, dans le sens moderne du mot, car il est le premier à prôner la méthode expérimentale : « Aucun discours ne peut donner la certitude, écrit-il, tout repose sur l'expérience. » Quand règne le dogme, ce n'est pas facile à faire admettre. Bacon passe de nombreuses années en prison, ses thèses sont condamnées et les progrès qu'il a permis ne seront reconnus que bien plus tard. Il ne faut pas oublier où il est allé piocher le carburant de ses découvertes. À un moment de sa carrière, il décide d'arrêter le latin scolastique pour apprendre les « langues sapientielles », celles qu'on considérait comme essentielles au savoir : l'hébreu, l'arabe, le grec, le chaldéen. Et toute sa méthode s'inspire de celles qui avaient été mises au point par un certain Alhazen (965-1039), un savant né à Bassora (aujourd'hui en Irak) et mort au Caire, éminent représentant du grand foyer de culture vers lequel tout l'Occident médiéval allait se tourner.

Voilà l'autre grand trait d'époque qu'il ne faut jamais oublier. L'Occident, indéniablement, avance enfin sur le chemin de la connaissance. D'autres grandes civilisations avaient avancé aussi loin, aussi vite, depuis bien longtemps. Dès les premiers siècles de l'ère commune, les Chinois avaient mis au point quelques-unes des inventions dont ils sont toujours fiers de dire qu'elles ont changé le cours de l'humanité : la boussole, le papier, l'imprimerie, bientôt la poudre à canon. L'Inde était en pointe pour les mathématiques. À partir du VIIIe siècle, quand ils s'installent dans l'immense empire qu'ils ont conquis, les Arabes récupèrent tout ce savoir et l'agrègent à la culture grecque, qu'ils vénèrent. Au temps où les califes abbassides règnent dans leur capitale de Bagdad, entre les VIIIe et XIIIe siècles, le monde arabo-musulman vit un âge d'or de la pensée et des sciences. Quelques siècles avant l'Occident, il est parcouru lui aussi par des débats philosophiques sur l'opposition entre la foi et la raison qu'on mène avec le Coran dans une main et Aristote dans l'autre. Et ses innombrables savants font progresser l'astronomie, l'optique, la médecine, les mathématiques, on en passe. Tout ce savoir circule, dans les villes du monde arabe, de grande bibliothèque en grande bibliothèque, jusqu'aux vastes provinces des confins du monde de l'islam. C'est là où l'Occident va le récupérer.

Cela se passe en Sicile, enlevée aux musulmans par des chevaliers normands, qui en font un royaume (1130) pour lequel travaillent aussitôt de grands savants arabes. Cela se passe surtout en Espagne, au gré de la progression de la Reconquista lancée par les rois chrétiens du Nord. Les précieux manuscrits qu'on trouve dans toutes les bibliothèques des villes conquises ne sont pas perdus pour tout le monde. Tolède est prise en 1085. À partir du milieu du XIIe siècle, sous la houlette de grands rois comme Alphonse le Sage (1221-1284), elle devient un centre où des érudits chrétiens, musulmans et juifs traduisent des pages et des pages de l'arabe au latin, et participent ainsi à un gigantesque et incroyable transfert de connaissances et de technologies.

Cela vaut pour la philosophie. On a dit à quel point la scolastique, au XIIIe siècle, avait été secouée par la redécouverte d'Aristote. Elle est passée par l'étude qu'en avait faite le Perse Avicenne (980-1037) et par les commentaires du Cordouan Averroès (1126-1198). L'influence de ce dernier était si forte qu'il y avait des cours d'« averroïsme » à l'université de Paris. Cela vaut aussi pour tout ce que nous appelons la science. Toute la médecine est empruntée aux savants arabes. Que dire des mathématiques ! Pour le coup, on oubliera l'exemple classique des « chiffres arabes », usurpé. Nos chiffres sont appelés ainsi parce qu'ils ont été copiés, en Espagne (vers l'an mille), sur ceux utilisés par les Arabes. Mais ceux-ci les avaient empruntés aux Indiens, leurs vrais concepteurs. Contentons-nous donc de l'algèbre. Le mot même est une occidentalisation d'une partie du titre du traité qui la fonde en présentant les premières équations : *al jabr*, littéralement la « réduction ». Il a été écrit autour des années 820 par Al-Khwarizmi, un génie des mathématiques né dans ce qui est aujourd'hui l'Ouzbékistan, et mort à Bagdad. Ce nom d'Al-Khwarizmi était si important que sa transcription en latin médiéval, passée par la suite dans nos langues occidentales, a créé le mot « algorithme ». Eh oui ! Les algorithmes, ces systèmes de calcul qu'utilisent tous nos moteurs de recherche pour orienter nos requêtes, ces outils de la modernité informatique, descendent en droite ligne d'un savant perse, génie du monde arabo-musulman.

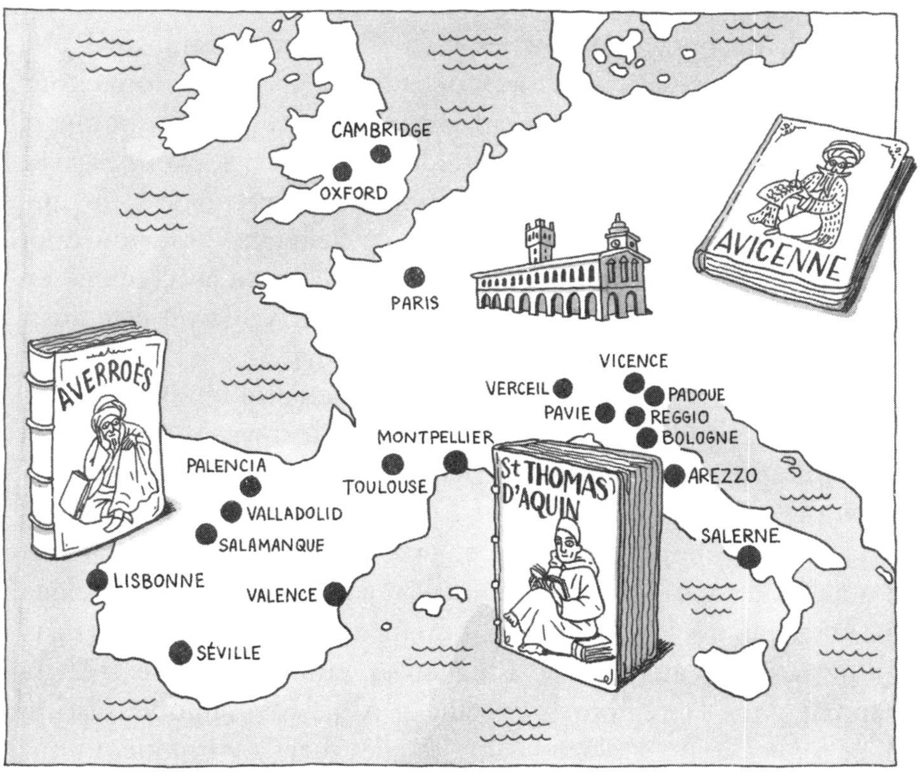

Le temps des hérétiques

Les XIIe et XIIIe siècles ne sont pas des siècles des Lumières avant l'heure. Le propre de la révolution intellectuelle qui aura lieu à ce moment-là sera la capacité de détacher la pensée de la religion. La pensée médiévale y est toujours soumise. On l'a constaté, la tutelle peut être pesante. L'Église peut se montrer fermée. Elle est aussi traversée de courants divers, dont certains, comme le mysticisme, la volonté d'atteindre Dieu pour s'unir à lui, sont totalement opposés à toutes les élaborations intellectuelles de la scolastique. Le futur saint Bernard, qu'on a vu faire la guerre à Abélard, pense que la seule façon de bien aimer Dieu c'est de prier, pas de prétendre faire fonctionner son esprit. L'université elle-même connaît, à la fin du XIIIe siècle, des moments de repli, qui voit les recteurs, comme celui de Paris, tenter de mettre un terme aux débats qui vont trop loin. Pour autant, cela ne doit pas nous faire oublier les grands moments d'ouverture qui les précédèrent. On vient de les évoquer avec d'autant plus de plaisir qu'ils donnent de cette période une image différente de celle qu'on en a en général. C'est pourquoi il nous paraît important, enfin, de rappeler qu'exactement en même temps, par d'autres côtés, ce Moyen Âge a pu être aussi obscur et glaçant qu'on l'imagine souvent.

La chrétienté se lance dans une spectaculaire chasse à toutes les minorités qu'on pourrait dire non conformes. Songeons à la sinistre répression dont furent victimes les cathares, une secte très répandue dans le midi actuel de la France, qui osait dénoncer les dérives d'un clergé corrompu et prôner la pauvreté et le jeûne. Au début du XIIIe siècle, au moment même où débute le fabuleux mouvement universitaire, le pape lance la croisade contre ceux qu'on appelait aussi les « Albigeois », car nombre d'entre eux habitait dans la région de la ville d'Albi. Elle a pour mission d'en venir à bout. La façon dont les chevaliers s'y prennent pour y arriver est fort bien résumée dans l'ordre fameux que donne un de leurs chefs, avant la prise de Béziers : « Tuez-les tous, Dieu reconnaîtra les siens. » La phrase, qui n'est attestée que très longtemps après les faits, est peut-être fausse. Elle est conforme à l'esprit de ce qui se joua alors. Pour parfaire le travail des chevaliers, et continuer à traquer les hérétiques, l'Église a l'idée de créer une juridiction à part qui, pour mener ses enquêtes et faire avouer les coupables, pourra détenir qui elle veut, tant qu'elle veut. C'est l'Inquisition, dont le nom fait frémir. Elle est confiée à l'ordre des dominicains – aussi appelé l'ordre des prêcheurs –, fondé peu de temps auparavant par Dominique Guzman, un noble espagnol devenu célèbre pour avoir cherché, pendant des années, à convertir les cathares, mais, dans son cas, uniquement par la douceur. Saint Thomas d'Aquin était dominicain, lui aussi. J'ignore ce qu'il pensait de l'Inquisition.

La résolution de la question cathare n'a pas été simple. Elle a occupé une bonne part des débats d'un concile tenu dans le palais pontifical du Latran en 1215, appelé Latran IV, le quatrième tenu dans ces lieux. On y a aussi officialisé d'autres mesures, en particulier l'obligation pour les juifs et les « sarrasins » (les musulmans) de porter sur leurs vêtements des insignes spécifiques, pour qu'on ne les confonde pas avec de bons chrétiens. Les premiers devront porter la « rouelle », une petite roue d'étoffe cousue sur le vêtement, une sorte d'ancêtre de l'étoile jaune, en somme. Au cœur même de notre belle renaissance intellectuelle, on invente donc la forme médiévale de la ségrégation.

De fait, pour les juifs, les temps deviennent mauvais. On a mentionné les premiers massacres qui furent commis sur les communautés rhénanes par des foules fanatisées, en partance pour la première croisade (1095-1096). Par la suite, l'antijudaïsme populaire ne cesse de croître. En 1144 apparaît à Norwich la première accusation de « crime rituel » : aux alentours de Pâques, on accuse les juifs d'avoir assassiné un enfant pour utiliser son sang dans des rites obscurs. Cette rumeur infamante et évidemment délirante va devenir elle-même rituelle : on en retrouvera jusqu'au XXe siècle. Cette haine partie du bas est entretenue par des mesures édictées en haut. Avec les distinctions vestimentaires viennent aussi les interdictions professionnelles. Les juifs sont peu à peu exclus de tous les métiers, sauf quelques-uns, comme le prêt d'argent, uniquement parce que les chrétiens ne peuvent le pratiquer. En 1242, après des controverses publiques à propos de la religion juive, que des rabbins ont défendue avec courage, mais que les hommes d'Église jugent « offensante », on brûle le Talmud dans Paris. À partir de la fin du XIIIe siècle vient le temps des expulsions. Les unes après les autres, les communautés juives d'Angleterre, de France, du Saint-Empire, doivent quitter des pays où elles vivaient depuis des siècles. Les pires moments que connaîtront les malheureux qui survivent en Europe occidentale adviennent lors de la Grande Peste (1348), quand on les accuse d'avoir empoisonné les puits. Seuls les papes et quelques nobles essaient de les protéger, mais ils ne sont guère entendus. Et un prince, qui leur tend la main. Cas unique en Europe, Casimir le Grand, le roi de Pologne (1309 – règne : 1333-1370), décide d'accueillir les juifs chassés de partout ailleurs et leur offre des terres où s'installer, dans le sud de son royaume. Ce souverain est aussi le fondateur de l'université de Cracovie, et un grand bâtisseur. Les Polonais disent toujours de lui : « Il a reçu la Pologne en bois, il l'a rendue en pierre. » On a donné son nom, Kazimierz, à une petite ville, transformée par la suite en un quartier de Cracovie. À partir du XVIe siècle, de nombreux juifs s'y sont installés, et ce faubourg est devenu un foyer du judaïsme polonais. J'y suis allé au début de notre siècle. Le quartier était encore sinistré, désolé. Il ne se remettait pas des horreurs de la Seconde Guerre mondiale. Les nazis l'avaient choisi pour y enfermer des milliers de malheureux dans un ghetto dont, comme partout, ils avaient fait une antichambre de la mort. Il paraît qu'aujourd'hui l'ensemble du quartier a été réhabilité et qu'il regorge de restaurants branchés et de bars sympathiques. On y boit sans doute de bonnes bières, comme partout en Pologne. Demandez une Piast, une marque qui a pris le nom de la dynastie dont le roi Casimir fut le dernier représentant, et buvez-la à sa santé.

7 – Interlude itinérant

Théodosie, appelée aussi Feodossia, est une ville de Crimée, située au bord de la mer Noire, qui a fait brièvement parler d'elle, en 2014, lorsque sa base militaire, alors ukrainienne, a été assiégée par les troupes russes, envoyées par Poutine lors de l'annexion de la presqu'île. On trouve encore, sur le Net, une interview réalisée à ce moment-là du malheureux officier désemparé, censé défendre la place, et ne sachant pas s'il devait se battre, attendre, ou se rendre aux assiégeants. Tout ce qu'on peut supposer de la suite est que les Russes n'ont pas eu besoin, pour faire tomber la base ennemie, de l'arme fatale utilisée au même endroit six cent soixante-huit ans plus tôt.

En 1346, le port de Théodosie s'appelle Caffa ; il appartient aux Génois, qui y ont établi un comptoir, et il est assiégé par les Mongols, le peuple conquérant venu d'Extrême-Orient qui domine toute l'Asie depuis le XIIIe siècle. En ce milieu du XIVe siècle, ils traînent dans leurs rangs un autre ennemi terrifiant : la peste, sans doute rapportée d'un foyer primitif situé en Chine. Il leur vient l'idée, devant Caffa, de s'en servir comme d'une arme : ils catapultent des cadavres contaminés au-dessus des murailles. En quelques semaines, la maladie fait tant de victimes de part et d'autre que la guerre devient inutile. Les belligérants signent une trêve, qui permet aux Génois de reprendre la mer, en emportant avec eux l'horrible cadeau. Le mal, porté par les malades et les rats, débarque dans tous les ports où ils accostent lors de leur voyage de retour, Constantinople, Pise, Messine, Gênes, Marseille.

L'histoire des catapultes humaines est-elle exacte ? Certains historiens estiment qu'elle tient de la légende urbaine, colportée depuis des siècles. Peut-être des rongeurs, passés dans les interstices des murailles, ont-ils suffi à y disséminer le mal dans la ville assiégée. Le résultat est le même. En quelques mois, le Moyen-Orient, l'Afrique du Nord, l'Europe sont frappés par un fléau d'autant plus virulent qu'il avait disparu depuis le VIe siècle et que plus personne n'avait d'anticorps qui aident à le repousser. Depuis toujours, et pour longtemps encore, les populations sont confrontées de façon périodique aux dérèglements, aux famines, aux diverses calamités. Celle-ci dépasse ce qui était imaginable. Entre 1347 et 1348, la peste élimine entre un tiers et une moitié de la population. La mort règne sur des villes vidées, des campagnes transformées en désert. Il faudra des siècles pour que les pays frappés se remettent de cette hécatombe démographique.

La « grande pestilence », comme on l'appelait à l'époque, la « peste noire », comme on a dit plus tard, n'est pas spécifiquement européenne, on l'a vu. Elle vient de la lointaine Asie et elle a frappé l'Afrique du Nord et le Moyen-Orient. Elle a une fonction particulière dans l'histoire occidentale. Elle sert de marqueur, elle indique un retournement. Il règne désormais un climat d'apocalypse. La religion est dominée par le mysticisme. Les artistes sont fascinés par la mort. La danse macabre devient le grand thème. On voit dans les rues des processions de flagellants qui se fouettent pour expier les péchés dont les hommes se sont forcément rendus coupables pour mériter un tel châtiment. La grande expression qui revient sous les plumes, au XIVe siècle, puis encore parfois au XVe, c'est « les malheurs des temps ». L'Occident en connaît d'autres, en effet.

D'Avignon à Rome, en passant par Constance

Pour exposer le premier de ces autres malheurs, il faut me suivre jusqu'à Avignon, cette belle ville de Provence, aujourd'hui française. En 1309, le puissant roi de France Philippe le Bel y a installé le pape, pour le tenir sous son contrôle. La ville était alors en terre d'Empire, mais le royaume de France était de l'autre côté du Rhône, c'est-à-dire à un pont de là. Les pontifes, le plus souvent d'origine française, s'y font construire un somptueux palais, qu'on visite toujours et qui sert d'écrin, depuis 1947, au festival de théâtre qui fait la renommée mondiale de la cité. Les cardinaux ont les leurs. L'Église n'en sort pas grandie. Ses princes vivent comme des satrapes. Et de nombreux chrétiens, révulsés par ce luxe, n'acceptent pas que les pontifes, qui disent succéder à saint Pierre, aient déserté le lieu de son martyre. De grandes mystiques tonnent. Dans leurs visions, Brigitte de Suède (1302-1373), puis Catherine de Sienne (1347-1380) entendent Dieu exiger le retour à Rome. Un premier pape s'y essaie (1367), puis revient, à cause des troubles, de l'insécurité, des désordres qui règnent dans une Italie que les grandes familles aristocratiques se disputent épée en main. Un deuxième refait le chemin et meurt sitôt après être arrivé. Les cardinaux romains lui élisent un successeur. Ceux qui sont restés à Avignon et n'ont aucune envie d'en partir en désignent un autre. Il y a deux papes. À un moment donné, il y en aura même trois. Et personne, pendant des décennies, pour calmer le jeu, bien au contraire. La querelle religieuse empire d'autant qu'elle reflète une bataille géopolitique entre les puissances européennes. Chacune soutient son pape contre l'autre, et les deux ne sont plus que les marionnettes de leur lutte d'influence. Cette blessure au cœur de la chrétienté, qui horrifia tant de chrétiens, s'appelle le Grand Schisme d'Occident (1378-1417). Il faut un concile pour le résoudre. Il se tient à Constance (1414-1418), sous la houlette de l'empereur et de tous les représentants des différents souverains, qui continuent à tirer les ficelles, mais finissent, après force tractations, par s'entendre.

On rétablit un seul pape, installé à Rome, et on prévoit même une doctrine pour éviter des débordements futurs, le « conciliarisme ». Désormais, l'autorité suprême en matière religieuse sera le concile – la réunion de tous les évêques –, placé au-dessus des pontifes. Habiles et peu enclins à se laisser voler leur pouvoir, les papes du xve siècle auront tôt fait d'enterrer ce système qui aurait pu changer le cours de l'histoire religieuse.

Le concile de Constance traite d'une autre question. Depuis quelque temps, Prague est en proie au désordre. Un certain Jean Hus (v. 1371-1415), théologien, doyen de l'université et bientôt son recteur, ose dénoncer les abus de l'Église et prôner un retour à l'Évangile. Avec cela, dans ce monde sous influence germanique, il se place toujours en défenseur des intérêts tchèques. En 1411, il est excommunié. En 1414, il se rend à Constance, pensant pouvoir y exposer ses thèses et se croyant naïvement protégé par un sauf-conduit donné par l'empereur. Un mois après qu'il est arrivé, on l'enferme, on le juge pour hérésie et, le 6 juillet 1415, il est brûlé. Les puissants de l'époque ont pensé que les méthodes expéditives allaient régler l'affaire. Leur bûcher n'a fait qu'allumer d'autres feux. Sitôt l'annonce du supplice commencent en Bohême des « guerres hussites » menées par les partisans de celui qui, aujourd'hui encore, est considéré comme le grand martyr de la nation tchèque. Les croisades lancées pour les écraser n'en viendront pas à bout. Et, un siècle exactement après le supplice de « Maître Hus », un certain Luther, un autre moine, se placera dans sa continuité et dira reprendre son flambeau.

Sous les murs de Constantinople

Pour mesurer le dernier des grands chocs que subit l'Occident, il faut faire le voyage jusqu'à cette splendeur nommée Istanbul, tenter d'oublier ses mosquées et Topkapı, le palais du sultan, pour descendre un peu plus bas, le long de la Corne d'Or ou de la mer de Marmara, et venir se placer sous ses hautes murailles. Elles sont simples à trouver : il en reste des kilomètres, avec leurs tours, et parfois leurs portes. Quelques portions sont restaurées, d'autres en ruine, mais il n'y a pas à craindre qu'elles s'écroulent. Elles sont là depuis le IVe ou le Ve siècle. Pendant près de mille ans, les hautes murailles de Constantinople ont repoussé des dizaines de sièges et témoigné sans faillir de la puissance du glorieux empire romain d'Orient. Au XVe siècle, il n'est plus, hélas, que l'ombre de lui-même et son territoire s'est réduit comme peau de chagrin.

Trois cents ans plus tôt, des Turcs ont commencé à s'installer en Asie Mineure, qu'ils ont grignotée un peu à la fois. À la toute fin du XIIIe siècle, un de leurs clans a pris le dessus sur les autres, sous la conduite d'un chef énergique nommé Osman. Ses descendants ont formé une dynastie, les Osmanlis – les gens d'Osman –, qu'on a transcrits, en français, par Ottomans. Ils accumulent les succès. Établis d'abord à Brousse – aujourd'hui Bursa, une ville industrielle qui se trouve non loin de la mer de Marmara –, ils sont passés en Europe. De leur seconde capitale d'Andrinople – Édirne –, ils ont étendu leur empire sur les Balkans, écrasant les Serbes, puis les Bulgares. Pour tenter de bloquer ce qui ressemble à un raz de marée, l'Occident a envoyé trois croisades. Par trois fois, les chevaliers chrétiens ont été battus par les invincibles janissaires. Désespéré, l'empereur byzantin est prêt à tout. Dans les années 1447-1449, il est présent, avec son patriarche, au concile tenu à Florence, qui décide de jeter cinq siècles de rancunes à la rivière et de reformer l'union de l'Église de Rome et de celle qu'il représente. Il pense que c'est la seule solution pour obtenir de l'aide. Las, lors de leur retour, son patriarche et lui sont hués par un peuple qui refuse l'alliance avec des Latins haïs plus que tout. Les dés sont donc jetés. En 1453, les Ottomans refont un siège. Ce n'est pas le premier, mais ce sera le bon. Au matin du 29 mai, des janissaires découvrent quelque part dans la muraille, quelque part là où nous nous trouvons, une petite porte qui n'a pas été gardée. C'est la brèche qui entraîne la submersion. Le basileus Constantin XI, quatre-vingt-douzième empereur romain à régner après Constantin le Grand, meurt les armes à la main. Le sultan Mehmet II, qui gagne dans l'affaire le surnom de Fatih, « le conquérant », entre en maître dans la ville et, le jour même, fait réciter la prière musulmane dans Sainte-Sophie qui était, hier encore, la perle du monde chrétien. L'Occident latin est sous le choc.

De retour à Florence

Tant de coups de tocsin annoncent-ils une agonie ? L'histoire est faite de retournements. La peste, la crise religieuse, la prise de Constantinople par les Turcs ottomans ne sont pas les signes de la fin *du* monde, mais *d'un* monde. Un autre est en germe. Le concile d'union des Églises de 1447-1449 a commencé à Ferrare, mais a dû quitter la ville parce qu'on y apprenait l'arrivée d'une nouvelle peste. Il s'est terminé à Florence. Les pères conciliaires, le patriarche de Constantinople ont-ils eu le temps d'y flâner comme nous autres voyageurs d'aujourd'hui y flânons pour admirer, au détour d'un palais, devant une église, face à une toile, les souvenirs d'un renouveau qui nous fait tant rêver ? On a déjà vu passer d'autres « renaissances », dans notre voyage, à l'époque de Charlemagne ou au XIIe siècle. Celle du XVe siècle est, pourrait-on dire, l'estampillée, l'authentique, la plus prestigieuse. Florence en est l'épicentre. Le terme lui-même – *rinascita* – fut forgé pour elle, un peu plus tard, par l'artiste et critique d'art Vasari qui voulait rendre hommage à ses maîtres, les Michel-Ange, les Raphaël, qui y avaient travaillé et en avaient fait la renommée. Par leur œuvre et leur génie, disait-il, ils ont ressuscité, fait *renaître* les heures glorieuses de l'Antiquité et mis un terme aux temps obscurs. Quelques grands écrivains, les pères de la langue italienne, ceux qui donnent au toscan ses lauriers, avaient ouvert le chemin, même si leurs rapports à la cité avaient pu être douloureux. Dante (1265-1321), qui a choisi la mauvaise faction lors des guerres entre guelfes et gibelins, doit s'exiler pour éviter le bûcher lorsque ses ennemis prennent le pouvoir, et il meurt loin de sa ville natale. Pétrarque (1304-1374), dont le père, proche de Dante, en avait été chassé également, passe ses années de formation dans le Comtat Venaissin, chez les papes d'Avignon, qu'il déteste. Boccace (1313-1375) place son *Décaméron*, par ailleurs si rieur, au moment de l'arrivée de la peste dans la ville. Au siècle suivant, sous le gouvernement des Médicis, les banquiers mécènes qui ont pris le pouvoir, les cieux s'éclaircissent. Florence devient la capitale d'un art nouveau qui n'a pas fini de nous éblouir.

Admirons la ronde coupole que Brunelleschi donna à la cathédrale Santa Maria del Fiore. Fidèle à l'idéal d'imitation des Gréco-Latins qu'impose l'époque, il s'était inspiré, pour l'édifier, du Panthéon de Rome. Son *duomo*, terminé à la fin des années 1430, est considéré comme le premier édifice de « style Renaissance ». Entrons dans l'église et frisons le vertige en le regardant de dessous pour voir les fresques qui le décorent. Ou risquons d'autres frissons, à la galerie des Offices, devant la *Naissance de Vénus* de Botticelli ou, à la galerie de l'Académie, en faisant face, depuis le bout de la salle, aux formes parfaites du *David* de Michel-Ange, indétrônable icône de la beauté masculine depuis cinq siècles. Où n'est-on pas saisi de vertige dans cette ville ? Même la psychiatrie a répertorié un « syndrome de Florence » qui frappe les visiteurs trop peu préparés à absorber autant de beauté. Bien sûr, la Renaissance italienne ne se limite pas à la capitale toscane. Venise, Milan, Assise et Padoue, où Giotto peignit ses fresques, y tiennent leur part. Et Rome. Les papes qui s'y réinstallent après le Grand Schisme y entreprennent des travaux qui remettent au jour des merveilles oubliées de l'Antiquité et font appel à des artistes nouveaux pour construire et décorer leurs palais. Comme toujours, les apports extérieurs sont déterminants. Comme au XIIIe siècle, la redécouverte de textes grecs crée un choc dans la pensée des contemporains. Ils ne viennent plus, cette fois, des Arabes. Ils sont apportés par les érudits byzantins, fuyant les Turcs. Quelques-uns de ces savants, comme l'illustre Jean Bessarion, un moine de Constantinople, futur cardinal qui allait devenir un grand nom de l'humanisme, est de ceux qui débarquent en Italie avec l'empereur et le patriarche pour participer au concile de Ferrare, qui se déplace à Florence...

Pour parfaire ce tableau d'une époque incomparable, il faut quitter la Toscane, et même l'Italie, et remonter jusqu'à Mayence, petite ville de l'ouest de l'Allemagne. Une statue sur une grand-place, un grand musée, des rues et lieux à son nom, il ne faut pas chercher longtemps pour connaître le nom du grand homme local. C'est ici qu'est né Gutenberg, vers l'an 1400 ; c'est ici que, après avoir pratiqué longtemps le métier d'orfèvre à Strasbourg, il est revenu pour inventer l'imprimerie. Ou la réinventer ? Les Chinois avaient mis au point le procédé des siècles auparavant. Contrairement à la poudre à canon, à la boussole, au papier autant d'innovations qui sont passées jusqu'en Europe, l'Occident n'en a pas eu connaissance. C'est donc bien à notre génial Mayençais qu'on doit tout : la presse, peut-être inspirée des vignerons ; les caractères mobiles, fondus dans le métal, qui permettent de composer et de recomposer les pages qu'on veut reproduire ; l'encre qui y adhère. En 1452 sort de son atelier le premier ouvrage imprimé occidental : une Bible. La révolution de l'imprimerie, conjointe avec le renouvellement de la pensée produit par la Renaissance italienne, ouvre un nouveau chapitre de l'histoire européenne. Dans la chronologie historique traditionnelle, on l'appelle les « Temps modernes ».

Nouveaux venus

Avant de tourner ces nouvelles pages, faisons un point sur l'état politique de cette Europe du XVe siècle. Tout à l'est, un nouveau pays apparaît. Au XIIIe siècle, l'Europe orientale a subi de plein fouet le déferlement mongol, peuple de conquérants exceptionnels qui ont soumis toute l'Asie et se la sont partagée.

Depuis lors, les principautés russes vivent sous la tutelle d'un empire dirigé par une dynastie mongole, installée sur la Volga et portant le beau nom de « Horde d'or ». Moscou, une de ces cités, gagne en importance, car elle a la charge de collecter l'impôt que les villes soumises doivent aux maîtres. C'est d'elle que vient la fin de cette humiliation. En 1480, Ivan III (1440-1505), grand-prince de Moscou, déchire publiquement le traité de vassalité qui le lie aux Mongols et, après avoir remporté contre eux une bataille, met fin à ce que les Russes nomment le « joug tatar ». Ayant réussi, par ailleurs, à réunir de nombreuses principautés sous sa couronne, il est considéré comme un fondateur de la Russie – ou plutôt « des Russies », comme on disait encore. Il lui donne déjà un destin. Il s'est marié avec une nièce du dernier empereur byzantin, mort à Constantinople ; il estime donc en reprendre le flambeau. Moscou doit devenir la nouvelle capitale de l'orthodoxie chrétienne. Au siècle suivant, un moine théologien dira que, grâce à Ivan et à sa princesse byzantine, et après la chute de Constantinople, la deuxième patrie des Césars, tombée aux mains des Turcs, elle est devenue la « Troisième Rome ».

À l'ouest, le grand pôle du christianisme reste le Saint-Empire. Il prend, au milieu du siècle, un nouveau virage avec l'arrivée sur son trône d'un Habsbourg. Rodolphe, un membre de cette éminente famille de la noblesse allemande, a déjà été empereur, au XIIIe siècle, mais son successeur appartenait à une autre dynastie. À partir de Frédéric III (empereur en 1452), les Habsbourg s'installent sur un trône qu'ils n'abandonneront – à une brève parenthèse près – qu'en 1918. Originaire de Suisse et d'Alsace, la famille s'est établie dans le duché d'Autriche, ce qui explique qu'on l'appelle aussi la « maison d'Autriche ». Sitôt élu, Frédéric prend comme devise une suite de voyelles qui en dit l'ambition : AEIOU. *Austriae Est Imperare Orbi Universo* : il appartient à l'Autriche de régner sur l'univers.

D'autres grands pays se forment ou, mieux encore, se renforcent dans des unions de couronnes. À la toute fin du XIVe siècle, une reine de Pologne se marie avec le grand-duc de Lituanie pour enfanter l'union de Pologne-Lituanie, vaste royaume qui va de la Baltique à la mer Noire. Sous des formes politiques diverses, il dure jusqu'à la fin du XVIIIe siècle.

À la fin des années 1380, une reine de Danemark devient reine de Norvège, puis réussit à mettre la main sur la Suède, ce qui permet de rêver à un contrôle total de la Baltique. On appelle ce ménage à trois l'union de Kalmar. Les Suédois ne l'acceptent pas longtemps. Dès le milieu du XVe siècle, les révoltes se succèdent et la répression vire à l'horreur. En 1520, le roi de Danemark et ses alliés font exécuter quatre-vingts chefs suédois. Ce « bain de sang de Stockholm » est, si on ose écrire, la goutte de trop. Jouant sur la nécessité de venger une telle infamie, Gustav Vasa, héros suédois, obtient l'indépendance de son pays et devient roi de Suède. La Norvège et le Danemark restent unis jusqu'au début du XIXe siècle.

Et bien sûr, en 1469, l'union féconde, déjà mentionnée, entre Isabelle, héritière de Castille, et Ferdinand d'Aragon, heureux héritier qui va recevoir ce qui va alors avec : Majorque, la Sardaigne, la Sicile, la Catalogne, le sud de l'Italie, et on en passe. Du mariage entre leurs deux provinces naît l'Espagne.

Le visage de l'Europe tel que nous le connaissons prend forme, c'est indéniable. Au milieu du XVe siècle, le roi de France gagne la guerre de Cent Ans et réussit à reconquérir la Normandie, puis la Guyenne, qui était anglaise depuis plus de trois siècles. À l'exception de la ville de Calais (anglaise jusqu'à sa reconquête en 1558), l'Angleterre n'a plus de possessions sur le continent. Elle devient une île. L'identité y est de plus en plus marquée. Depuis la fin du XIVe siècle, on parle anglais dans les tribunaux. Avec *Les Contes de Canterbury* (1387), l'écrivain Chaucer inaugure la littérature dans cette langue. Le XVe siècle y est sans doute sinistre. Après les défaites face au roi de France, le pays subit trente ans de « guerre des Deux-Roses » (1455-1485), un conflit sanglant pour le pouvoir qui oppose les deux grandes familles des York et des Lancastre. C'est un membre d'une troisième branche, un Tudor, premier de la dynastie, qui siffle la fin de la partie en raflant la couronne. Il peut en user sans partage. Tous les grands féodaux sortent trop exténués de leurs guerres pour le menacer.

Grandeurs et misères de la Bourgogne

Le XVe siècle voit ainsi, un peu partout, le renforcement des pouvoirs centraux, qui annonce l'apparition de l'État. Charles VII (1403 – règne : 1422-1461), par exemple, le roi de France que Jeanne d'Arc a poussé au sacre, est le premier à disposer de ce qui nous semble une de ces institutions essentielles. Il crée, pour son service, une armée permanente. Son fils Louis XI, quoique notoirement sournois et cynique, reste très aimé de l'histoire de France traditionnelle, car il est un de ceux qui ont le plus agrandi le royaume. Par héritage, il recueille le Maine, l'Anjou, la Provence. Et, par la guerre et la ruse, il réussit à briser les prétentions et les rêves de son puissant rival, un homme qui aurait pu changer le visage de l'Europe, le duc de Bourgogne.

Pour comprendre l'étrange destin de l'aventure bourguignonne, il faut faire un léger retour en arrière. Dans la seconde moitié du XIVe siècle, le roi de France Jean le Bon fait cadeau à son fils Philippe le Hardi du duché de Bourgogne, cette riche province qui entoure la ville de Dijon. Puis, pour parfaire le cadeau, et surtout pour éviter que cet autre riche domaine ne tombe dans les mains des Anglais, il le marie à la fille du comte de Flandres, qui possède par ailleurs d'autres biens prestigieux. Voilà Philippe maître des deux terres les plus prospères d'Europe, et ce n'est qu'un départ. En quelques décennies, par achat, par mariage, par ruse, par conquête à l'occasion, les ducs de Bourgogne ont réussi à se constituer un patrimoine impressionnant. Au sud, à côté de la Bourgogne proprement dite, ils possèdent la Franche-Comté et le Charolais. Au nord, un ensemble de provinces qui monte de la Somme à la Frise, et recouvre à peu près tout le Benelux actuel, plus le nord de la France : les Pays-Bas bourguignons. Et cet ensemble extraordinaire a la particularité de comporter des terres dépendant du roi de France, et d'autres situées dans l'Empire. Comme on s'en doute, les ducs se sentent de moins en moins vassaux de l'un et de l'autre. Le plus brillant d'entre eux est Philippe le Bon (règne : 1419-1467). Il tient une cour fastueuse dans ses diverses capitales, à Dijon, à Bruxelles, à Lille, réglée par une étiquette minutieuse qui inspirera celles de tous les palais d'Europe. Il organise des fêtes magnifiques, fait travailler les plus grands artistes, comme le peintre Van Eyck. Faute d'être roi, il se contente de se faire appeler « grand-duc d'Occident ». Son fils, le bouillant, l'impétueux Charles le Téméraire, veut sauter le pas. Il envisage de créer un royaume, une sorte de Lotharingie, comme celle que reçut Lothaire, un des petits-fils de Charlemagne, qui irait du nord des Pays-Bas d'aujourd'hui à la Méditerranée. Pour cela, il lui faut déjà rassembler les deux morceaux de son patrimoine, et donc conquérir les provinces qui les séparent, en particulier la Lorraine. Louis XI veille. Comment pourrait-il accepter de voir ainsi son propre royaume menacé à l'est par une nouvelle puissance ? Habile manœuvrier, il monte des gens divers contre le Téméraire, notamment les Suisses. Il a aussi la chance pour lui. Par un hasard propre à la guerre, le Téméraire meurt devant Nancy en 1477. Aussitôt, Louis reprend la Bourgogne et d'autres possessions attenantes, estimant qu'elles sont du royaume de France. Fin de ce que les historiens appellent le « rêve bourguignon ». Il n'y aura pas de grand pays entre la France et ce qui allait devenir l'Allemagne. Les deux ont été ravagés bien plus tard par un nationalisme farouche. Y aurait-il eu, entre les deux, un nationalisme lotharingien aussi farouche, ou juste un État jouant un rôle de tampon et garantissant la paix ?

Après lui, Charles le Téméraire laisse comme seule héritière Marie de Bourgogne. L'orpheline, depuis Bruxelles ou Bruges, la ville qu'elle préfère, continue à régner sur ses Pays-Bas, mais elle est effrayée par son petit-cousin le roi de France. Pour s'en protéger, elle cherche une alliance dans une puissante famille d'Europe. Elle épouse Maximilien, un Habsbourg, futur empereur du Saint-Empire. Elle permet ainsi à l'ambitieuse dynastie, installée en Autriche, de s'implanter à l'ouest.

8 – L'Europe prend le large

Certains lieux de mémoire, monumentaux, majestueux, sont à la hauteur de l'histoire qu'ils portent. D'autres, dira-t-on par euphémisme, ont l'élégance de laisser toute sa place à l'imagination. Me voilà aujourd'hui tout en bas du Portugal, dans la petite ville de Sagres, sur le cap écrasé de soleil et balayé par les vents, pointe sud du pays qui semble s'enfoncer dans l'océan. Le moins qu'on puisse écrire est que l'endroit, sur lequel je fantasmais sans doute un peu trop, ne paie pas de mine. Pompeusement baptisé « forteresse » par les guides touristiques, il se résume à quelques remparts, une chapelle branlante, un bout de dallage sur lequel on distingue une vieille rose des vents couverte de poussière, deux bâtiments modernes fermés le jour de ma visite et une étonnante croix de béton. Elle a été plantée là dans les années 1960, m'apprend la plaque qui y est apposée, par un régiment américain, cadeau du Nouveau Monde à ce petit coin de l'Ancien.

Quelle importance ? Le cap en lui-même est splendide, et il suffit de s'avancer de quelques dizaines de mètres pour contempler, du haut d'une falaise escarpée, la mer immense, le vrai décor de ce chapitre. N'est-ce pas face à elle, depuis l'endroit même où je me trouve, qu'il y a près de six siècles, le prince portugais baptisé par l'histoire Henri le Navigateur regardait partir, puis revenir, les navires qu'il lança à la découverte du monde, et qui en changèrent le destin ?

En ce début du XVe siècle, l'Europe n'est encore, à tous les égards, que ce « petit cap du continent asiatique » dont parlera, bien plus tard, le poète Paul Valéry. Tous les biens précieux qui la font rêver, la soie, les parfums, les belles cotonnades, ou ceux qui lui sont indispensables, comme les fameuses « épices » (qui servent en fait bien plus à la pharmacie qu'à la cuisine), viennent de Chine, d'Inde ou d'îles fabuleuses situées quelque part dans les mers du bout du monde. Après avoir transité par les routes de l'Orient, ils arrivent à Gênes ou surtout à Venise, qui règne en maîtresse sur ce commerce. Dom Henrique (1394-1460), c'est-à-dire Henri, notre prince navigateur, va apprendre à l'Europe ce qu'elle a à gagner en regardant vers l'ouest et le sud.

Sans doute n'eut-il jamais conscience de son rôle dans l'histoire du monde. Son petit royaume, formé en refoulant peu à peu les Arabes qui le dominaient, a conquis son autonomie et achevé sa Reconquista depuis déjà deux siècles. Comme la plupart des nobles portugais de son temps, poussés dans le dos par le pape, il a pour seule obsession de la poursuivre. Les chrétiens ont chassé les musulmans du Portugal. Pourquoi ne pas les repousser hors d'Afrique du Nord ? L'infant Henri est présent, en 1415, à la prise de Ceuta, une ville de la côte marocaine, située à l'entrée du détroit de Gibraltar, qui doit servir de point d'appui à ce combat. C'est la seule bataille à laquelle il participera jamais. Elle lui donne l'idée d'une stratégie de long terme. Le seul moyen de déloger les Maures du Maroc est de contourner leurs côtes pour aller chercher, plus au sud, dans le continent noir, les sources du trafic de l'or qui fait leur fortune, et peut-être aussi trouver, quelque part, de mythiques royaumes chrétiens avec qui on pourrait former des alliances de revers.

Installé dans son château de Sagres – ou peut-être ailleurs sur la côte, les ruines de la « forteresse » sont trop pauvres pour qu'on soit sûr du point –, le prince navigateur qui ne navigua jamais lui-même monte pendant des décennies, avec ténacité et obstination, des expéditions. Chacune, riche des découvertes de la précédente, va un peu plus loin, scrute de nouveaux rivages, étudie de nouveaux courants marins, établit d'autres passages et revient au Portugal avec les précieuses informations qui permettront de poursuivre l'aventure. C'est ainsi que sont franchies, les unes après les autres, les étapes ouvrant les routes du monde. 1427, un premier bateau portugais découvre les Açores ; 1434, un autre double le cap Bojador, qui marquait jusqu'alors la fin du monde connu ; 1441, un nouveau est au cap Blanc ; 1444, un autre passe le cap Vert...

Après la mort du prince, les rois qui règnent à Lisbonne suivent la voie qu'il a tracée, mais ils l'adaptent aux impératifs du temps. En 1453, les Turcs ont conquis Constantinople. En mettant de nouvelles taxes sur les produits qui transitent par leur empire, en prétendant prendre le contrôle de leur circulation, ils rendent les routes commerciales orientales bien moins intéressantes qu'elles n'étaient. La nouvelle grande idée des Portugais est d'en ouvrir une autre, dont ils seraient les maîtres. Plutôt que de dépendre de dizaines d'intermédiaires, comme on le fait depuis des siècles, ils projettent d'aller eux-mêmes jusqu'en Inde et en Chine, par bateau, en contournant l'Afrique.

Nouvelles expéditions, nouveaux records : en 1488, Diaz passe la pointe sud du continent noir, qu'il nomme « cap des Tempêtes ». Le roi Jean II, son souverain, préfère le rebaptiser « cap de Bonne-Espérance ». Pourquoi modérerait-il son optimisme ? Lisbonne, où se pressent désormais les meilleurs cartographes et les meilleurs marins d'Europe, est à la pointe de l'aventure maritime. Tous les espoirs lui sont en effet permis.

Le roi de Portugal devrait pourtant se méfier. L'incontestable avance qu'a prise son pays lui vaut bientôt une fameuse déconvenue. C'est le paradoxe de cette histoire. C'en est aussi l'une des clés...

L'idée du Génois

Dans les années 1480, un certain Génois nommé Christophe Colomb a une idée à ses yeux géniale. Puisque la Terre est ronde

– contrairement à la légende, cette vérité est alors acquise dans tous les milieux cultivés européens –, pourquoi ne pas tenter d'atteindre la Chine en passant par l'ouest ? Pourquoi ne pas aller, comme on dit alors, « au levant par le ponant » ? Tout naturellement, le marin présente son projet à Lisbonne, la Mecque de l'aventure maritime. Le problème est que son intuition est juste et ses calculs faux. Colomb les a établis en se fondant sur une mesure de la circonférence du globe beaucoup plus petite qu'elle n'est. Il pense que la Chine est atteignable parce qu'il la voit plus proche que dans la réalité. Les experts portugais, eux, savent compter. Ils rejettent le plan de Colomb, estimant qu'il est irréalisable. Muré dans sa certitude, le Génois ne se démonte nullement et va voir ailleurs. Après de nombreuses tentatives infructueuses et des années de patience, il finit par convaincre Isabelle la Catholique, reine de Castille.

Le 3 août 1492, à la tête de ses trois fameuses caravelles, le marin qui a acquis le titre officiel d'« amiral de la mer Océane » quitte Palos de la Frontera, petit port d'Andalousie. Le 12 octobre suivant, poussé par l'erreur la plus célèbre de l'histoire mondiale de la navigation, il crie victoire en voyant la terre. Il est sûr qu'il est presque en Chine et que les îles où il aborde sont situées à l'orée des Indes. Nous savons qu'il se trompe. Nous savons aussi que son énorme bévue se trouve être, pour la petite Europe, d'un prix inestimable. Colomb croyait lui offrir le moyen de gagner l'Ancien Monde. Il lui en apporte un nouveau sur un plateau.

Dès lors, l'incroyable expansion se déroule à une vitesse vertigineuse. Colomb, qui fit quatre voyages, dont un le mena jusqu'à la côte vénézuélienne, est mort (en 1506) sans savoir qu'il avait découvert l'Amérique. Quarante ans plus tard, une poignée de conquistadors, après avoir défait en quelques coups d'arquebuse des empires qu'on croyait redoutables – aztèque (1519-1521), puis inca (1533-1542) –, donnent à l'Espagne près de la moitié du continent.

Dépassés d'un cheveu par les caravelles de Colomb, les Portugais réussissent leur pari en 1498 : Vasco de Gama, ayant longé toute l'Afrique et traversé l'océan Indien, arrive en Inde. En 1500, son compatriote Cabral accoste au Brésil. Une décennie plus tard, leurs successeurs ont pris possession de Malacca (actuelle Malaisie), le port qui contrôle tout le commerce du Sud-Est asiatique. Ils tiennent des comptoirs en Arabie ou à Ceylan, et abordent le Japon et la Chine.

Les autres suivent. Au XVIIe siècle, les Anglais commencent à coloniser la côte est de l'Amérique et prennent leurs marques en Inde, comme le font de leur côté les Français, qui ont investi également le Canada et la Louisiane. Les Hollandais marchent sur les traces des Portugais, fondent Le Cap, au sud de l'Afrique, et étendent leur domination jusqu'en Indonésie. Même les Suédois s'emparent de quelques terres en Amérique, tandis que les Danois établissent des comptoirs en Inde.

Souvenons-nous de ce qu'était l'Europe au XVe siècle. Faisons un bref état du monde de la fin du XVIIIe siècle. Quelques vieilles puissances résistent : l'immense Empire chinois, qui se croit toujours aussi fort ; le Japon, qui ne s'est sauvé qu'en interdisant ses côtes à tout navire étranger pour se couper du monde ; l'Empire ottoman ; la Perse ; ou encore l'Afrique subsaharienne, que l'Europe saigne par les côtes en achetant des esclaves, mais où elle n'a pas pénétré. Et le reste ? Les Amériques sont ibériques ou anglo-saxonnes, l'Inde est presque anglaise, l'Australie et la Nouvelle-Zélande vont l'être bientôt. L'Europe est partout, jusqu'aux noms qu'elle a imposés sur les cartes. L'île « Maurice » est un hommage des navigateurs hollandais à leur stathouder Maurice de Nassau. Les Philippines, celui des Espagnols rendu à Philippe II d'Espagne, comme les Anglais ont baptisé Virginie leur première colonie américaine pour saluer Élisabeth d'Angleterre, la reine vierge.

On retrouve l'Europe jusque dans la perpétuation de ses erreurs. N'est-il pas irréel qu'aujourd'hui encore l'Amérique se nomme ainsi parce que le cartographe des Vosges qui le premier la fit figurer sur le papier pensait, faussement, qu'elle avait été « découverte » par Amerigo Vespucci, un marin qui l'aborda après bien d'autres ? Ou encore qu'on appelle toujours « Indiens » des peuples qui ne l'ont jamais été que dans l'esprit chimérique de Christophe Colomb ?

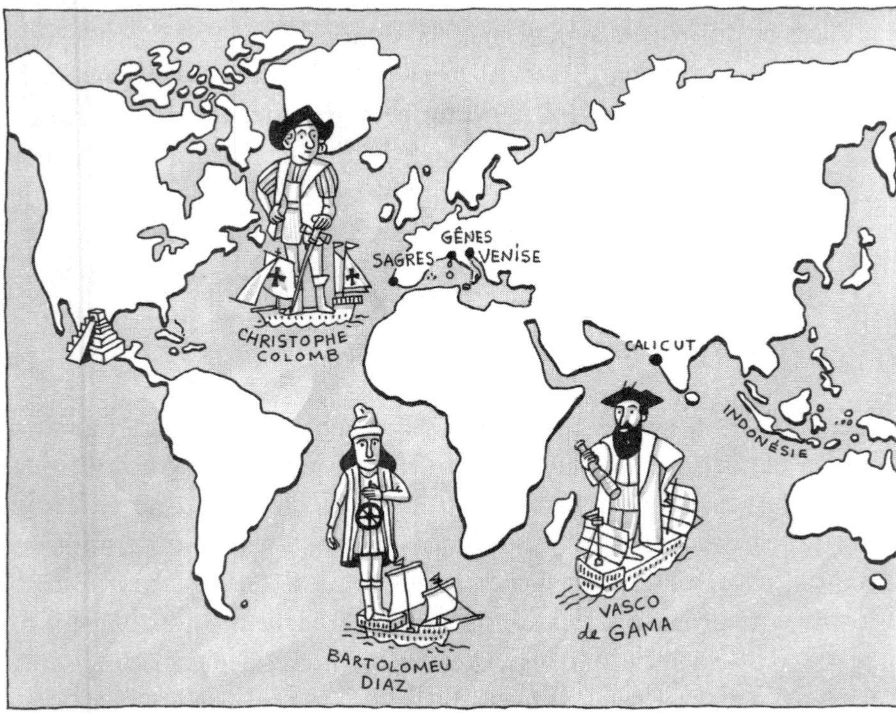

Les raisons d'un triomphe

Le basculement de l'histoire qui s'est opéré à la fin du xve siècle est vertigineux. L'Europe était un cap. Elle est devenue le centre du monde.

Il y a eu – et il y aura – bien d'autres empires dans l'histoire. La plupart de leurs conquêtes se sont faites par proximité, par contiguïté. Perses, Romains, Arabes, Chinois, Mongols ont agrandi leur espace, de façon démesurée, en s'en prenant aux territoires situés à côté de ceux qu'ils possédaient déjà.

Il exista aussi quelques exemples d'expansion maritime. La plus importante a été ce que les historiens nomment le « peuplement du Pacifique », qui a permis aux populations issues d'un berceau probablement situé dans l'actuelle Taïwan de coloniser progressivement toute l'Océanie, jusqu'à son point le plus éloigné, l'île de Pâques, à 10 000 kilomètres. Ces navigateurs intrépides pouvaient, sur leurs vastes pirogues, embarquer des tribus entières et un peu de bétail pour les installer sur d'autres îles. Techniquement, cela vaut largement l'exploit des marins de Colomb ou de Vasco de Gama. Mais le mouvement s'est étalé sur des siècles et les terres découvertes n'étaient pas peuplées.

À peu près à l'époque d'Henri le Navigateur, la puissante Chine elle-même s'est essayée à l'aventure océane. Pour la première fois dans l'histoire impériale chinoise, au tout début du XVe siècle, un empereur rêve de grand large. De 1405 à 1422, à sa demande, sept expéditions successives, commandées par un amiral hors pair nommé Zheng He, sillonnent les mers du Sud-Est asiatique, les côtes indiennes, et abordent même l'Est africain. Les flottes affrétées – plus de 20 000 hommes à chaque fois – sont autrement plus impressionnantes que les modestes caravelles ibériques. À ce qu'on croit savoir, toutes les expéditions sont des succès. Pourtant, pour des raisons non encore clairement élucidées – soit à cause de rivalités de clans au palais, soit à cause de nouvelles menaces de barbares venant du nord-ouest, nécessitant de mobiliser les forces de ce côté –, elles sont arrêtées par le nouveau souverain. Dès son intronisation, en 1425, il interdit toute nouvelle entreprise maritime, et même qu'on parle des précédentes. L'Empire chinois redevient continental. Que se serait-il passé si la flotte colossale d'un successeur de Zheng He avait, à la fin du XVe siècle, croisé sur l'océan Indien les petits bateaux de Vasco de Gama ? Que serait-il advenu du monde si, arrivant par l'est, elle avait touché les côtes du Pérou ou du Chili avant qu'un Génois venu de l'ouest n'accoste dans les Caraïbes ?

Longtemps oubliées, ces questions sont revenues hanter la pensée chinoise à partir de la fin du XIXe siècle, au moment où le puissant empire pliait le genou devant l'Occident. Elle ne cesse de les obséder depuis. Pourquoi, au XVe siècle, avons-nous laissé les barbares au long nez prendre ce temps d'avance sur notre pays qui était le plus puissant du monde ? Pourquoi ont-ils réussi ?

Le polycentrisme

Qu'on soit chinois ou européen, on a toujours du mal à répondre à la question. Pour expliquer la fabuleuse expansion maritime européenne, on insistait beaucoup, naguère, sur le courage individuel et le goût du risque des marins qui réalisèrent cette épopée, et aussi sur les aspects technologiques, le perfectionnement des cartes, le meilleur usage de l'astrolabe, qui permet de se repérer par rapport aux astres, l'invention de la caravelle, un bateau petit, maniable, permettant d'affronter de grosses mers tout aussi bien que de faire du cabotage le long des côtes. Cela ne répond que partiellement à notre interrogation. De toute évidence, la Chine était autant, sinon plus avancée que l'Occident sur le plan technique, et on se doute qu'elle ne manquait pas de gens courageux prêts à se sacrifier pour la mission qu'on leur avait donnée.

Plus généralement, aujourd'hui, on insiste sur un trait particulier de l'Europe : son « polycentrisme », son éclatement en une multiplicité de royaumes divers, qui a permis entre chacun une concurrence féconde. Le point est indéniable, on vient de le constater. Il a suffi à la Chine, empire centralisé, qu'un empereur ordonne de mettre fin aux aventures océanes pour qu'elles s'arrêtent. Quand Colomb a été rejeté par le roi de Portugal, il n'a eu qu'à passer une frontière pour obtenir une audience auprès d'un autre, et finalement son soutien. Si, un peu plus tard, tous les Européens les uns après les autres, Anglais, Français, Hollandais, etc., sont partis à l'assaut du monde, c'est qu'il leur était insupportable qu'il soit monopolisé par leurs rivaux.

Ce partage du globe doit donc beaucoup à la division de l'Europe qui se structure à la fin du Moyen Âge. Il contribue à l'accentuer. Désormais, certains de ces grands royaumes ne sont plus seulement européens. Ils possèdent aussi ce qu'on pourrait appeler leur « arrière-monde », ces terres qui ne sont qu'à eux, où chacun peut développer sa propre langue, sa propre culture. À partir du XVIe siècle, l'Espagne, ce n'est plus seulement l'Espagne, mais aussi la moitié sud de l'Amérique, comme, à partir du XVIIe, une autre partie de ce vaste continent devient une excroissance de l'Angleterre ou – dans une moindre mesure – de la France.

Pour autant, le phénomène reste exclusivement européen et la concurrence qui l'éperonne ne met en rivalité que des Européens. Quand les Portugais ont commencé à chercher les routes maritimes qui leur permettraient de contourner le Maroc, on n'a vu, en parallèle, aucun Marocain prendre la mer pour trouver le moyen de contourner le Portugal. Quand les premiers navires venus de Lisbonne se sont installés à Malacca pour voler aux Malais le monopole sur le commerce qu'ils détenaient depuis des siècles, on ne sache pas qu'il soit venu à l'esprit d'aucun Malais de se venger en faisant, à rebours, le tour de l'Afrique pour s'installer à Lisbonne. Pourquoi ? Cela tient sans doute au cocktail qui dopait l'Europe à ce moment-là : le puissant mélange de la nécessité économique (la recherche de nouvelles routes commerciales), de la cupidité (l'obsession de trouver de l'or est un des grands moteurs de Colomb, et plus encore de ses émules) et du messianisme religieux, l'inébranlable certitude que les Européens avaient pour mission de répandre dans le monde leur religion, leur Dieu, leur vérité. Ce dernier élément n'est pas le moins fascinant.

Songeons à l'incroyable traité de Tordesillas. Signé sous l'égide du pape, en 1494, par le roi de Portugal et les rois catholiques d'Espagne, il a pour but d'éviter tout conflit entre les deux pays et attribue à chacun, selon une ligne tracée au milieu du monde, le contrôle des terres déjà découvertes et même de celles qui ne l'étaient pas encore. Sauf erreur de ma part, ça doit être la première fois dans l'histoire qu'un document attribue à quiconque des territoires dont on ne sait même pas encore qu'ils existent. Un peu plus tard, les autres souverains européens contesteront ce scandaleux avantage accordé aux princes ibériques. Aucun ne s'étonnera du principe surréaliste qui le sous-tend. Au début du XVIe siècle, François Ier lance crânement l'ère des découvertes françaises en s'exclamant, à propos de Tordesillas : « Je voudrais bien voir la clause du testament d'Adam qui m'exclut du partage du monde. » On aimerait beaucoup, pour notre part, qu'on nous apporte le document par lequel Dieu avait décidé de léguer l'univers à l'Europe. Durant les trois siècles qui suivent, elle considérera pourtant le fait comme allant de soi.

La découverte a marqué un bond extraordinaire dans l'histoire de notre continent. L'enrichissement est fabuleux. Il suffit, pour en avoir idée, de regarder les dorures de tant d'églises portugaises, ou de faire une promenade dans la somptueuse Séville, la ville fortunée à qui les rois d'Espagne concèdent le monopole du commerce avec les colonies de la Couronne. Pendant des décennies y affluent les galions chargés d'or et surtout d'argent venus de l'autre côté de l'Atlantique. Notons au passage que, contrairement à ce que prétend le proverbe, l'abondance de biens peut nuire. On estime souvent que cette pluie d'or n'a pas porté chance, sur le long terme, à l'Espagne ni au Portugal. La léthargie induite par cette richesse tombant du ciel, l'inutilité d'avoir à produire quoi que ce soit est une des raisons souvent invoquées pour expliquer le déclin de ces deux pays, à partir de la fin du XVIIe siècle.

La France n'a pas cette chance – ou ce malheur. Elle conquiert un vaste empire aux XVIe et XVIIe siècles, mais n'y trouve pas d'or et, faute d'y avoir envoyé suffisamment de colons, le perd presque entièrement dans ses guerres avec la Grande-Bretagne au XVIIIe. Cette dernière – tout comme les Provinces-Unies – saura faire meilleur usage de ses bonnes fortunes maritimes. À la fin du siècle des Lumières, elle est déjà une véritable *thalassocratie*, un pays qui règne sur les océans.

Le gain est vertigineux aussi sur le plan religieux. Que pesait le catholicisme, au XVe siècle, face à un islam encore triomphant dont l'empire s'étalait de l'Afrique du Nord aux portes de la Chine ? En quelques décennies, il devient une religion mondiale, comme le sera un peu plus tard le protestantisme, qui aurait pu rester à jamais une petite branche schismatique de la famille chrétienne.

La tragédie des vaincus

En revanche, si on ose écrire, pour les régions du monde soumises aux nouveaux maîtres, le bilan est tragique. La conquête de l'Amérique se traduit par un effondrement démographique sans précédent. Les armes les plus meurtrières des Espagnols sont les maladies qu'ils ont apportées, comme la variole, qui fait des ravages et tue par millions. La perte des valeurs consécutive à la défaite, la mort des dieux anciens, la réduction en esclavage, les mauvais traitements infligés par les vainqueurs font le reste. Faute de chiffres sûrs, les évaluations sont difficiles. Certaines vont jusqu'à affirmer que, en un siècle, la population indienne a diminué de 90 %.

On dira que tous les empires se sont toujours constitués dans la violence. C'est vrai. Les conquêtes d'Alexandre, celles des Romains ou des Mongols ont été sanglantes. Mais elles ont été suivies d'une paix respectueuse des croyances des vaincus. Les légions romaines ont fait des milliers, voire des millions de victimes. Une fois leur domination établie, elles faisaient entrer les dieux des peuples soumis dans le panthéon romain. On n'a jamais prié le serpent à plumes à Tolède ni vu un Iroquois se présenter à la députation à Westminster comme jadis on vit le sénat de Rome ouvrir ses travées aux Gaulois ou aux fils des provinces d'Afrique ou d'Orient. De quelque pays du Vieux Monde que vinssent leurs nouveaux maîtres, l'écrasement des vaincus a été total, définitif sur tous les plans.

Dès les lendemains de leur arrivée, les conquistadors justifient leur victoire au nom de leur Dieu et de leurs valeurs. Nous avons vaincu ces peuples parce qu'ils étaient barbares. Les Aztèques ne pratiquaient-ils pas les sacrifices humains ? Les Incas n'écrasaient-ils pas leurs peuples sous un régime despotique ? À tous ceux-là, qui étaient dans les ténèbres, disent les conquérants et – surtout – les prêtres qui débarquent avec eux, nous avons amené les lumières de l'Évangile.

Quel Évangile ? C'est une question essentielle. Le catholicisme du XVIe siècle n'a pas grand-chose à voir avec la religion de paix et d'amour qu'entend promouvoir l'Église du XXIe siècle. Il est celui de l'Inquisition. Puisque ce mot, si chargé, est lancé, cela vaut la peine, à ce moment du chapitre, d'ouvrir une parenthèse pour rappeler ce qu'il recoupait exactement.

L'obsession espagnole du sang

Colomb a signé son accord avec Isabelle la Catholique en avril 1492, que les Espagnols appellent l'« année cruciale ». En janvier, la reine et son mari entraient victorieux dans Grenade, dernier petit bastion de la présence musulmane dans la Péninsule. Le 31 mars, elle signait le décret d'expulsion des juifs qui y vivaient tranquilles depuis des siècles. L'Espagne du temps est obsédée par les juifs et, accessoirement, par les musulmans. Ceux qui le sont, ou ceux qui ne le sont plus. Dans les deux siècles précédents, alors que les chrétiens poursuivaient leur Reconquista, bon nombre des membres de ces communautés se sont convertis, de façon plus ou moins contrainte. À partir de la seconde moitié du XVe siècle, un horrible soupçon grossit à leur égard : et si ces convertis, ces *conversos*, continuaient à pratiquer leur religion en secret ? L'Inquisition espagnole est créée afin de débusquer les « faux chrétiens » qui souillent la vraie religion par leur hypocrisie. Justice d'exception, elle dispose de toute latitude pour ce faire. La plus courante est de jeter n'importe qui au cachot sans lui dire de quoi il est accusé, puisque c'est le meilleur moyen de le voir, à plus ou moins brève échéance, se déclarer coupable tout seul. Bientôt, dans diverses provinces du pays, la paranoïa est telle qu'on met en place les lois dites de « pureté du sang » : pour obtenir tel emploi public, pour postuler ici ou là, il faut prouver non seulement qu'on est chrétien, mais encore qu'on l'est depuis des générations. Prétendant défendre le christianisme, ces lois en renient un principe qu'on croyait établi depuis les premiers temps de l'Église. Désormais, le baptême ne suffit donc plus à faire un chrétien. Une nouvelle logique est à l'œuvre. C'est celle qui domine les esprits, à l'époque de la conquête américaine.

Bien sûr, on ne peut pas transposer terme à terme ce qui se passe en Castille ou en Aragon de l'autre côté de l'Atlantique. Il y a peu de chances de trouver d'anciens juifs ou musulmans dans les populations indiennes que les missionnaires convertissent en masse, parfois par la douceur, comme le recommandent les papes, le plus souvent par la contrainte ou par la ruse. Il n'en est pas moins évident que le principe du « sang », qui vient d'apparaître en métropole, prévaut dans la société coloniale qui se met en place. L'humanité y est soigneusement répartie selon des critères ethniques. Dans les belles églises de style jésuite qui sont édifiées de la Nouvelle-Espagne à la Terre de Feu, les bons pères peuvent bien prêcher que tous les chrétiens sont frères. En Amérique espagnole, il y a des frères plus égaux que d'autres. Ceux qui dirigent, oppriment et pillent sont blancs. Ceux qui subissent sont indiens. Entre les deux, les métis essaient de survivre.

Il est juste de remarquer que les protestants qui prennent pied, au XVIIe siècle, sur la côte est de l'hémisphère nord du continent ne font guère mieux. Nombre d'entre eux appartiennent à des sectes persécutées. Comme les célèbres « pères pèlerins » qui sortent du *Mayflower* ont été chassés d'Europe pour des raisons religieuses. Eux aussi sortent de leur bateau la croix en main et la foi au cœur, mais leur logique n'est pas la même que celle des Espagnols. Dans leur esprit, les terres sur lesquelles ils s'installent ne proviennent pas d'une conquête. Elles sont un cadeau que Dieu leur a fait, le pays de lait et de miel qu'Il leur donne en récompense de la justesse de leur foi. Les êtres qui y vivent ne peuvent donc qu'être des démons. En règle générale, ils ne pensent pas à les convertir. Ils s'en débarrassent.

La traite

On trouvera bientôt du nord au sud de l'Amérique, chez les protestants comme chez les catholiques, des êtres qui vont être placés par la force plus bas encore que les Indiens : les Noirs.

Nous étions tout à l'heure à Sagres. Faisons quelques kilomètres pour rejoindre Lagos, la jolie ville historique qui s'étend en contrebas de la falaise. Au centre-ville, on trouve encore une vieille maison de commerce dont les guides nous expliquent qu'elle se situe exactement là où se tenait le *mercado de escravos*. Le tout premier marché aux esclaves africains d'Europe, ouvert en 1444, du temps même de notre prince Henri, qui lui dut une part de sa fortune. Les choses n'ont donc pas traîné.

L'esclavage n'est pas nouveau dans l'histoire de l'Europe. Florissant du temps de l'Empire romain, il est résiduel à l'époque médiévale. Il n'est malheureusement pas nouveau non plus dans l'histoire de l'Afrique. Dès qu'ils se sont installés dans le nord du continent, les Arabes musulmans ont mis en place la traite dite « orientale », car le commerce se faisait par l'est du continent, mais aussi à travers le Sahara. On parle également de « traite intra-africaine » pour désigner l'antique système de razzias humaines que pratiquent entre eux les royaumes africains. Sitôt qu'ils sont allés caboter sur les côtes africaines, les Portugais ont donc placé l'Europe dans cette longue et sinistre tradition. Elle va rapidement prendre, avec les nouveaux maîtres, un caractère quasi industriel.

Les premiers esclaves sont conduits aux Açores, pour couper la canne à sucre, mais aussi à Lisbonne, pour servir dans les maisons. Au début du XVIe siècle, les Espagnols ont l'idée de les faire venir dans leurs possessions américaines, parce qu'ils les jugent plus robustes que les Indiens. Tous les autres Européens présents dans le Nouveau Monde prennent rapidement leur relais. Ainsi se met en place la troisième des traites, la traite atlantique. En quatre siècles, plus de 10 millions d'hommes, de femmes et d'enfants en ont été victimes.

9 – Des grands souverains de la Renaissance

Le XVIe siècle est le siècle de la Renaissance, celui de l'effervescence, du renouveau de la pensée et des arts. Il s'ouvre aussi par les longs règnes quasi concomitants de quatre souverains qui comptent toujours, un demi-millénaire plus tard, parmi les plus célèbres. Henri VIII (1491 – règne : 1509-1547), deuxième représentant de la dynastie Tudor, règne sur l'Angleterre et l'Irlande. François Ier (1494 – règne : 1515-1547), issu d'une branche cadette de la famille de Valois, est roi de France. Soliman le Magnifique (v. 1494 – règne : 1520-1566), sultan ottoman, peut faire figure d'outsider dans cette liste. Son empire s'étend très au-delà de l'Europe, jusqu'à la Mésopotamie et l'Afrique du Nord. Il couvre aussi le tiers oriental de notre petit continent. Vient enfin l'éternel inclassable, le souverain ubiquiste, l'homme qui accumula tant de titres et de couronnes qu'on ne sait jamais auquel il faut donner la préférence. Les Espagnols l'appellent Carlos I, les Allemands Karl V., les Hollandais Karel V et les Français Charles Quint (1500 – roi des Espagnes : 1516 – empereur : 1519 – abdique en 1556 – meurt en 1558). Il ne peut qu'être le préféré de ceux qui ont le cœur européen.

Chacun d'entre eux a sa mythologie et ses lieux. Je ne saurais trop vous inciter, si vos pas vous mènent dans ces régions, à marcher sur leurs traces.

Pour retrouver celles d'Henri VIII, je suggère Hampton Court Palace, un château situé non loin de Londres qui fut la résidence favorite du monarque après qu'il l'eut confisquée à son ancien ministre chéri, le cardinal Wolsey, disgracié. Le palais a subi des modifications au cours de l'histoire. Il faut se concentrer sur le corps principal de l'édifice. Avec ses hauts murs de brique crénelés, son pont-levis qu'on suppose rouillé, ses grands couloirs glaciaux l'hiver et aussi, en sous-sol, ses vastes cuisines, il offre un cadre idéal pour évoquer un géant à l'appétit démesuré, considéré à la fin de sa vie comme un tyran cruel et terrifiant, qui fit preuve, comme roi et comme mari, d'un pareil caractère impossible. N'est-il pas allé jusqu'à se séparer de Rome pour pouvoir annuler son mariage avec Catherine d'Aragon, sa première épouse, parce qu'Anne Boleyn, la deuxième, ne voulait pas céder sans avoir d'abord la bague au doigt ? Elle finit quand même sur l'échafaud, comme la quatrième, preuve qu'on ne peut faire confiance à personne. En tout, le roi Henri eut six épouses, aux destins en montagnes russes. Les écoliers anglais ont même inventé une comptine pour n'en oublier aucune : « *Divorced, beheaded and died. Divorced, beheaded, survived*[1]. » Toutes sont passées ici. Certaines y seraient encore. Rien ne fait plus pour la popularité de Hampton Court que la vieille rumeur qui affirme le château hanté. Une des vidéos les plus vues de l'histoire du Net en Angleterre est un petit film prétendument issu des caméras de surveillance du palais, sur lequel on voit apparaître l'ombre d'un gros personnage ressemblant à s'y méprendre au roi Tudor, accompagné d'une mystérieuse femme en robe d'époque qui pourrait être une de ses infortunées compagnes. Au moins la preuve est-elle faite que la popularité d'Henri VIII résiste à tous les sauts technologiques.

1. Divorcée, décapitée, morte, divorcée, décapitée, a survécu.

Pour François Ier, qui campe le type même du prince de la Renaissance, galant homme, ami des arts, des fêtes et des artistes, un château s'impose aussi. Lequel ? Il a passé beaucoup de temps dans ceux qui courent le long de la Loire : Amboise, Blois ou Chambord, bien sûr, cet écrin fastueux qu'il fit édifier pour se donner une résidence de chasse et éblouir ses hôtes. Son célèbre escalier à double révolution passe pour avoir été pensé par Léonard de Vinci lui-même, qui vécut ses dernières années auprès d'un souverain qui l'appelait « mon père ». Le roi ne dut pas l'emprunter souvent. Il ne séjourna dans la somptueuse résidence que soixante-dix jours en tout.

Je conseille de ne pas négliger non plus les châteaux de la région parisienne. Le monarque les apprécia beaucoup aussi. Villers-Cotterêts, Saint-Germain-en-Laye ou Fontainebleau, le principal d'entre eux, dont le prince voulut faire une autre Florence, un foyer de l'art de son temps. L'endroit en a gardé de beaux restes.

Le mieux, à mon sens, pour ceux qui ont le temps, évidemment, serait d'aller de l'un à l'autre, comme le faisait notre Valois, en ces temps où le pouvoir était itinérant. C'était la pratique en Europe depuis fort longtemps, ça le restera jusqu'au XVIIe siècle. Les rois aimaient circuler pour s'assurer au plus près de la fidélité de leurs sujets et de leurs féodaux. Au temps du roi François, toute la cour suivait et elle était pléthorique. On parle de 10 000 personnes se faisant transbahuter d'une résidence à l'autre, avec les *meubles* (c'est-à-dire ce qui est mobile, le nom vient de là) qu'on déplaçait avec leurs propriétaires et sans doute un peu de bétail et de basse-cour pour nourrir tout ce beau monde. On plaint les villages sur lesquels s'abattaient de semblables essaims quand ils y faisaient étape.

Les armées qui suivaient Soliman en campagne devaient être tout aussi redoutables, mais moins bigarrées et moins bruyantes. Les célèbres janissaires qui en formaient les troupes d'élite devaient leur invincibilité à leur légendaire sobriété. On ne devait pas y trouver non plus beaucoup de femmes, tout au moins d'honorable condition. Comme nul ne l'ignore, celles du sultan étaient consignées dans le harem. On le visite toujours, à Topkapı, le palais exceptionnel qui domine la Corne d'Or, et dont on peut encore admirer les splendeurs si on a le courage d'affronter les hordes de touristes qui s'y pressent du premier au dernier jour de l'année. Soliman y a habité longuement, et en a fait bâtir des parties importantes, mais l'édifice en lui-même date de son arrière-grand-père Mehmet II, le conquérant de Constantinople. Pour honorer la mémoire du Magnifique, on peut donc aussi se déplacer de quelques centaines de mètres pour aller se recueillir sur sa tombe. On la trouve, non loin de celle de Roxelane, son épouse préférée, surmontée d'un mausolée, placé dans la Süleymaniye. La plus célèbre des mosquées d'Istanbul fut construite pour lui et porte son nom. L'honnêteté nous pousse à préciser toutefois que sa dépouille n'y repose pas entière. Le sultan est mort de fièvres ou de vieillesse, à près de soixante-douze ans, dans sa tente de combat, lors du siège de Szigetvár, en Hongrie. Une tradition affirme que son grand vizir tint secret le décès du combattant, pour ne pas décourager les armées. Il fit donc retirer les viscères du corps du grand chef pour pouvoir garder plus longtemps la dépouille avant de le ramener à la capitale. Il les aurait placés dans une tombe creusée sur les lieux. L'emplacement en a été perdu pendant longtemps. Au début des années 2010, des archéologues hongrois ont déclaré l'avoir retrouvé. Les curieux que cela amuse pourront toujours continuer l'enquête en se rendant sur place. Ils y trouveront aussi un « parc de l'amitié turco-hongroise » orné des deux magnifiques têtes de Soliman et de son héroïque adversaire hongrois, toutes deux d'un kitsch spectaculaire.

Et Charles Quint ? Il est le personnage le plus important de notre épisode et on ne sait jamais où le retrouver. Flandres ? Allemagne ? Espagne ? Italie ? France ? Partout à la fois. C'est le problème. Cet homme-là ne fut pas seulement, comme les trois autres, un grand prince. Il fut un concentré d'Europe à lui tout seul.

Sa grand-mère, côté paternel, est Marie, duchesse de Bourgogne, fille de Charles le Téméraire. À la mort de son père, pour se protéger des manigances du roi de France Louis XI – on en a déjà parlé –, elle a épousé Maximilien de Habsbourg, héritier d'Autriche, qui devient en outre empereur du Saint-Empire. Ils ont un fils, Philippe le Beau, qu'ils marient à Jeanne la Folle, fille des rois catholiques d'Espagne. Et les deux ont un fils, notre Charles.

Par un hasard du destin, à cause de la mort prématurée de ses oncles, tantes et cousins, le tout jeune homme va récupérer les uns après les autres tous les fruits de cet arbre généalogique hors du commun. À six ans, il est duc de Bourgogne, ce qui lui donne la souveraineté sur ce qu'on appelle alors les dix-sept provinces des Pays-Bas (correspondant à peu près au Benelux et au nord de la France d'aujourd'hui) et la Franche-Comté. À seize ans, sous le nom de Carlos I, il reçoit la couronne des Espagnes, Castille, Aragon, et ce qui va avec, la Sardaigne, le royaume de Naples et les immenses possessions du Nouveau Monde d'où affluent l'or et l'argent. À dix-neuf ans, tout en devenant archiduc d'Autriche, il se fait élire empereur du Saint-Empire, cinquième Charles après Charlemagne, d'où son nom français de Charles Quint.

On en oublie dans la liste, et on ne parle même pas des terres qui furent conquises sous son règne. Juché sur tant de trônes, il aurait déclaré : « Le soleil ne se couche jamais sur mon empire. » Et lui, où dormait-il ? Sa naissance et sa première éducation en feraient ce que nous appelons un Belge. À l'époque, on appelait ça un Bourguignon. Il naquit et passa ses premières années, entouré de nobles flamands francophones, dans la belle ville de Gand, au Prinsenhof, la demeure des comtes de Flandres. Il n'en reste presque rien.

Bruxelles était chère à son cœur. Pour le coup, on peut toujours retrouver quelque chose du faste impérial si on a la chance de visiter la ville au début du mois de juillet. Tous les ans, la procession traditionnelle de l'*Ommegang* rejoue, en costumes d'époque, la « joyeuse entrée » que fit le grand homme dans la ville en 1549, accompagné de son fils, futur Philippe II d'Espagne. On aura plus de mal, en revanche, à retrouver les lieux qui furent les siens. Divers grands événements de sa vie se déroulent au palais du Coudenberg, qui dominait la ville. Il a brûlé au XVIIIe siècle. On n'en visite plus que les souterrains, qu'il n'a pas dû fréquenter beaucoup.

En Espagne, il est passé à Tordesillas, à Valladolid, et n'a pas ménagé ses efforts pour se faire entendre dans les différentes *cortes* et divers parlements provinciaux, toujours ombrageux quand il s'agissait de préserver leurs anciens privilèges et de maintenir leur pouvoir. Il reste dans le pays un « palais de Charles Quint ». Cette austère demeure style Renaissance, reconvertie en musée, surplombe l'Alhambra de Grenade. L'homme qui lui a donné son nom n'y a jamais mis les pieds. Pas le temps. Il avait sans doute à faire ailleurs. Il a été sacré empereur en 1520 dans la cathédrale d'Aix-la-Chapelle, où nos promenades nous ont déjà conduits. Dix ans plus tard, il fut le dernier à recevoir la couronne impériale des mains du pape, comme la tradition en avait été inaugurée du temps de Charlemagne, mais cela se passa dans la cathédrale de Bologne, et non à Rome.

Il a aussi passé quelques semaines à Tunis, après l'avoir prise aux corsaires alliés des Ottomans (1535), traversé le royaume de France lors de ses épisodiques réconciliations avec François Ier, et foulé le sol d'Angleterre plusieurs fois.

Pour le reste, il s'est surtout épuisé durant des mois et des mois à sillonner les routes d'Italie et d'Allemagne. Le seul endroit auquel il a été fidèle, sa vie durant, aura été son lit de camp. Il faut l'imaginer s'y coucher chaque soir, fourbu, attendant le rêve qu'il fit toute sa vie : en finir avec cette ronde infernale et établir la monarchie universelle qui fera régner, à jamais, la paix sur le monde.

Le jeu à quatre

La manière traditionnelle de raconter cette période de l'histoire européenne consiste à la faire tourner autour des oppositions, des alliances, des guerres, des trêves entre ces quatre personnages. Ce jeu à quatre est sous-tendu par deux grandes confrontations deux à deux.

La première oppose Charles Quint et François Ier. Il suffit de jeter un œil à une carte pour comprendre l'origine du conflit qui les dresse l'un contre l'autre. Les possessions de Charles – Espagne, Pays-Bas, Franche-Comté, Saint-Empire – enserrent littéralement de tous côtés le royaume de

François, qui n'a de cesse de lutter pour briser cette étreinte. De son côté, Charles, fils des Pays-Bas, est obsédé par l'idée de récupérer la Bourgogne, le berceau de sa famille paternelle, injustement volé, selon lui, à la mort du Téméraire.

En 1519, François tente une voie audacieuse pour abattre son rival. Il se présente à l'élection impériale et dépense sans compter pour corrompre les quelques princes électeurs. Aidé par les riches banquiers Fugger, Charles met plus sur la table – ou en dessous – et emporte la timbale. Entre les deux, ce sera donc la guerre.

Depuis la fin du XVe siècle, au nom de lointaines successions familiales, les rois de France se sont mis en tête de revendiquer des parties de l'Italie. Charles VIII de Valois, le premier à tenter cette aventure transalpine en 1494, a des vues sur le royaume de Naples, où régnèrent ses ancêtres Anjou. François Ier, de noblesse italienne par son arrière-grand-mère, convoite le duché de Milan. L'un et l'autre appartiennent à Charles Quint, au titre de ses diverses couronnes, espagnoles et impériales. La plupart des confrontations entre les deux princes se passent donc lors des « guerres d'Italie », un pensum des manuels scolaires à l'ancienne. En plus du duo, il faut faire entrer dans le jeu d'innombrables protagonistes secondaires – les Suisses, le pape, Florence, Venise – qui donnent le vertige à force de changer de camp et de se trahir les uns les autres. Des générations d'écoliers ont dû apprendre par cœur les listes des batailles qui se sont succédé dans la malheureuse botte italienne sans même vraiment comprendre qui se battait contre qui, et dans quel but.

Souvenons-nous juste de Pavie (1525). Énorme défaite de François Ier, qui est fait prisonnier et coffré un an à Madrid, chez l'ennemi Charles. Il n'en sort qu'en promettant à son rival de lui rendre sa chère Bourgogne et de se marier avec sa sœur. Sitôt libéré et rentré en France, il renie toutes ses promesses. La guerre reprend, avec ses nouveaux revirements, ses nouveaux coups de théâtre parfois spectaculaires. En 1527, pour châtier le pape qui vient de nouer une alliance avec François, les troupes impériales, initialement conduites par le connétable de Bourbon, un noble français qui a tourné casaque, se livrent au « sac de Rome ». Des jours entiers de pillage, de massacres, de destruction de la ville du successeur de saint Pierre, au nom d'un empereur qui se rêvait en chef temporel de la chrétienté. C'était, en effet, à y perdre son latin.

Face à ce duel, Henri VIII se contente de jouer habilement la balance. Lequel va-t-il soutenir ? En 1520, François met les petits plats en vermeil dans les grands plats en argent. Il invite le monarque anglais à venir le visiter au camp du Drap d'Or, ainsi nommé pour en dire le faste. On en retrouve l'emplacement dans un petit village français situé non loin de Calais, alors encore anglaise. Le Français a tant voulu éblouir qu'il a vexé l'Anglais, aussi mégalomane que lui, et encore plus susceptible. Ce dernier repart fâché, sans rien promettre. Dix jours plus tard, il rencontre Charles Quint, qui se trouve être son neveu, à Gravelines[1], ville située elle aussi à une vingtaine de kilomètres de Calais, mais appartenant alors aux Pays-Bas bourguignons. Il en sort une alliance fort lâche. Le monarque anglais aura bien le loisir, dans les décennies qui suivent, de revirer de bord.

L'autre grand duel au sein du quatuor oppose notre même empereur à l'homme au turban, le Grand Turc, Soliman, la menace venue d'Orient. Il est vrai que la progression ottomane à l'est de l'Europe a de quoi terrifier. 1521, chute de Belgrade ; 1526, victoire de Mohács, qui donne au sultan la moitié de la Hongrie. En 1529, les Turcs sont devant Vienne, sauvée « par miracle » et avec l'aide opportune du climat. L'hiver est si rude qu'il a découragé les janissaires eux-mêmes.

La rivalité se porte aussi en Méditerranée, où les flottes espagnoles, commandées parfois par l'empereur en personne, affrontent les navires du redoutable Barberousse, le corsaire d'origine chrétienne – grecque ou albanaise – qui s'est rangé au service des Ottomans. Cette fois, c'est le Français qui joue le trublion. Au grand scandale du monde chrétien, il fait alliance avec le Grand Turc pour combattre les impériaux.

1. Catherine d'Aragon, première femme d'Henri VIII, est fille des rois catholiques d'Espagne, et donc sœur de Jeanne la Folle, mère de Charles Quint.

Comment un chrétien peut-il s'unir avec un impie contre un chrétien ? pense Charles Quint. Pourquoi refuser une alliance avec quiconque si cela permet de consolider son État ? pense le Français. Il s'est tramé, là aussi, quelque chose d'essentiel pour l'histoire européenne.

Deux conceptions du pouvoir

On peut, en effet, raconter la première moitié du XVIe siècle comme un jeu à quatre, mais cela induit une idée fausse. En réalité, la partie n'oppose pas quatre joueurs, mais deux conceptions du pouvoir. Charles Quint – comme Soliman dans un cadre musulman – voudrait instaurer sur l'Europe d'abord, et à terme sur le monde, une monarchie universelle qui fasse régner sur tous les hommes les bienfaits de la religion chrétienne. Le rêve remonte à Charlemagne. En ce début de XVIe siècle, il est revivifié, modernisé par l'humanisme, cette philosophie de la Renaissance. Éprise d'idéal platonicien, ne porte-t-elle pas, dans son optimisme, le grand espoir de voir triompher la concorde entre tous les hommes ? Son plus illustre représentant est Érasme (1469-1536), immense gloire de l'époque, plume renommée de la « république des lettres » qui passa sa vie à éclairer rois, princes de l'Église et érudits de la lumière de ses conseils. Né à Rotterdam, il n'a cessé de voyager en Europe avant de se fixer à Bâle et, en cosmopolite revendiqué, il a écrit tous ses livres en latin, pour qu'ils soient lus par le plus grand nombre. Il a eu sur le futur empereur une influence on ne peut plus directe et participa à l'éducation de celui qui n'était alors que le petit Charles de Habsbourg en écrivant pour lui *L'Institution du prince chrétien*, un manuel cherchant à l'orienter dans la voie de l'universel.

La façon dont les idées dominantes de chaque époque finissent par se traduire politiquement est parfois paradoxale. François Ier et Henri VIII ne sont pas moins influencés par l'humanisme que leur rival. Eux aussi sont de grands admirateurs de l'Antiquité, ont lu

Érasme, veulent être entourés par les meilleurs esprits, les meilleurs poètes et les plus grands artistes. Pourtant, tous deux structurent un autre modèle de gouvernement, à l'opposé de celui de Charles Quint, un modèle qui nous est familier puisqu'il va bientôt dominer l'Europe : celui des monarchies unifiées et du triomphe de l'État.

Pendant toute l'ère féodale, le roi était réduit à peu de chose, qui dépendait en fait de ses vassaux pour tout. À partir du XVe siècle, certains d'entre eux – en particulier dans le puissant royaume de France – n'ont eu de cesse de renforcer leurs prérogatives, en développant à leur service une administration, des finances, une justice, une armée, bref, ce que nous appelons l'État. François Ier en est le grand promoteur. Il organise, centralise et abat les grands féodaux qui s'opposent à lui. Il est un *monarque*, celui qui, comme l'indique l'étymologie du mot, entend régner seul. Même la cour, qu'il veut si brillante, en le mettant au centre du bal, de la vie, des plaisirs, est une manière de théâtraliser la centralité de son pouvoir. D'une certaine manière, Henri VIII va encore plus loin. En se déclarant, par l'Acte de suprématie de 1534, « chef suprême de l'Église d'Angleterre » – officiellement pour pouvoir divorcer de sa première femme, alors que le pape le lui interdit –, il provoque un schisme avec Rome qui le laisse seul maître après Dieu sur son île, son clergé, ses monastères (qu'il confisque), ses sujets. Il tient tout à sa main : les hommes, les âmes.

Il est indéniable que ce modèle nouveau va de pair avec la montée, dans la population, d'un sentiment national. Un homme du Moyen Âge était l'habitant d'une ville, le sujet d'un prince, le paysan d'un seigneur. Par-dessus tout cela, il appartenait à la « chrétienté ». Peu à peu – tout au moins dans la petite minorité que représentent les classes instruites –, il se sent aussi français, anglais, castillan, etc., avec une culture, une histoire, une langue. Celle-ci commence à devenir obligatoire dans les actes officiels, comme l'impose François Ier avec sa fameuse ordonnance de Villers-Cotterêts (1539) stipulant que désormais tous les actes officiels abandonneront le latin et les langues régionales pour le français. À l'inverse, Charles Quint est un illustre polyglotte. On lui prête quelques formules à ce propos, dont la plus célèbre : « Je parle espagnol à Dieu, italien aux femmes, français aux hommes et allemand à mes chevaux. » Elle est sans doute apocryphe. Plus certain, ce proverbe en latin : « *Quot linguas calles, tot homines vales.* » On pourrait le traduire ainsi : « On vaut autant d'hommes que le nombre de langues qu'on connaît. » Mot magnifique, et presque décalé dans une époque qui voit, partout, le premier triomphe des idiomes nationaux. Charles en vécut lui-même une manifestation. Il avait été élevé en français et un peu en flamand, puis avait appris le latin. La première condition que lui imposèrent les *cortes* de Valladolid après son arrivée en Espagne, pour lui accorder la couronne, fut qu'il apprenne le castillan.

La division de l'Europe en autant d'États, possédant chacun leur culture et leur langue, nous est si familière qu'elle semble alors aller de soi. On verra plus loin dans ce livre que certains domaines – et tout particulièrement les sciences – continuèrent longtemps à transcender les frontières. On doit se souvenir aussi que la partition du continent telle qu'elle se fit aurait pu se passer autrement. François Ier a donc joué un grand rôle dans la constitution d'un royaume de France centralisé autour de son pouvoir. Il avait pu nourrir d'autres rêves. Ne s'est-il pas présenté à l'élection impériale de 1519, comme on l'a mentionné plus haut ? Elle a été remportée par Charles de Habsbourg, qui avait réussi à dégotter deux tonnes d'or pour corrompre les sept électeurs. François en avait trouvé une tonne et demie, ce qui montre l'étendue de son désir. Que se serait-il passé s'il avait emporté la mise et pu ainsi joindre son royaume au Saint-Empire ? Aurait-il créé, depuis Aix-la-Chapelle, une Françallemagne, résurrection de l'Empire carolingien, qui aurait bouleversé la carte de l'Europe et son histoire ?

À dire vrai, on ne saura jamais non plus à quoi aurait pu ressembler concrètement la monarchie universelle qu'espérait Charles Quint. Toute sa vie, en courant d'un bout à l'autre de son gigantesque territoire pour mater une rébellion ou calmer un parlement, il tenta d'unifier comme il le pouvait un empire disparate.

Ses espoirs se brisèrent sur un drame qu'il n'avait pas prévu : la fin de l'unité de la chrétienté, l'éclatement de son empire entre catholiques et protestants. Je reparlerai bientôt des conséquences de cet événement fondamental sur l'histoire européenne. L'empereur ne s'en remit pas. Après s'être, durant des décennies, efforcé de colmater cette immense brèche s'ouvrant dans le monde chrétien, il finit par abandonner la partie. En 1555, épuisé, perclus de goutte, souffrant d'hémorroïdes, le plus grand souverain du monde, l'homme sur l'empire duquel le soleil ne se couche jamais, annonce, en français, dans son palais de Bruxelles, qu'il renonce et abdique tous ses titres. Quelques mois plus tard, il confie l'Espagne et les Pays-Bas à son fils Philippe, futur Philippe II d'Espagne. Un peu après, il « remet » l'empire à son frère Ferdinand. Il y aura désormais deux branches Habsbourg, une en Espagne, une en Autriche. En 1557, le souverain désormais sans couronne se retire dans le monastère de Yuste, dans l'Estrémadure espagnole, où on visite toujours ses derniers appartements. Peut-être est-il là, dans cet endroit de recueillement et de solitude mystique, le lieu le plus caractéristique de ce prince à nul autre pareil. Il y meurt en 1558.

Quelques années plus tard, son fils Philippe transfère sa dépouille à l'Escurial, l'immense palais qu'il a fait édifier près de Madrid. Je suis allé faire un tour du côté de cette bâtisse grise et raide. Elle n'a pas grand-chose à voir avec l'idée plaisante qu'on se fait de la Renaissance, des fêtes de François Ier, des banquets pantagruéliques d'Henri VIII. Tout est construit autour de la chapelle. Pour Philippe II, la religion devait être au centre de tout. Sa chambre royale, qu'on trouve à l'étage, est minuscule et nue, et le mur du fond est percé d'une ouverture qui donne sur la nef de la basilique. Depuis son lit étroit, le roi le plus puissant du monde voulait juste pouvoir suivre la messe. Il lui arrivait sans doute aussi de prendre l'escalier sombre et sinistre qui descend, de l'autre côté du couloir. Il mène à la nécropole de la royauté espagnole. De nombreux rois et grands d'Espagne y ont été inhumés depuis. Parmi les tombes, celle de Charles de Gand, mort espagnol, né bourguignon.

10 – Le déchirement religieux

Si vous avez la chance d'aller à Prague, vous passerez forcément le célèbre pont Charles pour monter au château qui domine la ville. Autant vous prévenir par avance, vous ne serez pas le seul. Si d'aventure, une fois arrivé devant le monument, la longue file d'attente devant les portiques de sécurité ne vous rebute pas, et si vous réussissez à commencer la visite, passez rapidement les premières salles d'apparat, vous y reviendrez plus tard. Si vous voulez me faire plaisir, ne vous arrêtez que dans la première petite tour d'angle que vous trouverez. Une fois dans la pièce, faites ce que je suis en train d'y faire. Oubliez le brouhaha de la foule et les perches à selfie qui vous menacent, tournez-vous vers la haute croisée qui donne sa lumière à l'endroit et, faites comme moi, rejouez en esprit la scène cruciale qui s'est jouée ici, il y a désormais cinq cents ans passés.

Le 23 mai 1618, quelques nobles tchèques y font irruption. Ils ont d'abord une longue et violente discussion avec ceux qui se trouvent sur place, les représentants de Ferdinand II de Habsbourg (1578-1637), l'homme qui vient d'être élu roi de Bohême et doit devenir bientôt empereur du Saint-Empire. Puis ils passent à une autre forme de protestation. Ils se saisissent de deux des hommes du roi et les passent par cette fenêtre devant laquelle je me trouve. Protestants, les Tchèques entendaient manifester leur refus de se voir imposer un souverain élevé par les jésuites qu'ils soupçonnaient de vouloir reconvertir de force la Bohême au catholicisme.

Cette scène, violente, brutale en soi, a presque tourné à la farce. Bien que défenestrés d'assez haut – vous en aurez idée en jetant un œil à travers le carreau –, les Impériaux arrivent à rebondir et à s'enfuir, quasi indemnes, en évitant les tirs de mousquet. Plus tard, les catholiques verront dans cette issue heureuse un miracle de la Vierge. Les protestants se sont contentés de remarquer qu'un gros tas de fumier, se trouvant sous la fenêtre, avait amorti la chute.

Quoi qu'il en soit, la suite de l'histoire n'a plus été farce du tout. Après avoir rompu les ponts de façon aussi spectaculaire avec les Habsbourg, les Tchèques appellent sur le trône de Bohême un prince allemand calviniste. De Vienne, l'empereur lance ses troupes contre ces insolents rebelles, les écrase et engage une recatholicisation forcée et violente de la Bohême. Il en chasse la noblesse tchèque protestante, il y implante des colons allemands – c'est le point de départ d'une haine durable entre les deux peuples, dont on mesure les conséquences jusqu'à la Seconde Guerre mondiale.

Le sort fait à la Bohême a aussi déclenché une onde de choc dans l'Empire. Indignés, tous les autres princes réformés se liguent contre les armées impériales catholiques. Bientôt, l'étranger s'en mêle. En 1625, le roi de Danemark envoie ses troupes au secours des protestants. En 1630, c'est au tour de Gustave-Adolphe de Suède de débouler dans le conflit. Il entend au passage profiter de ce tohu-bohu pour réaliser son rêve et faire de la Baltique un « lac suédois ». Stratège génial, dirigeant l'armée la plus efficace et la plus disciplinée du temps, et doté d'une ambition à toute épreuve, il se voyait aussi déjà le premier empereur protestant du Saint-Empire, mais il meurt au combat avant de le devenir. De l'autre côté, les Habsbourg de Vienne n'ont pas ménagé leur peine pour trouver des alliances. Ils sont vite secourus par leurs cousins Habsbourg d'Espagne, qui espèrent profiter du conflit pour récupérer au passage les provinces du nord des Pays-Bas qui ont fait sécession. Leur intervention déclenche celle de leur vieille ennemie, la France. Richelieu, le cardinal-ministre qui la dirige, s'était contenté jusque-là d'aider et d'armer Danois et Suédois. En 1635, il entre en guerre et, quoique catholique intransigeant pour ce qui concerne ses affaires intérieures, continue à se ranger du côté protestant.

En quelques années, le monde germanique est devenu le champ de bataille de l'Europe, le ring sur lequel elle règle ses comptes ou le paillasson sur lequel elle s'essuie les pieds. L'horreur y est continue. Après trois décennies entières, il en sort dévasté, ravagé, anéanti. On estime que les deux cinquièmes de sa population ont disparu à cause des « grandes misères de la guerre ». Tel est le titre de la poignante série d'estampes réalisées à l'époque par le Lorrain Jacques Callot, qui énumère ces horreurs : les villages ruinés, les civils torturés, les champs désertés, la famine, les épidémies.

La « défenestration de Prague[1] » a déclenché la guerre de Trente Ans (1618-1648), la plus meurtrière des guerres des Temps modernes, le plus grand désastre continental avant 14-18 et l'apogée de la haine religieuse qui a transformé l'Europe, aux XVIe et XVIIe siècles.

Retour chez Luther

Pour retrouver l'origine de cette histoire, il faut se rendre à 350 kilomètres au nord-ouest de Prague, dans la ville allemande de Wittenberg, dans l'actuelle Saxe-Anhalt. C'est là que, le 31 octobre 1517, un moine nommé Martin Luther, professeur de théologie à l'université locale, placarda sur les portes de l'église du château ses fameuses « 95 thèses », qui y sont toujours pieusement reproduites, et qui ont tout déclenché. De façon pointilleuse, détaillée, le texte dénonce avec véhémence une Église romaine qui se vautre dans tous les excès, et surtout

1. On la désigne de façon exacte sous le nom de « deuxième défenestration de Prague », pour la distinguer de la première, qui a eu lieu en 1419, lors des guerres menées, après son supplice, par les partisans de Jean Hus. Voir chapitre VII, p. 100.

l'odieux « trafic des indulgences », le fait qu'on ose demander à un chrétien de donner de l'argent pour racheter ses péchés et s'éviter des années de purgatoire. On pressent dans le texte la religion nouvelle que promeut le frondeur. Pour lui, seule la confiance absolue dans la grâce de Dieu peut sauver. Le reste n'est rien.

Le coup était fait pour frapper fort. Il porta. Pendant trois ans, par tous les canaux, Rome demande à l'impudent théologien de se rétracter. Obstiné, il refuse. En 1520, le pape lui-même publie une bulle exigeant que soit mis fin à ces hérésies. Luther, alors, n'a plus que mépris pour un homme qu'il considère comme un antéchrist régnant sur une moderne Babylone. Il brûle publiquement la lettre pontificale. La rupture est consommée.

Le moine allemand n'est pas le premier à appeler à une « réforme », c'est-à-dire, littéralement, à une résurrection, une « re-formation » de l'Église comme elle était supposément à l'origine. Le théologien tchèque Jean Hus, dont on a parlé déjà, portait le même rêve, inspiré de celui qu'avait formé juste avant lui, au XIVe siècle, l'Anglais John Wyclif. Le contexte n'est plus le même, et cela change tout. Deux éléments nouveaux modifient de façon décisive les rapports de force qui jouent en faveur de Luther. Le premier, c'est l'apparition de l'imprimerie, qui a permis à ses thèses d'être diffusées à grande vitesse, puis lues, commentées et approuvées dans une large partie du monde germanique, aussi révulsé que lui par les excès d'un clergé gras et corrompu. Le second, c'est l'appui de puissants personnages. Jean Hus était soutenu par ses étudiants de Prague et une partie des Tchèques. Ils pesaient peu face à l'Empire. Luther, rapidement, est défendu par des princes allemands, qui voient dans la rupture avec Rome une bonne occasion de se débarrasser de la mainmise des grandes familles de la Ville éternelle sur les riches abbayes du monde germanique et de pouvoir enfin avoir un plein contrôle de leurs petits États.

En 1415, Hus s'était rendu confiant au concile de Constance, et il y a fini brûlé. En 1521, Luther est convoqué à Worms, où se tient la diète – c'est-à-dire le parlement du Saint-Empire –, pour s'expliquer devant Charles Quint lui-même, qui espérait qu'il reviendrait enfin sur ses erreurs. Il s'y rend, décidé et tremblant. Tous les protestants connaissent les paroles (sans doute inventées par la suite) qu'il aurait prononcées devant l'empereur et son frère Ferdinand, après avoir refusé de se rétracter sur rien. Elles sont gravées sur le piédestal du haut monument à la mémoire du père de la Réforme qui se dresse sur la place de la ville de Rhénanie où la scène eut lieu : « *Hier stehe ich, und kann nicht anders ! Gott helfe mir.* » « Me voici donc en ce jour. Je ne puis faire autrement. Que Dieu me vienne en aide. »

On ignore le rôle que le Dieu imploré par le moine joua dans l'affaire. On sait en revanche qu'il reçut, dans la circonstance, un appui déterminant d'une essence très temporelle. Après la diète, Luther est littéralement enlevé par les hommes de Frédéric de Saxe. Celui qui est désormais son protecteur a décidé de le mettre à l'abri dans son château de la Wartburg. Le moine y passe dix mois à traduire la Bible en allemand. Il peut y travailler à son aise. À ce moment-là, son discours n'est plus le cri effaré d'un homme seul. Il est relayé par de nombreux puissants de l'Empire qui ont pris son parti et en ont fait une arme politique. En 1529, lors d'une autre diète qui a lieu à Spire, Luther n'est pas présent. Il s'y joue néanmoins quelque chose d'essentiel. L'empereur exige une fois de plus que tous les rebelles reviennent à la foi romaine, la seule qui vaille pour un chrétien. Cette fois, ce sont les princes et les représentants des villes libres sympathisants des idées nouvelles qui refusent de se plier à la demande et « protestent » de leur refus, c'est-à-dire le clament haut et fort. Ce sont eux qui ont fait naître le mot « protestant ».

Cela change tout. Dès ses débuts, le « protestantisme » n'est donc pas uniquement une querelle théologique. Il est un savant mélange de religion et de géopolitique. C'est la raison pour laquelle, en un siècle, il bouscule tout le continent.

Le partage de l'Europe

Après Luther apparaissent d'autres réformateurs : Jean Calvin (1509-1564), un Français, originaire de Picardie, qui est bientôt appelé à diriger la ville de Genève ; John Knox (1514-1572), son disciple, qui va prêcher la foi réformée en Écosse ; Ulrich Zwingli (1484-1531), un prêtre de Zurich. Ils séduisent de simples mortels. Ils séduisent aussi des princes et des rois, et c'est ainsi que ce grand choc de la Réforme va, en quelques décennies, chambouler la carte de l'Europe.

Gustave Vasa, de Suède, est le premier à faire de son royaume un État luthérien (1529). Il est bientôt imité par le roi de Danemark.

À l'inverse, Charles Quint, qui a bien du mal à tenir le Saint-Empire, réussit à arrimer fermement son royaume d'Espagne au catholicisme, comme le royaume de Naples, ou les possessions du Nouveau Monde, qui en dépendent.

La fermeté ne marche pas partout. Dès les débuts de la Réforme, le calvinisme s'est implanté dans les dix-sept provinces qui forment alors les Pays-Bas. Quand il en prend possession après l'abdication de son empereur de père (1555), Philippe II décide d'user de la force pour en finir avec ces errements regrettables. Sa politique répressive, menée par la main de fer de son gouverneur, le sinistre duc d'Albe, aboutit à l'éclatement du pays. En 1581, les sept provinces du nord où se sont regroupés les protestants font sécession pour créer un nouveau pays, les Provinces-Unies, et mènent une interminable guerre à l'Espagne pour arracher leur indépendance.

D'autres monarques peuvent prendre, pour s'occuper des choses du ciel, des détours étonnants. On a croisé déjà Henri VIII d'Angleterre. Il fut dans un premier temps un pourfendeur de l'« hérésie ». Il commit contre Luther un pamphlet remarqué qui lui valut de se voir décerner par la papauté le titre prestigieux de « Défenseur de la Foi ». Il faut croire que celle-ci ne protège pas suffisamment des faiblesses du cœur. En 1534, comme on s'en souvient, il divorce de Rome pour pouvoir annuler un mariage. Par le fait, il crée cet hybride étrange qu'est l'« Église d'Angleterre ». Comme il ne touche rien à la pompe, à la liturgie, à la hiérarchie de celle qu'elle remplace, elle n'est rien d'autre, alors, qu'un catholicisme dont il est le pape. Son fils et successeur, le jeune Édouard VI (1537 – règne : 1547-1553), en abolissant le célibat des prêtres, en faisant retirer des lieux de culte vitraux et statues, la tire vers le protestantisme. Mais sa demi-sœur Marie Tudor (1516 – règne : 1553-1558), qui monte sur le trône à sa mort, repart vers le catholicisme avec un zèle qui lui vaut, de la part de ses victimes, le doux surnom de « Bloody Mary », « Marie la Sanglante ». Il faut Élisabeth Ire (1533 – règne : 1558-1603), dernière enfant d'Henri VIII à être couronnée, pour tenter enfin cette curieuse voie moyenne entre Rome et la Réforme qu'on nomme l'anglicanisme. La machine infernale n'en est pas stabilisée pour autant. Pendant un siècle encore, toute la vie politique anglaise sera ballottée entre des rois rêvant de retour au catholicisme et un parlement farouchement antipapiste.

Les ennuis sont les plus graves quand le pouvoir est faible. Au roi de France François Ier a succédé son fils Henri II, monarque à poigne. Catholique intransigeant, il est décidé à user de tous les moyens pour « extirper l'hérésie » qui grossit dans son royaume. Par le hasard d'un coup de lance involontaire, il est tué dans un tournoi (1559). Il laisse après lui une veuve, la célèbre Catherine de Médicis, qui tente comme elle peut de tenir la régence, tandis que, les uns après les autres, vont monter sur le trône ses fils, trop faibles, trop jeunes. De façon classique, c'est le scénario idéal pour déchaîner les ambitions des grandes familles. On l'a vu cent fois dans l'histoire. Quand lesdites familles se partagent entre catholiques et protestants et habillent leur appétit de pouvoir des habits de la religion, les troubles habituels tournent à l'enfer. Pendant vingt ans (1562-1598), le pays subit les « guerres de religion », un long tunnel d'atrocités éclairé de quelques trêves qui ne tiennent jamais. L'apogée de l'horreur est atteint le 24 août 1572, jour de la Saint-Barthélemy, quand les catholiques massacrent les protestants venus à Paris pour célébrer un mariage qui devait être une réconciliation. C'est une orgie de sang, qui se réplique dans de nombreuses villes de province. Quelques jours plus tard, le pape, aux anges, fait donner un *Te Deum* pour remercier le Ciel d'un tel miracle.

Tétanisés par ce qui vient de se passer, les Polonais et les Lituaniens, qui forment alors un seul pays, cherchent, eux, le moyen de ne jamais voir de telles horreurs se produire chez eux. Luthériens et calvinistes y sont nombreux aussi. En 1573, la Confédération de Varsovie proclame l'égalité des confessions. Dans cet univers devenu fou, la Pologne-Lituanie donne le seul exemple de sagesse.

La paix d'Augsbourg

Le monde germanique, d'où tout est parti, a bien failli sombrer lui-même dès le début du XVIe siècle. Parmi la noblesse impériale qui dirige le conglomérat de petites entités qui forment le Saint-Empire, il y a des catholiques, il y a des protestants. Comme partout ailleurs, ils se font rapidement la guerre. Après avoir tenté beaucoup pour faire revenir tout le monde dans le giron de Rome, en 1555, Charles Quint, épuisé, concède à chacun la « paix d'Augsbourg ». « *Cujus regio, ejus religio* », dit le fameux adage latin qui le résume : « À chaque région, sa religion ». Chaque prince a droit de choisir ce qu'il décide pour son État. Ça n'a rien à voir avec la liberté de conscience, évidemment : les individus sont priés de se conformer à la décision du prince dont ils sont sujets. Par rapport à ce qui se passe ailleurs, cela tient du miracle. Dans les faits, le compromis n'est qu'un couvercle sur une casserole en ébullition. Dès la fin du XVIe siècle, luthériens et catholiques, groupés en « unions », en « ligues », se préparent à en découdre, tout en essayant de barrer le chemin aux calvinistes, ces troisièmes joueurs arrivés sur le tard qui tentent de se faire une place à la table de jeu. La défenestration de Prague joue le rôle d'étincelle. L'Empire connaît à son tour l'horreur et subit la plus longue et la pire des guerres religieuses.

Les beaux temps de l'intolérance

Faut-il, après tant d'horreurs, pointer du doigt des responsables, ou au moins déterminer quel camp fut celui des bourreaux, et quel autre celui des victimes ? J'ai appris l'histoire dans la tradition républicaine, celle qui descendait de Michelet. Foncièrement anticléricale, elle n'était jamais en reste pour faire des catholiques les méchants du film. Pour ce qui concerne la France et ce chapitre particulier de son histoire, cela pouvait s'entendre. Les protestants commirent leur lot d'exactions, mais de façon générale, formant une minorité qui finit perdante, ils peuvent clairement être considérés comme des victimes. Les « guerres de religion » françaises se terminent par l'arrivée sur le trône d'Henri IV, un protestant qui tourne casaque et se convertit, mais fait la paix avec l'« édit de Nantes » (1598) qui octroie à ses anciens coreligionnaires quelques « places de sûreté », des villes où ils sont censés vivre tranquilles. Ce n'est pas rien : pour la première fois, le roi de France autorise donc dans certains endroits de son royaume une autre religion que la sienne. L'État au-dessus de Dieu, en somme. Dès le règne suivant, le terrible Richelieu commence à torpiller ce système en faisant la guerre à ses protestants, toujours suspects de trahison. Puis Louis XIV, révoquant l'édit de son grand-père Henri (1685), les persécute de façon atroce, poussant à l'exil ceux qu'il n'a pas envoyés aux galères.

Est-ce donc, comme nos pères laïques feignaient de le croire, que le catholicisme était voué par nature à la cruauté et à l'intolérance ? Ou tant d'excès venaient-ils simplement du fait qu'il était au pouvoir ? Le fait est que, là où il régna en maître, le protestantisme mit beaucoup du sien pour disputer à son frère ennemi la palme du sectarisme.

Poussés par le vent de liberté que la Réforme alors naissante semble faire souffler dans le Saint-Empire romain germanique et excédés par leurs misérables conditions de vie, les paysans de diverses régions d'Allemagne se révoltent, en 1524-1526. Princes et seigneurs voient d'un mauvais œil une rébellion de manants qui osent menacer leurs privilèges. Sans état d'âme, Luther se range du côté des princes, ses protecteurs, et, dans un texte d'une violence inouïe, les appelle à massacrer les rebelles « comme on abat des chiens enragés ».

Calvin, appelé à diriger Genève, y fit régner l'Évangile d'une façon qui n'est pas sans rappeler la manière dont les Talibans gouvernèrent l'Afghanistan.

Que dire du puritain Cromwell, dictateur de l'Angleterre au milieu du XVIIe siècle, qui fit interdire la danse et fermer les théâtres, en qui il voyait les antichambres de l'enfer ? Envoyé en Irlande après une révolte catholique, il entreprit de la « pacifier » avec des méthodes qui lui valurent l'aimable surnom de « boucher » et, pour de nombreux historiens, l'enverraient aujourd'hui devant le Tribunal pénal international pour crimes contre l'humanité.

★

Le schisme religieux a déchiré l'Europe. Il signe la fin de la « chrétienté », ce rêve d'unité sous l'égide du pape. Désormais, il existe sur la carte deux mondes. Il ne faut pas en minimiser les différences. Le basculement d'un côté ou de l'autre a dépendu largement des choix des dirigeants, je viens d'en parler. Une fois fait, il structure le pays tout entier. Le protestantisme, qu'il soit luthérien ou calviniste, fondé sur le rejet du clergé, le rapport de chacun à la Bible, favorise l'individualisme, la responsabilité personnelle. Au tout début du XXe siècle, l'Allemand Max Weber, un des pères de la sociologie, en a tiré une thèse fameuse : c'est de l'« éthique protestante » qu'est né le capitalisme. L'austère lien du croyant à la morale et à Dieu le pousse à accumuler les richesses, fruits de son travail et preuves de sa lutte ardente contre la fainéantise, mais elle le pousse aussi à rejeter la jouissance de ces biens, qui serait un péché. La combinaison des deux aurait incité au développement économique. La proposition tient-elle encore debout ? On voit, dans notre début du XXIe siècle, que le système capitaliste peut prospérer tout autant dans des régions du monde fort loin de la rigide tradition protestante, comme la Chine, qui réussit à se revendiquer tout à la fois de Confucius et de Karl Marx, mais reste, à ce jour, fort peu intéressée par Calvin et Luther.

Le déchirement en deux du christianisme occidental s'est fait avec une telle violence qu'il laisse, de part et d'autre, une haine durable, alimentée par son lot de préjugés. Pendant longtemps, les protestants considéreront les catholiques comme arriérés, sales, incapables d'initiative, pauvre masse inculte soumise à un pape faisant régner l'ignorance grâce à son clergé rétrograde et la terreur avec son Inquisition. Au début du XXe siècle encore, les Italiens arrivant aux États-Unis, par exemple, furent ainsi stigmatisés par la majorité protestante anglo-saxonne, comme l'avaient été les Irlandais quelques décennies avant eux. À l'inverse, les catholiques ne voulaient voir dans les frères ennemis luthériens ou calvinistes que des peine-à-jouir obsédés par le gain, égoïstes, cachant leur obsession pour le sexe sous le masque du puritanisme.

De même que, dans un pays protestant, un catholique ne pouvait être qu'un traître, puisqu'il était forcément lié au pape, le protestant dans un pays catholique était un ennemi menaçant la cohésion nationale. Très écouté en France jusqu'à la Seconde Guerre mondiale, Charles Maurras, le chef de l'extrême droite, classait les réformés comme une des quatre composantes de l'« anti-France », complotant la ruine du pays, à côté des juifs, des « métèques » et des francs-maçons.

★

La guerre de Trente Ans se termine par des traités, négociés pendant des années et finalement signés, en 1648, à Münster et Osnabrück, deux villes de la région allemande de Westphalie. Dans la première se sont retrouvés les diplomates des pays catholiques, dans la seconde ceux des protestants. Même pour enterrer la hache de guerre, on restait à distance. On visite encore, dans le vieil hôtel de ville de Münster, la salle où furent paraphés les textes, rebaptisée plus tard « Friedenhall », la salle de la paix. Elle a un air sévère, avec ses lambris cirés Renaissance un peu sombres, et son austère galerie de portraits représentant quelques-uns des protagonistes de l'épisode. Il s'est pourtant joué ici – et dans la ville jumelle d'Osnabrück – diverses choses fondamentales dans l'histoire de notre continent. D'abord, les traités de Westphalie officialisent la présence de deux nouveaux dans la classe européenne. Les Provinces-Unies, en guerre contre l'Espagne depuis quatre-vingts ans, sont officiellement reconnues par elle. Et la Confédération suisse, cette union d'une dizaine de cantons des Alpes qui se sont détachés depuis longtemps de l'empire des Habsbourg, obtient enfin son indépendance officielle, *de jure*[1], comme disent les spécialistes du droit international.

Surtout, cette paix a été négociée pendant des années par à peu près tous les belligérants qui sont passés dans le conflit : la Suède, l'Espagne, la France et même cent cinquante des petits États allemands. Dans l'affaire, l'empereur et le pape n'ont plus joué qu'un rôle marginal. Le Saint-Empire survit, mais il n'est plus qu'un nom, un cadre mental, une coquille vide. C'est un tournant. Les vieux rêves d'unité, de monarchie universelle sont terminés.

1. « Selon le droit ». S'oppose couramment à *de facto*, « dans la pratique », ou « de fait ».

Désormais, l'Europe est composée d'États, grands et puissants, comme la France, l'Espagne, la Suède, ou minuscules, comme les trois cent cinquante principautés et villes libres qui font du monde germanique une marqueterie. On les a vus prendre de la puissance, avec les grands rois du XVIe siècle. À partir du milieu du XVIIe, ils sont les nouveaux maîtres du jeu, pour le meilleur et pour le pire.

11 – Un tour dans l'Europe des États

C'est merveilleux Amsterdam, le Rijksmuseum, la lumière saisissante de la *Ronde de nuit* de Rembrandt, la douceur veloutée des joues de la *Laitière* de Vermeer ; le vélo loué qui rebondit sur les pavés ; les maisons de brique à pignon en pointe ; les canaux qui se croisent de partout ; les cafés bruns, anciens, lambrissés, qui sentent la bière et le mouillé ; les cafés blancs, design et lumineux, qui sentent la tarte du jour ; et les coffee-shops qui sentent le gazon, où on se promet de faire un tour sans jamais oser – après toutes les bières avalées dans les premiers, on risquerait de tomber d'un pont. C'est merveilleux. Tout le monde est d'accord. Comme on vient de le constater à Prague, c'est bien le problème. J'y suis allé un week-end grisâtre de début décembre, la ville était déjà pleine comme une autoroute italienne une semaine de 15 août. Avec sagesse, mon compagnon de voyage m'a proposé un itinéraire de délestage. On a pris un petit train de banlieue à la gare centrale et, une grosse demi-heure plus tard, on descendait à Leyde, une petite ville qui incarne tout aussi bien le rêve hollandais comme on l'imagine, avec son moulin à l'entrée, ses canaux, ses vieilles maisons de pierre, ses rues pavées et son histoire, parfaite pour évoquer l'époque qui nous intéresse et porte le beau nom de Siècle d'or.

La guerre de Trente Ans consacre les États. Les Provinces-Unies représentent le plus dynamique de ceux qui émergent alors.

Ce petit pays obtient son indépendance formelle avec les traités de Westphalie de 1648. Il ne l'a pas attendue pour entamer une réussite éblouissante. Il est donc le fruit de l'union des sept provinces septentrionales majoritairement calvinistes qui, à la fin du XVIe siècle, se sont détachées des Pays-Bas méridionaux, restés espagnols et catholiques. Sur le papier, leur viabilité n'était pas garantie. La surface du pays est des plus réduites, le littoral mangé par la mer. Les Hollandais, comme on appelle déjà les habitants de tout le pays, par référence à la plus riche de ses provinces, ont du courage et de l'opiniâtreté à revendre. Ils ont réussi à gagner de la terre sur l'eau en créant leurs polders. Ils se sont enrichis avec quelques produits qui font leur réputation : les fleurs, le fromage, les draps, produits entre autres ici, à Leyde, comme le velours l'est à Utrecht et les faïences à Delft. Les immigrés flamands qui, pour des raisons religieuses, ont fui les provinces du sud leur apportent beaucoup, en particulier les riches marchands d'Anvers, ville martyrisée par la guerre.

La vieille tradition de la pêche au hareng, enfin, leur a donné une maîtrise de la mer. Les circonstances les aident à jouer cette carte qui va faire leur fortune. En 1580, le Portugal, dont le roi est mort sans successeur, est annexé par l'Espagne[1]. Les Hollandais ne peuvent plus acheter leurs épices à Lisbonne, comme ils le faisaient, puisque le port est aux mains de leurs ennemis. Ils décident donc d'aller les chercher eux-mêmes. Le gouvernement délègue cette mission à une entreprise privée, la Compagnie néerlandaise des Indes orientales. Elle est fondée (en 1602) par la mise en commun de capitaux de divers marchands d'Amsterdam et d'autres villes du pays. Elle réussit à armer une flotte impressionnante, toujours accompagnée de ses navires de guerre qui permettent de couler quelques galions espagnols et portugais au passage ou de s'en protéger. On retrouve bientôt les bateaux frappés du monogramme VOC (Vereenigde Oostindische Compagnie) sur toutes les mers du globe. Ils ont délogé

1. L'union des deux couronnes durera jusqu'en 1640, date à laquelle le Portugal retrouve sa propre dynastie et son indépendance.

les Portugais de leurs comptoirs en Inde et à Ceylan, pris le contrôle de l'Insulinde (que nous appelons l'Indonésie), réussi à garder pour eux seuls le monopole du commerce avec le Japon, qui s'est fermé à tous les autres pays du monde, et se sont installés au Cap, la ville au sud de l'Afrique qui sert de relais sur la route de l'Orient. En quelques décennies, aidé par ses marchands et ses marins, le petit pays, à la tête d'un empire mondial, est devenu la première puissance commerciale européenne.

Des crises et un krach

Il a surtout réussi cette croissance stupéfiante en garantissant à ses habitants un niveau de liberté alors impensable ailleurs.

Évitons l'anachronisme. On est encore très loin du modèle de démocratie égalitaire et sociale dont les pays de l'Europe du Nord se sont fait une spécialité quelques siècles plus tard. Les Provinces-Unies sont une république comme on entend alors le mot, c'est-à-dire un régime patricien, qui fait la meilleure place aux grandes familles et aux marchands, et s'intéresse fort peu à la plèbe. Dans son fonctionnement, le système est d'une grande complexité. Chacune des sept provinces a son propre gouvernement, lui-même partagé entre un « pensionnaire », qui s'occupe des affaires civiles et économiques, et un « stathouder », des affaires militaires. Tous reconnaissent la prééminence du duo qui est à la tête de la Hollande, où se trouve La Haye, la capitale fédérale. La division du pouvoir est sans doute un bon antidote contre les tentations autoritaires, elle n'offre pas forcément les meilleures garanties de stabilité. Dans les faits, durant tout le XVIIe siècle, le pays est parcouru de tensions entre les partisans de la noblesse royaliste – en particulier de la famille d'Orange, qui donne les chefs de guerre – et ceux des marchands républicains. Elles peuvent être violentes. En 1672 – dans le cadre, il est vrai, de l'invasion du pays par la France –, le pensionnaire de Hollande finit massacré avec son frère par une foule d'orangistes déchaînés.

Il y a aussi des querelles religieuses. La plus célèbre débute à Leyde même, qui abrite la première université du pays. Au tout début du XVIIe siècle, un professeur de théologie nommé Arminius (1560-1609) y défend en chaire une thèse qui est bientôt violemment remise en cause par son confrère et ennemi Gomarus (1563-1641). La querelle porte sur la question de la grâce et du salut. De nos jours, elle paraît sans doute un peu abstraite. Elle ne l'était pas à l'époque. Le christianisme s'est déjà déchiré sur cette controverse qui avait opposé à la fin de l'Antiquité saint Augustin et le moine Pélage. Depuis, elle rebondit de temps à autre. Dans le monde catholique, on la retrouvera, plus tard dans le XVIIe siècle, au cœur de la bataille entre jansénistes et jésuites. Elle avait rejailli, au début du XVIe siècle, avec les pères du protestantisme, Luther et surtout Calvin. Comme Augustin, le réformateur de Genève défend la thèse d'une prédestination absolue. Dieu a tout prévu, c'est lui qui sait, par avance, qui est élu, qui est damné. C'est pourquoi il ne sert à rien de tenter de se racheter par des œuvres. Il faut juste se laisser porter par la grâce, la confiance absolue qu'on place dans le Tout-Puissant. On ne peut donc rien faire pour changer son destin ? Arminius trouve la thèse excessive et cherche le moyen d'y faire un peu plus de place à la liberté humaine. Blasphème ! répond Gomarus, un calviniste de stricte obédience.

Et c'est parti pour des décennies de conflits entre partisans de l'un et partisans de l'autre, qui basculent à l'occasion dans les émeutes de rue, et la violence. J'imagine que, dans un siècle ou deux, nos lointains descendants auront du mal à comprendre comment nous avons pu nous entre-tuer pour des causes qui leur paraîtront surréalistes. Le fait est que, en se promenant aujourd'hui dans les rues calmes et coquettes de notre petite cité néerlandaise, on a un peu de mal à songer que, il y a quatre siècles, des gens pouvaient s'y balancer des pierres sur la tête pour savoir ce que Dieu avait prévu pour le futur de chacun dans un monde dont jamais personne n'est revenu.

Même le talent commercial du pays n'allait pas sans excès. On visite à Leyde un magnifique jardin botanique qui a une place particulière dans la mythologie nationale. Ici, le botaniste flamand Charles de L'Écluse (1526-1609), père de l'horticulture, acclimata les premières tulipes, qui venaient de l'Empire ottoman. Les Hollandais s'en toquent à un point qui confine au délire. Vers la fin de 1636, on voit passer des promesses de vente d'oignons à dix fois le prix du salaire annuel d'un artisan. En février 1637, quelques marchands dégrisent et refusent d'alimenter cette folie douce. Les prix s'effondrent. C'est le krach. Remise au goût du jour par un auteur à succès anglais du XIXe siècle, la « tulipomanie de Hollande » figure désormais en bonne place dans tous les manuels d'économie comme exemple d'une des premières crises spéculatives de l'histoire.

Une oasis de liberté

Il n'empêche, ce petit État respire un air qu'on ne connaît pas ailleurs : l'air de la tolérance. Ayant connu la persécution, les calvinistes néerlandais peuvent se déchirer entre eux, mais ils ont pour principe de ne pas devenir persécuteurs à l'égard d'autrui. Les catholiques, nombreux, ne peuvent pas célébrer le culte publiquement, mais ils le font de façon privée sans être inquiétés. Chassés du Portugal où ils s'étaient réfugiés après avoir dû fuir l'Espagne, beaucoup de juifs sont arrivés à Amsterdam et ailleurs, où ils contribuent à la prospérité économique. Spinoza (1632-1677) est le plus célèbre d'entre eux. À l'âge de vingt-trois ans, il est banni de sa communauté d'origine à cause d'idées jugées hérétiques, mais il suit son chemin. Ses travaux de philosophie, suspectés de conduire à l'athéisme, lui valent d'être inquiété par la justice. La société est plurielle. Alors qu'il est condamné par certains, le philosophe est soutenu par d'autres. Cela l'incite à la prudence, mais ne le réduit jamais au mutisme. Une partie de l'œuvre de Spinoza repose sur une approche critique de celle du Français Descartes (1596-1650), qui passa vingt ans de sa vie en Hollande, comme tant d'autres. Et ceux qui n'y venaient pas y piochaient indirectement leur savoir. À partir du XVIIe siècle, tous les livres interdits qui circulent dans le continent ont été imprimés dans la petite république, seule oasis où la censure ne sévit pas. L'Europe cultivée commence à prendre l'habitude d'aller chercher les gazettes de Hollande où, chose étonnante, règne une vraie liberté de la presse.

Versailles et ses dorures

C'est une loi éternelle, la prospérité fait des jaloux. En 1652, l'Angleterre se lance dans une première guerre avec la Hollande, pour lui disputer la suprématie maritime. En 1672, la république subit l'invasion d'une partie de son territoire par le puissant souverain qui entend montrer aux « marchands de fromage » qui est le maître, désormais, en Europe, Louis XIV, roi de France.

Le XVIIe siècle consacre donc la prééminence des États. Par les hasards de l'histoire, il n'y en a pas tant, à cette époque, qui se portent si bien.

Au siècle suivant, l'Angleterre, avec sa marine, la vigueur de son commerce, prend son élan pour devenir une puissance mondiale. Au XVIIe siècle, elle peine encore à stabiliser son régime, bousculé par les disputes entre protestants, anglicans et partisans d'un retour au catholicisme, tiraillé entre des rois qui rêvent d'augmenter leur pouvoir et un parlement qui voudrait imposer le sien. D'autres anciennes gloires entament leur lent déclin.

Un peu avant les Hollandais, l'Espagne a connu, elle aussi, son « siècle d'or ». On le fait commencer par la découverte des Amériques en 1492. Culturellement, il brille de mille éclats. Le Greco, Vélasquez, Zurbarán, Cervantès, Lope de Vega, « j'en passe et des meilleurs », comme écrit Victor Hugo dans *Hernani*, pièce célèbre qui se déroule, précisément, dans l'Espagne de cette époque. Sur le plan du pouvoir, après Philippe II (mort en 1598), les choses sont plus sombres. Moins de richesses en provenance du Nouveau Monde, plus de guerres, et des rois plus ou moins capables. La monarchie Habsbourg s'enlise peu à peu.

On trouve, dans l'histoire européenne, un troisième et dernier « siècle d'or » – il faut croire que l'expression a plu – celui qui, à cheval entre la fin du XVIe et la première moitié du XVIIe siècle, touche la Pologne. Uni avec la Lituanie (depuis 1569) pour former la « République des Deux Nations », le pays, qui est alors le plus grand d'Europe après le Saint-Empire, vit son apogée. Splendeur culturelle et paix sans vagues entre les catholiques et les nombreux protestants, on l'a déjà mentionné. Le seul drame (éternel) de la Pologne, ce sont les voisins. En 1655-1656, le pays subit une invasion suédoise d'une violence inouïe, surnommée le « déluge ». L'horreur, de fait, atteint des niveaux bibliques. À la suite de l'occupation, et aussi des famines et épidémies consécutives aux exactions de la soldatesque, entre un quart et un tiers de la population lituano-polonaise a disparu.

Dans la seconde moitié du XVIIe siècle, un seul pays, donc, domine l'Europe : la France de Louis XIV. Par presque tous ses aspects, le modèle qu'il impose est à l'exact opposé de celui que nous venons de trouver à Leyde. Oublions donc les maisons basses, les rues simples, la modestie calviniste de la république du Nord. Transportons-nous sur une scène autrement théâtrale : Versailles.

Comment le cacher ? C'est impressionnant, Versailles, quand on le redécouvre. Ces bâtiments imposants, aux façades d'ocre qui éclaboussent de lumière le jour où on les visite, les somptueux jardins à l'arrière, avec leurs alignements « à la française », leurs bassins, leurs fontaines, leurs frondaisons, puis l'intérieur du palais, la chapelle, la galerie des Glaces, les appartements royaux, l'ombre du Grand Siècle et les souvenirs scolaires qui vont avec : Molière, Racine, le Roi-Soleil. Quel enfant n'a pas rêvé de se glisser dans une de ces galeries, rien que pour le voir passer, majestueux, monté sur des talons, tenant la tête très droite sous son invraisemblable perruque poudrée, et saluant à droite et à gauche à travers une haie de courtisans courbés jusqu'à terre, éblouis d'être touchés par un rayon de l'astre qu'ils vénèrent ?

Adulte, est-on toujours obligé de gober sans réserve tout ce barnum ? D'accord, Versailles, c'est grand, c'est magnifique et c'est, accessoirement, un atout de poids pour la balance commerciale de mon pays. Il n'y a qu'à voir la longueur de la file de gens venus du monde entier qui font la queue chaque jour pour y entrer. Mais le système qu'il y a derrière ? Et ce qu'il implique en termes politiques, psychologiques, moraux ?

« À moi, monsieur l'Archevêque »

Je sais, il y a des explications historiques au régime qui se met alors en place. Comme tous les amateurs d'histoire de France, je les ai vues passer dans la somme des livres lus sur la question depuis l'école primaire. Le pays avait connu tant de malheurs, les guerres de religion, l'assassinat du bon roi Henri IV, qu'il fallait trouver un moyen de l'affermir enfin. Pour y parvenir, sous Louis XIII, s'est instauré un premier système : le « ministériat ». Une sorte de duo *good cop/bad cop*, en version monarchique. Le roi, anxieux mais bon fond, jouait le premier rôle et n'avait donc pas grand-chose à faire : s'inquiéter pour ses favoris, signer les ordonnances qu'on lui présentait. Le cardinal de Richelieu, dans l'autre rôle, s'occupait de tout, d'une main de fer sans gant de velours : et je coupe la tête des grands qui complotent, et j'écrase les protestants, et je mène une guerre impitoyable avec les Habsbourg pour élargir mes frontières. Dès les lendemains de la mort de monsieur le Cardinal (1642), puis de Louis XIII (1643), les ennuis recommencent. Profitant de ce que le roi est enfant et le royaume en régence, la noblesse se déchaîne. C'est la « Fronde », la jacquerie des gens bien nés qui vont jusqu'à faire tonner le canon dans Paris et menacer la famille royale elle-même. Par une nuit sinistre, le petit roi Louis, son frère Philippe, sa mère Anne d'Autriche et Mazarin, le nouveau cardinal-ministre, sont obligés de fuir la capitale pour échapper aux grands en furie. Trimbalé par les valets, couché à la hâte sur un peu de paille, le roi enfant ne pipe mot, mais se jure *in petto* qu'il se vengera.

En 1661 meurt Mazarin. Dès le lendemain – on dit bien le lendemain –, Louis XIV prend le pouvoir. Dans la matinée, il croise dans un couloir du Louvre, alors son palais, l'archevêque chargé des questions du clergé, qui s'inquiète : « Votre Majesté m'avait ordonné de m'adresser à monsieur le Cardinal pour toutes les affaires. Le voilà mort. À qui le roi voudra-t-il que je m'adresse à l'avenir ? » Et le roi : « À moi, monsieur l'Archevêque. » Scène primitive fascinante. Réponse cinglante et définitive. « À moi. » Cela vaudra pour les cinquante-quatre ans de règne qu'il lui reste. « À moi. » La paix, la guerre, les faveurs, les passeports, les places, les grands travaux. À moi. Les conquêtes pour faire de belles frontières en « pré carré », les forteresses de Vauban, les impromptus de Molière, les ballets de Lully, les rapports du ministre Colbert. À moi. Le ravage du Palatinat, détruit jusqu'au sol par ses troupes, la révocation de l'édit de Nantes, l'Académie des inscriptions et belles-lettres, fondée spécifiquement pour trouver les mots des flatteries à graver sous ses statues. À moi. Je ne vois pas de meilleur résumé du régime qu'il met en place et qu'il sera le seul, en fait, à pratiquer à ce point de perfection : la monarchie absolue.

Et, avec ça, Versailles, ce pavillon de chasse construit par son père qu'il a fait agrandir à partir de 1660 et où il décide de transférer, en 1682, le gouvernement de la France. Il y a, dans la décision, une volonté de prestige. Louis XIV se veut le plus grand roi de l'Occident. Il doit avoir un écrin à cette mesure. Il y a aussi la volonté de vengeance contre cette aristocratie qu'il avait tant haïe pour avoir dû la craindre. Richelieu avait écrit avoir pour but de « rabaisser l'orgueil des grands ». Louis XIV les fait ramper. Les voilà tous à sa main, transformés en caniches de salon, en animaux d'une ménagerie dont il est le dompteur, les faisant répéter tous les jours le même numéro : le petit lever du roi, le grand lever du roi, la promenade du roi, le dîner du roi. Et chacun s'y prête avec une complaisance à désespérer de la dignité humaine. Et on voit des princes, des ducs qui se pensent sans doute au sommet du monde quand ils résident dans leurs propres domaines et qui, à Versailles, seraient capables de lécher les parquets pour avoir le privilège de tenir le bougeoir quand le roi, au coucher, enlève sa chemise.

Oui, au coup d'œil, c'est magnifique, Versailles. L'est-ce tant que cela, après réflexion ?

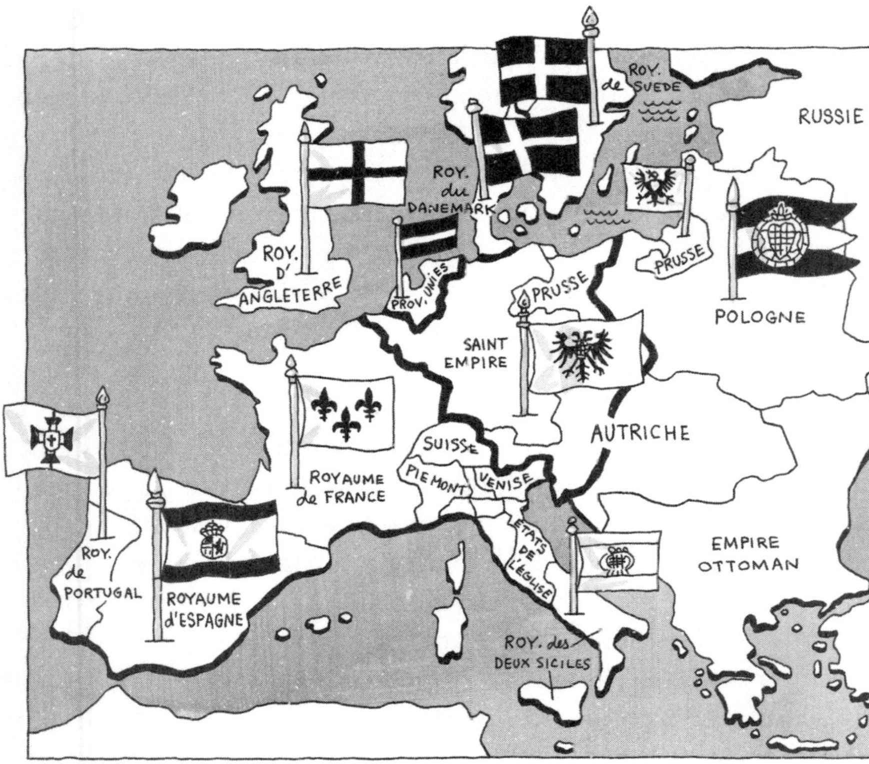

La nouvelle carte de l'Europe

Le moins qu'on puisse écrire, c'est que les critiques que je viens d'oser sur ce qui est censé être le grand moment du passé de mon pays ne sont guère partagées à l'époque, au moins hors de France.

Le vieux roi meurt détesté de son peuple, qu'il a épuisé de ses fantasmes de gloire. Sur son lit de mort (1715), dans un moment de lucidité, il aurait affiché son regret : « J'ai trop aimé la guerre. » Il n'a fait que cela de toute sa vie. Cette obsession a eu pour résultat de ruiner totalement la France et de laisser son peuple dans une grande misère. Elle a aussi réussi à agrandir considérablement le royaume, qui se trouve désormais en position de domination sur le continent. Cela lui vaut l'admiration de tous ceux qui voudraient être ses pairs. Devenue grande puissance, la France représente, dorénavant, le modèle à imiter.

On le constate avec la prééminence de la langue et de la culture françaises, dans toutes les classes élevées. On le remarque dans l'architecture. Une sorte de *versaillomania* s'abat sur l'Europe. Tout le monde veut le sien. On en trouve partout. Par exemple à la Granja, non loin de Madrid, dont les jardins sont copiés très précisément sur ceux que Le Nôtre avait dessinés pour le Roi-Soleil. Vous me direz que, en l'occurrence, cela peut s'expliquer par un contexte familial particulier. À la fin du XVIIe siècle, le dernier Habsbourg d'Espagne était mort sans enfant, et Louis XIV (descendant de cette famille par sa mère) avait réussi à placer sur le trône son petit-fils, premier d'une lignée de Bourbons qui y règne toujours. Le nouveau roi voulait une résidence qui lui rappelle ses souvenirs d'enfance. Mais ailleurs ?

J'ai cherché, pour les besoins de ce chapitre, à recenser toutes les répliques de Versailles : Queluz, près de Lisbonne, le « Versailles portugais » ; Blenheim, le « Versailles anglais » ; Schönbrunn, le « Versailles viennois » ; et d'autres en Belgique, en Russie, et plus tard en Bavière… J'ai renoncé. La liste est interminable. On peut imaginer en tout cas que, un peu partout, le théâtre du pouvoir y suit les règles mises en place par Louis XIV. Il a figé pour un temps la conception de ce que doit être un État, avec son roi en position centrale, entouré de sa cour, recevant dans ses palais, du haut de sa grandeur, se préoccupant fort peu du bonheur de ses sujets – ce serait vulgaire – et ne cherchant qu'à agrandir ses territoires en piquant des provinces à ceux de ses voisins. J'ai du mal à y voir quoi que ce soit de positif.

Russie, Autriche, Prusse, nouvelles puissances

À la mort du vieux monarque, la France est en position hégémonique. Qui sera le suivant à la prendre ? Tel devient le nouveau jeu des relations internationales. Au Moyen Âge, les guerres étaient féodales : on se disputait des provinces pour des questions de suzeraineté et de vassalité. Au XVIe siècle, on l'a vu, le grand conflit européen oppose les deux grands modèles de gouvernement, l'Empire universel contre l'État monarchique unifié. Le second sort vainqueur et reste seul en lice, après la guerre de Trente Ans. Le XVIIIe siècle est donc dominé par les rivalités d'une poignée de puissances. Les rois qui y règnent ne cessent de se faire la guerre pour prendre l'ascendant sur les autres, ou manger leurs voisins.

Dans ce club, il y a les gloires sur le déclin, comme l'Espagne, ou en plein essor, comme l'Angleterre. Il y a aussi de nouveaux venus. Retenons les trois plus importants.

La Russie s'est constituée au XVe siècle en se débarrassant des Mongols, mais, depuis lors, elle est restée tournée vers l'Asie. Pierre le Grand (1672-1725) en a assez de ces mœurs qu'il juge mal dégrossies, de ces boyards barbus en caftan crasseux, de ces popes ivrognes et analphabètes. Il croit, non sans raison, que le vent de l'avenir est à l'ouest. Avec une détermination sans faille – et aussi une grande brutalité –, il tourne son pays vers l'Occident. Il confie l'armée à des Allemands, refait sa marine sur le modèle hollandais et, après avoir écrasé la Suède, fonde Saint-Pétersbourg sur les cadavres des milliers de prisonniers de guerre suédois qui se sont tués à la faire sortir des marais.

Depuis la fin de la guerre de Trente Ans, le vieux Saint-Empire n'est plus qu'une coquille vide. Deux puissances vont commencer à en occuper l'espace.

Les Habsbourg détiennent toujours la couronne impériale, mais elle ne représente plus grand-chose de concret. Ils s'en désintéressent donc au profit de leur « domaine héréditaire », les terres qui leur appartiennent en propre et qu'on appelle désormais l'Autriche. Elle tient sa puissance de toutes les couronnes et terres qui lui sont associées, la Bohême, la Hongrie, la Croatie et rêve d'extension vers les Balkans, où les Turcs ottomans sont de moins en moins vaillants.

Autre famille de noblesse allemande, les Hohenzollern sont, à l'origine, bien plus modestes. Ils n'ont jamais compté d'empereurs parmi la lignée. « Princes électeurs », ils se contentent d'être ceux qui les choisissent. Ils possèdent des terres près du Rhin, puis le Brandebourg – une grande zone de marais avec Berlin au milieu –, et acquièrent au XVIIe siècle le duché de Prusse, longeant la Baltique, fondé jadis par les chevaliers Teutoniques. À la fin du siècle, un certain Frédéric (1657-1713) décide de franchir un cap. Il obtient de l'empereur de se faire couronner roi, mais n'a l'autorisation de le faire qu'à Königsberg, en Prusse, c'est-à-dire hors de l'Empire. Son petit-fils Frédéric II (1712 – règne : 1740-1786) est le plus fameux des rois de Prusse. Lui aussi voulut son Versailles. Il le fit construire dans la fort jolie ville de Potsdam, non loin de Berlin, et lui donna le nom aimable de palais de Sans-Souci. Il ne partageait pas avec Louis XIV que le goût des plaisirs et des jardins. Il aima la guerre autant que lui, et fit de son royaume une puissance militaire redoutable.

Au XVIIIe siècle, des États naissent, d'autres meurent. Les trois qu'on vient de citer se font parfois la guerre entre eux. Ils aiment surtout tourner leurs appétits vers plus faibles qu'eux. Depuis son invasion par la Suède, la Pologne est l'ombre d'elle-même. Au XVIIIe siècle, le pays est dans les mains de nobles arrogants et corrompus qui bloquent toute évolution par le système suicidaire du veto, qui permet à un seul de s'opposer à la décision de tous. En quelques décennies, Autriche, Prusse et Russie réussissent à conquérir tout son territoire, province après province, traité après traité. À l'issue du « troisième partage de la Pologne », en 1795, le pays est rayé de la carte.

12 – Des sciences et des Lumières

Si j'étais agent de voyages en recherche de projets originaux, je sais bien ce que je tenterais de monter : un grand *science tour*, un circuit permettant de comprendre la façon dont la conscience scientifique s'est formée en Occident, à partir du XVIe siècle. L'enjeu est attirant. Comment ne pas être fasciné par un phénomène qui a changé le rapport des hommes à l'univers, à la nature, et a entraîné un bouleversement des mentalités, de la philosophie, de la relation au pouvoir ? La réalisation du voyage ne sera pas facile à mettre en œuvre. L'aller simple ne suffira pas. Il faudra du billet multidestination. C'est d'ailleurs l'un des intérêts de la promenade.

Première étape inattendue : une grande église du nord-ouest de la Pologne. N'est-ce pas là que tout a commencé, pourtant, avec un certain Nicolas Copernic (1473-1543) ? Il est né à Toruń – Thorn à l'époque –, puis, après des études à Bologne et à Padoue, passe la majeure partie de sa vie à Frombork – Frauenburg à l'époque –, à la pointe nord-est de la Pologne actuelle, c'est-à-dire, comme l'indique le double nom de la ville, dans ces zones constamment disputées entre Allemands et Polonais[1]. Notre homme y est chanoine de la cathédrale, une impressionnante bâtisse de brique ceinte de remparts. Comme

1. C'est pourquoi Copernic lui-même est revendiqué par les deux peuples.

beaucoup de monuments polonais, elle a été détruite pendant la dernière guerre, puis méticuleusement reconstruite. On peut toujours la visiter, et grimper dans l'austère tour où vécut le savant. Ici, la tête parfois tournée vers le ciel, et souvent plongée dans ses grimoires et ses calculs, il fit faire à la pensée humaine le plus vertigineux des loopings. Le premier, il comprend que la Terre tourne autour du Soleil, et non le contraire, comme les humains croyaient le constater de leurs propres yeux depuis la première aube du monde. Le chanoine couche ses conclusions et ses calculs sur le papier, mais les garde pour lui. Sa théorie est trop explosive. Elle jette à terre ce qu'a dit Aristote et ce que soutient l'Église. Pourtant, ses manuscrits circulent. Juste au moment de sa mort (1543), l'un d'entre eux, *Des révolutions des orbes célestes*, est publié à Nuremberg par un admirateur, théologien luthérien fou de mathématique, mais un peu imprécis. Les épistémologues nous disent que la préface qu'il donne à l'œuvre magistrale du Polonais est bourrée de contresens.

Des îles danoises aux lagunes vénitiennes

Depuis l'Allemagne, où nous sommes donc, mettons le cap au nord pour nous rendre à Hven, une petite île aujourd'hui suédoise. Au XVIe siècle, elle était danoise. C'est pourquoi Tycho Brahe (1546-1601), un noble de ce pays féru d'astres, put s'y établir pour y fonder Uranienborg, l'incroyable observatoire d'où il scrute le ciel. Brahe ne souscrit pas à l'héliocentrisme de Copernic. Il est néanmoins un extraordinaire chasseur de planètes. Quoique travaillant à l'œil nu, il repère dans le ciel des choses que personne n'y avait vues. Il est aussi, c'est moins brillant, un administrateur consternant qui réussit à ruiner son île et à en être chassé, haï par des paysans qu'il avait maltraités et qui détruisent d'ailleurs ses constructions.

Après une errance dans le Saint-Empire – qu'on épargne à nos lecteurs-voyageurs – il est à Prague. L'empereur Rodolphe II qui y résidait, personnage fantasque, fou d'alchimie et d'ésotérisme, y attirait les savants pour qu'ils l'aident à lire l'avenir et à percer les mystères de l'univers. L'étape nous permet de nous familiariser avec le troisième maillon de l'aventure, l'extraordinaire Johannes Kepler (1571-1630), un mathématicien allemand nommé adjoint de l'astronome danois. Contrairement à son aîné, il est tellement myope qu'il ne peut suivre dans le ciel le cours des astres. Il est aussi tellement doué avec les chiffres qu'il réussit à réduire les observations de son maître en équations et, grâce à celles-ci, fait faire un spectaculaire pas de plus à la connaissance humaine. À coups de formules savantes qu'on appelle les « lois de Kepler », il prouve que les planètes suivent des mouvements elliptiques et non circulaires, comme on le croyait.

Exactement à pareille époque travaille de son côté un autre personnage décisif de cette histoire, Galileo Galilei, qu'on nomme en français Galilée (1564-1642). Où le retrouver ? Il est natif de Pise. Après des études orientées vers les mathématiques, il vit à Florence ; puis, appuyé par sa réputation de savant en tant de domaines, la physique, la géométrie, il enseigne à l'université de Padoue. La petite ville dépend de Venise. Voilà un bon lieu pour retrouver l'homme dans ses œuvres. Galilée est un érudit, et aussi, à ses heures, un bricoleur génial. Il a fabriqué des pompes à eau et des compas. Dans une lettre, un de ses anciens élèves installé à Paris lui parle d'un nouvel instrument inventé par des opticiens hollandais et se répandant en France : une sorte de tube muni de lentilles qui permet d'allonger la vue. La démonstration de la première « lunette astronomique » fabriquée par notre Italien se déroule en 1609, sur le campanile de la place Saint-Marc, devant des doges émerveillés de voir l'île de Murano si proche. Refaire l'expérience avec nos voyageurs pourrait avoir du chic : qui refuserait d'aller à Venise pour admirer Murano ? Pourtant, le vrai tournant a lieu un peu plus tard, quand le savant, seul chez lui, braque son outil vers la

Lune. Il y voit des choses extraordinaires, qu'aucun humain n'avait soupçonnées avant lui. Des ombres. Et donc des reliefs. C'est énorme. Cela jette à bas tout le système défendu depuis Aristote, qui organisait l'univers en deux espaces d'essence différente. Notre monde « sublunaire » – la Terre – était le seul à connaître la corruption, l'imperfection, la mort, mais aussi les montagnes et les vallées biscornues. Tout le reste, là-haut, le Soleil, les planètes, devaient appartenir à l'univers de l'immuable, de la perfection. Y découvrir des monts et des canaux pareils à ceux d'ici-bas prouve par le fait que cette théorie ne tient pas. Avec sa lunette, Galilée continue obstinément à chercher dans le ciel bien d'autres choses, comme les satellites de Jupiter. De ses observations, il tire les conclusions que Copernic avait échafaudées en esprit. Il sait qu'il faut remettre à l'endroit ce que nos esprits avaient mis à l'envers. Le Soleil est au centre, et nous tournons autour.

Bacon, Descartes et Newton

Chercher à comprendre le monde en observant, en calculant, en émettant des hypothèses, en les réfutant, et ne jamais craindre de remettre en cause ce que les plus éminentes autorités tenaient pour vrai. Tout le processus qu'on vient de voir mis en pratique reçoit aussi, au début du XVIIe siècle, son armature intellectuelle. Elle est forgée en particulier par deux grands esprits. On peut retrouver le premier à Londres. Francis Bacon (1561-1626) est un homme d'État anglais, qui fut même chancelier et conseiller privé du roi Jacques Ier avant de connaître la disgrâce – désagrément courant en politique. Il est aussi le père de l'empirisme, de la philosophie expérimentale. Elle pose qu'une vérité ne peut être acceptée que si elle a été observée, validée par l'expérience, que seule l'étude des faits, énumérés, ordonnés, peut aboutir à une loi générale.

On a déjà croisé le second. René Descartes (1596-1650) est français, mais, cherchant le calme et la liberté, il a passé de longues années en Hollande avant de mourir en Suède, auprès de la reine Christine qui en avait fait son précepteur. Lui aussi nous a appris à nous défier des dogmes et à pratiquer le doute systématique, pour ne faire reposer nos certitudes que sur l'exercice de notre pensée, de notre raison.

Pour parfaire notre expédition, enfin, on retournera en Angleterre, une pomme en main. La légende ne veut-elle pas que c'est en voyant tomber un de ces fruits d'un pommier que le génial Isaac Newton eut la révélation de la théorie qui a fait sa gloire ? Il s'était surtout appuyé sur les lois édictées par Kepler et sur des années de travail, de calculs, d'équations, pour concevoir la loi de la gravitation universelle. Elle parachève tout ce qui précède en l'intégrant dans un système qui en explique les lois et les forces. Newton est à la base de toute la physique, telle qu'on la concevra jusqu'à Einstein.

Si on veut lui rendre hommage, on peut aller jusqu'au pied de divers pommiers, dont les propriétaires affirment sans rire – mais sans trop de garantie scientifique – qu'ils descendent de celui qui inspira le grand homme. On en trouve un à Woolsthorpe Manor, la ferme familiale des Newton, et un autre dans un jardin de son université, à Cambridge. On peut aussi, empreint de gravité, aller faire ses dévotions sur son tombeau, un poil kitsch, il faut le dire, et surchargé. Il est à l'abbaye de Westminster, à Londres, là où l'Angleterre honore ses gloires.

Dissections et classements

Un beau voyage, déjà, non ? Et encore, je ne vous ai pas parlé des « extensions », comme on dit chez les tour-opérateurs. Le périple qu'on vient d'effectuer retrace les débuts de l'astronomie et de la physique modernes ; on pourrait le compléter par un autre, retraçant les progrès de la médecine. Il suffirait, par exemple, de suivre les pérégrinations du Flamand Vésale (1514-1564). On lui a conféré le titre de « père de l'anatomie » parce qu'il rompit avec les Galien et autres maîtres de l'Antiquité toujours enseignés pour promouvoir une approche du corps et de ses organes fondée sur l'observation précise et détaillée, et non sur des grimoires de plus de mille ans d'âge. Vésale est né à Bruxelles, il étudie à Paris, exerce à Padoue et Venise, publie et travaille à Bâle, où on expose encore le squelette d'un célèbre criminel qu'il avait disséqué publiquement. Il soigne Charles Quint et meurt de fièvres, destin exotique, dans une île grecque, au retour d'un pèlerinage en Terre sainte.

Progressant dans le temps, on peut aussi poursuivre l'expédition jusqu'au XVIIIe siècle et saluer le Français Buffon (1707-1788), père de l'histoire naturelle, ou le Suédois Linné (1707-1778), qui entreprend le grand inventaire de toutes les plantes et de tous les animaux, et met au point leur classement selon un système binaire (le genre, puis l'espèce dans ce genre) qu'on utilise toujours, en latin, comme il l'avait voulu. Pourquoi ne pas oser, enfin, un petit tour au musée des Arts et Métiers, à Paris, pour y découvrir le gazomètre avec lequel Lavoisier (1743-1794) réussit à décomposer l'eau en hydrogène et oxygène ? Le Français, inventeur de la « loi de conservation de la masse et des éléments » (« Rien ne se perd, rien ne se crée, tout se transforme », énonce sa célèbre formule), est le père de la chimie moderne.

Évolution scientifique

Jusqu'à récemment, pour décrire le processus que nous venons d'évoquer, ce changement radical de l'esprit qui permet à l'homme de comprendre peu à peu le monde qui l'entoure grâce à une connaissance autonome, osant remettre en cause les dogmes les mieux établis, les historiens parlaient de « révolution scientifique ». Aujourd'hui, on parlerait plutôt d'évolution[1]. Il ne s'agit pas de minimiser l'ampleur du changement alors en cours, mais de le placer dans un continuum. Contrairement à ce qu'on a voulu croire depuis le XVIe siècle, la Renaissance n'est pas sortie du néant comme la Vénus de Botticelli de l'onde. J'ai déjà évoqué l'apport extraordinaire, dans le domaine de la connaissance, de l'université médiévale, portée par le savoir arabe. Avant Francis Bacon, il y eut son homonyme Roger Bacon[2], *Doctor Mirabilis*, ce franciscain qui, au XIIIe siècle déjà, inspiré par le savant musulman Alhazen, entendait mettre les idées préconçues à l'épreuve des expériences concrètes.

Sous l'influence d'un XIXe siècle romantique et anticlérical, on avait aussi tendance, naguère, à présenter cette transformation comme l'épuisante lutte de quelques individus géniaux, libres et solitaires contre l'obscurantisme religieux. Certes, Copernic se garda bien de publier lui-même sa sulfureuse théorie, de peur des foudres de l'institution à laquelle il appartenait. Certes, le malheureux philosophe italien Giordano Bruno (1548-1600), copernicien farouche, finit brûlé pour avoir refusé de revenir sur sa théorie d'univers multiples et infinis, qui avait le défaut de conduire dangereusement à la voie de l'athéisme. Certes, pour avoir affirmé que la Terre tourne, Galilée connut à son tour un procès de l'Inquisition et ne dut la vie sauve qu'à sa rétractation de thèses qu'il savait pourtant vraies. Cela n'empêche qu'il avait longtemps travaillé avec l'appui du Vatican, qu'il avait été longtemps très ami avec le pape, qui se passionna longtemps pour ses travaux, et que le retournement de l'Église contre lui tient aussi à des revirements de coteries au sein du Saint-Siège. Aujourd'hui, les spécialistes aiment à faire ressortir ces nuances du tableau. Certains jésuites, aux XVIIe et XVIIIe siècles, ne comptèrent-ils pas parmi les grands spécialistes de la science ?

1. À mes yeux, le livre le plus accessible pour comprendre cette histoire est : *Scientific Revolution: A Very Short Introduction*, de l'historien des sciences américain Lawrence M. Principe. L'ouvrage n'est, hélas, pas disponible en français.
2. Voir chapitre 6.

De leur côté, les plus grands savants n'étaient pas détachés de façons de penser qui, aujourd'hui, nous paraissent fort peu scientifiques. Brahe observait les astres dans le seul but d'y lire l'avenir. Newton était féru d'occultisme et publia un opuscule qui présentait une topologie détaillée des enfers. À quelques exceptions près, tous ceux que nous avons cités étaient profondément croyants et n'agissaient pas contre leurs croyances. Ils les regardaient avec des yeux neufs, et c'est probablement ce qui fait la différence. Depuis le XVIe siècle était apparue une façon nouvelle, plus optimiste, de considérer la religion. Pour les protestants, tout particulièrement, mais aussi pour certains catholiques, il ne s'agissait plus d'accepter sans le comprendre le mystère de la création divine, mais de percer à jour, les unes après les autres, les lois inventées par Dieu pour faire fonctionner l'univers. Newton et les autres ont inventé la science en chrétiens. Il n'empêche. En chrétiens, ils ont aussi peu à peu mis au point une manière de penser qui n'a pas besoin de la religion, ou plutôt qui doit s'en passer. Le propre de la religion est d'être de l'ordre de la *croyance* et de reposer sur des dogmes, c'est-à-dire des vérités posées *a priori* et qui ne sont pas démontrables. L'ordre scientifique qui apparaît aux XVIe et XVIIe siècles repose sur l'inverse, une pensée indépendante qui entend comprendre le monde en rejetant toute idée préconçue, en ne faisant fonctionner rien d'autre que l'intelligence humaine et en ne tenant pour vrai que ce qu'elle a pu démontrer par le fait.

La Chine a connu des savants qui ont mis au point des découvertes fondamentales, le papier, la poudre à canon, la boussole, tant d'autres. À la grande époque des Abbassides, le monde arabe a été d'une créativité extraordinaire pour les choses de l'esprit. Il a appartenu à l'Europe de donner enfin sa pleine autonomie à cette nouvelle catégorie de pensée.

Pourquoi donc les mentalités ont-elles évolué dans ce sens ? On évoque souvent aussi le bouleversement qu'a représenté la découverte de mondes nouveaux, stimulant l'imagination, incitant à regarder l'univers autrement. On peut le prolonger d'un argument économique : l'extraordinaire développement de l'Europe dopé par les richesses pillées dans le Nouveau Monde la pousse, dans une sorte de cercle vertueux, à trouver de nouveaux moyens de se développer encore plus. Quoi qu'il en soit, on n'est sûr que d'une chose. Le mouvement que je viens de décrire est européen. Je martèle, pour que cela entre dans les têtes : eu-ro-pé-en !

Les États, qui désormais se partagent le continent, jouent leur rôle. Les plus importants, à partir du XVIIe siècle, ont poussé à la création d'« académies des sciences » qui stimulent l'intérêt pour les découvertes et les inventions. La première, l'Académie des Lyncéens[1], fondée en Italie par un prince romain (en 1603), est privée. Les autres, à Londres, à Paris, en Prusse, au Danemark, dépendent des pouvoirs publics, qui ont compris l'intérêt d'avoir des savants sous la main. Songeons à l'importance pour l'Angleterre, par exemple, qui entend régner sur les mers, de la découverte d'un instrument fiable de calcul de la longitude, essentiel pour faire le point. L'obsession de le trouver devient une telle affaire d'État que le parlement vote une loi pour donner une prime à l'inventeur qui réglera le problème[2]. Il n'empêche. Toute cette révolution (ou évolution) scientifique dont je viens de parler est une affaire paneuropéenne. Refaisons le circuit des visites : Copernic, un Polonais, Brahe, un Danois, Kepler, un Allemand (travaillant chez les Tchèques), Vésale, un Flamand, Galilée, un Italien, Descartes un Français, Bacon, Newton des Anglais, Linné, un Suédois et on en passe. Et parmi eux, des catholiques et des protestants.

Depuis plusieurs chapitres, nous n'avons parlé que division. À partir du XVIe siècle, l'Ancien Monde est peu à peu morcelé entre États, eux-mêmes séparés par la barrière religieuse. Il est d'autant plus important de souligner ce qui peut, dès lors, apparaître comme un paradoxe. Exactement à la même époque, le

1. Le nom est donné en référence au lynx, animal aux yeux perçants.
2. Il s'agit du *Longitude Act*, voté en 1714. La prime promise ne sera remportée qu'en 1761 par John Harrison, un horloger.

mouvement scientifique, dont on notera par parenthèse qu'il a été autrement plus utile à l'évolution de l'humanité que les rêves de gloire et de domination de tous les rois de l'époque, est une œuvre commune européenne. Je le répète ? Eu-ro-pé-enne !

Lumières

En même temps que ces savants font avancer la connaissance, d'autres ouvrent les esprits à des idées nouvelles. Ayant germé sur le terreau de l'humanisme du XVIe siècle, puis poussé grâce à l'extraordinaire engrais de la révolution scientifique, fleurit au

XVIIIe siècle ce grand mouvement qui porte le nom de pensée des Lumières. Là encore, il est difficile de ne pas voir qu'elle est une authentique production européenne.

Je sais, le penchant national a tendance à dessiner l'histoire autrement en y posant des monopoles. Les Anglais, qui ont fait leur révolution avant tout le monde, au XVIIe siècle, revendiquent la primauté du libéralisme politique. Avec leurs nombreux « philosophes », les Français pensent que le mot « Lumières » leur appartient. Il se traduit pourtant fort bien : *Enlightenment* (anglais), *Aufklärung* (allemand), *illuminismo* (italien), *ilustración* (espagnol). Et, dans chacun des pays où on parle ces langues, de grands noms, de grands livres, un même vent émancipateur.

C'est vrai, si on veut considérer l'évolution de la vie politique, il faut d'abord aller en Angleterre. Le XVIIe siècle, qui voit se succéder guerre civile, dictature, restaurations monarchiques, y est tumultueux. Il accouche aussi de la Glorieuse Révolution (1689) qui met au pouvoir, au moins partiellement, des principes de liberté et de tolérance. Je vais en reparler bientôt. Notons simplement, pour l'instant, que le système politique qui se met en place doit beaucoup à deux grands essayistes. Le sombre Thomas Hobbes (1588-1679), auteur du *Léviathan*, est resté célèbre pour une formule latine (d'ailleurs empruntée à un auteur de l'Antiquité) : « *Homo homini lupus* », « L'homme est un loup pour l'homme ». C'est pour se protéger contre cette « guerre de tous contre tous » que les hommes ont intérêt, par contrat, à se soumettre à un puissant. L'idée n'a rien de très joyeux. Elle est pourtant novatrice. Pour la première fois, on défend l'idée que l'homme est acteur du pouvoir et non son simple sujet. Ensuite, il y a l'optimiste Locke (1632-1704), contemporain de la révolution anglaise de 1689, qui introduit l'idée fondamentale que les hommes ont des « droits naturels » imprescriptibles, et qu'on doit se débarrasser d'un souverain qui ne les respecte pas.

Après vient le siècle des Lumières à proprement parler – le XVIIIe siècle. À l'évidence, il met les Français en majesté. Cela tient pour partie à la place hégémonique qu'occupe alors le pays sur le continent, qui fait rayonner sa langue et sa culture – on vient de le voir. Cela tient aussi au nombre impressionnant de personnalités hors du commun qui s'y succèdent au long des décennies : Montesquieu, l'homme qui théorise la séparation des pouvoirs, fondamentale dans nos démocraties ; Diderot et d'Alembert, les pères de l'*Encyclopédie*, cette merveilleuse folie cherchant à faire tenir tout le savoir humain, soigneusement classé, en quelques volumes ; Rousseau, le fils de Genève, célèbre pour ses écrits politiques tout autant que par ses romans, qui firent glisser la sensibilité de l'Europe vers le romantisme ; et Voltaire, bien sûr, mon préféré. Il fait plus que dominer l'époque : il l'incarne. Il n'a pas son pareil pour désigner les cibles que les Lumières pourfendent : le dogmatisme, l'intolérance religieuse, les préjugés. Il les vise avec un esprit qui donne d'autant plus de force à son propos qu'on le déguste comme du champagne. *Candide*, qui se moque avec tant d'humour de l'idéalisme benêt qu'il prête à Leibniz, est une des rares œuvres qu'on adore lycéen, et qu'on aime encore plus, plus tard dans la vie, à chaque fois qu'on la relit.

À l'occasion, Voltaire sait faire preuve d'un courage qui n'est pas si fréquent dans le monde des penseurs de salon. Au début des années 1760, le parlement de Toulouse condamne pour parricide un certain Calas qui, à la vérité, n'était coupable que d'être protestant. Quand il l'apprend, Voltaire ne se contente pas de soupirer de loin, il se débat comme un diable pendant des années et n'arrête son combat qu'après avoir obtenu la réhabilitation posthume de l'innocent exécuté à tort. Pour appuyer son propos, il publie au moment de l'affaire son *Traité sur la tolérance*. Au début de 2015, après la première vague d'attentats islamistes qui ont frappé Paris, le livre, de façon inattendue, est apparu sur la liste des best-sellers du moment et il y est resté longtemps. Pour retrouver foi et espérance et contrer la barbarie, les Français retrouvaient Voltaire. Je ne sais pas de plus bel hommage.

Croisière Lumières

La France a évidemment raison de s'enorgueillir d'autant de génies et de les célébrer en donnant leurs noms à ses places, ses rues, ses écoles. Il ne faut pas oublier pour autant qu'ils furent tous, à leur manière, des Européens. Montesquieu et Voltaire ont bâti une partie de leur œuvre sur leur admiration pour le système politique anglais. Tous les philosophes du XVIIIe siècle se sont passionnés pour les œuvres de Newton, qui furent d'ailleurs traduites par Mme du Châtelet, l'amie de cœur de l'auteur de *Candide* et l'une des grandes femmes des Lumières. Sitôt sortis, tous les ouvrages français sont lus, commentés, admirés par tout ce que le continent compte de lecteurs, même les plus haut placés. Frédéric II de Prusse est fou de Voltaire ; Catherine de Russie – qui se piquait, elle aussi, de « despotisme éclairé » –, de Diderot.

Combien d'autres penseurs de cette époque brillante ne sont pas français !

Comme je viens de le faire pour la science, je devrais, avec mon hypothétique agent de voyages, monter un nouveau projet : un « *Enlightenment tour* », une « croisière Lumières ». Avec elle aussi, on voyagerait. On a déjà parlé de Londres et de Paris. Pour rendre hommage à Rousseau, on pourra s'éloigner un peu de la capitale française et faire le pèlerinage, comme ses disciples, à la fin du XVIIIe siècle, jusqu'au joli parc à l'anglaise d'Ermenonville, dans la région parisienne, où il est mort (1778). Ainsi lancé, on pourra aller jusqu'en Suisse, où il est né. Cela permettra de s'arrêter en chemin au château de Ferney, où Voltaire avait élu domicile, non loin d'une frontière qu'il pouvait franchir en cas de danger. Pour voir sa bibliothèque, il faudra toutefois pousser jusqu'à Saint-Pétersbourg : elle a été achetée par l'impératrice Catherine après la mort du grand homme. Elle s'y trouve toujours.

Au retour, le saut jusqu'à l'enclave russe de Kaliningrad s'imposera. Du temps de la Prusse, la ville s'appelait Königsberg, ancienne capitale des chevaliers Teutoniques. À partir de la fin du XVIIIe siècle, pour tous les gens de culture, elle était surtout la ville de Kant (1724-1804), philosophe majeur. Il est l'auteur d'une des bibles de l'époque, *Was ist Aufklärung ?*, « Qu'est-ce que les Lumières ? », et donne au mouvement sa devise, inspirée d'Horace : *Sapere aude*, « Ose te servir de ton entendement ». La tradition rapporte que, toute sa vie, l'austère grand homme fit la même promenade, aux mêmes heures, à deux exceptions près : une fois en 1762, pour acheter le *Contrat social* de Rousseau ; une autre en 1789, pour se procurer une gazette qui donnait des nouvelles de la Révolution française. La rue a disparu avec tout le reste, emportée dans la tourmente destructrice de la Seconde Guerre mondiale qui a laissé la ville rasée au sol. On pourra toujours méditer devant le masque mortuaire du grand homme, à l'étage de la cathédrale.

Pour le retour vers l'ouest, pourquoi pas Milan ? On trouve sur une de ses places un monument à Cesare Beccaria (1738-1794). Le juriste qui se déclara en faveur de l'abolition de la torture et de la proportionnalité des peines au délit, plaida pour la nécessité de la prévention et l'intérêt de détacher la religion de la justice, et, avec tout cela, prépara la révolution du droit pénal. N'oublions pas, enfin, le voyage à Édimbourg, ville qu'on surnommait l'« Athènes du Nord » en référence au nombre de philosophes qu'elle abritait : David Hume (1711-1776), penseur majeur de l'empirisme, ou, évidemment, Adam Smith (1723-1790), inventeur de l'économie politique moderne et père du libéralisme économique.

★

La pensée scientifique et les Lumières nous ont instruits de la nécessité d'avoir, à l'égard de toute chose, une pensée critique. Il n'y a aucune raison de ne pas les passer elles-mêmes à ce tamis.

La science est une méthode magnifique qui permet de faire avancer la connaissance humaine. Il faut se garder d'en faire une idole et de basculer dans le *scientisme*. Cette religion laïque qui pose que la science peut et va tout résoudre pousse l'homme vers la folie prométhéenne. Elle lui fait croire qu'il peut maîtriser, contrôler, dominer la nature. Les XIXe et XXe siècles ont cédé à ce penchant. On en mesure aujourd'hui les conséquences sur la planète.

Aux Lumières, on a fait, depuis longtemps, un procès en sélectivité. Elles ont mobilisé les consciences sur de grandes causes et en ont oublié d'autres. Pourquoi le silence assourdissant de la plupart de ces grands noms sur l'esclavage, qui était au plus haut, dans le monde occidental, au XVIIIe siècle ?

On peut aussi légitimement questionner l'universalisme revendiqué de l'époque. Tous ces philosophes ont toujours parlé au nom du genre humain, de l'Homme en général, et cherché à définir des droits valables pour tous. Le principe est généreux, à condition de ne pas prétendre au monopole et de respecter la capacité d'autres peuples à produire leurs propres principes universels. Au XIXe siècle, l'universalisme européen a pu se confondre avec l'impérialisme, mariage dangereux.

On peut, enfin, souligner les ambiguïtés du libéralisme économique. Fils évident des Lumières, il entend promouvoir la liberté dans le commerce, les affaires, comme les philosophes estiment qu'elle doit l'être dans l'ordre politique. L'un et l'autre se fondent néanmoins sur des conceptions différentes de l'être humain. Dans son principe même, la démocratie repose sur une vision généreuse de l'être humain : ne présuppose-t-elle pas la confiance dans la raison des individus et leur capacité à se plier à l'intérêt général ? Selon Adam Smith lui-même, le libéralisme économique n'est mû que par l'égoïsme, la cupidité personnelle, censés concourir, grâce au jeu du marché, à la prospérité de tous. Cela peut aboutir beaucoup plus vite à la domination des pauvres par les riches. On y reviendra.

Bien sûr, nous avons le devoir de passer la pensée des savants et philosophes des XVIIe et XVIIIe siècles au crible du doute et de l'esprit critique. Nous ne devons jamais oublier que c'est à grâce aux combats courageux qu'ils ont menés contre le dogmatisme que nous pouvons les pratiquer. Ils ont marqué un jalon essentiel de notre histoire. Comme on vient de le montrer, l'émergence de la science moderne et les Lumières sont constitutives de l'identité européenne. Elles recouvrent cette boule de neige que j'ai évoquée au début de ce livre d'une couche supplémentaire. Elle nous permet aussi un addendum à la question posée plus tôt des « racines chrétiennes » de notre civilisation[1]. La religion chrétienne – on en a beaucoup parlé – est une des composantes de notre culture commune. Depuis Galilée, Descartes, Newton, Voltaire, Hume, Kant, la remise en cause de la toute-puissance de cette religion, au nom de la connaissance et de l'esprit critique, mais aussi de la tolérance et de l'ouverture à la pluralité, en est une autre.

1. Voir chapitre 3.

13 – Trois Révolutions

1. Naissance du parlementarisme anglais

Ma mère était prof d'anglais ; trois de mes grand-tantes, pour fuir la misère des Flandres après la Première Guerre mondiale, avaient épousé des soldats britanniques sortis de leurs tranchées. J'habitais Dunkerque et le cousin de mon père travaillait aux Ferries. Autant vous dire que j'en ai vécu, des vacances en Grande-Bretagne et des balades à Londres. Il me semblait y avoir tout fait : la visite au zoo où on voyait des singes qui prenaient le thé ; le British Museum, de la préhistoire à la cafétéria ; les *bed and breakfast* en sous-sol qui sentent le bacon et le désinfectant ; la pause photo Trafalgar Square, sous la colonne de Nelson, ponctuée de l'inusable blague de tous les Français : « C'est drôle qu'ils donnent à leurs places des noms de défaites. »

Il me manquait un autre classique : la visite au parlement de Westminster. Je ne l'ai pas regrettée. Pour un amateur d'histoire en général et d'histoire européenne en particulier, elle est un *must*, comme on dit là-bas. Les bâtiments eux-mêmes ne sont pas très anciens. Le premier palais, qui remontait à Guillaume le Conquérant, a été détruit par un gigantesque incendie en

1834. Les bâtiments qu'on voit aujourd'hui datent du milieu du XIXe siècle, d'où les tourelles, les clochetons, Big Ben et son air de donjon, autant de caractéristiques de ce fameux style néo-gothique britannique censé évoquer le Moyen Âge et qui nous fait désormais penser à un épisode de *Harry Potter*. L'intérieur est de la même cire, avec ses lambris un peu trop vernis, ses bibliothèques de livres reliés cuir un peu trop bien rangés que personne ne doit jamais ouvrir, ses peintures académiques de batailles et, à l'entrée d'une des deux Chambres, la statue de Victoria déguisée en princesse médiévale, avec l'air de poser pour une couverture de roman de Walter Scott. Qu'importe. Il reste quelques vestiges des temps anciens, comme le grand hall du XIe siècle par lequel on entre dans le lieu, surmonté de son impressionnant plafond de bois. Partout, on sent une âme. Et la dame qui me parle dans l'audioguide a un accent et une diction qui auraient fait se pâmer feu ma maman.

Je me trouve présentement dans St Stephen's Hall, une sorte de large couloir décoré des statues des Pitt, Walpole, Fox et autres grands ministres et parlementaires à perruque qui ont fait vibrer les lieux de leur éloquence, au XVIIIe siècle. Du XVIe jusqu'à l'incendie de 1834, me dit-on dans l'oreillette, les Communes se réunissaient ici. C'est donc dans cet endroit même que se déroula la scène extraordinaire de 1642.

Depuis près de dix-sept ans règne sur l'Angleterre et l'Écosse le roi Charles Ier Stuart (1600 – règne : 1625-1649) et, depuis tout ce temps, ses relations avec son parlement sont exécrables. Tout les oppose : les impôts, la façon dont il faut juguler les rébellions en Écosse, la religion surtout. Le roi veut un anglicanisme qui tende vers le catholicisme. Le parlement, avec ses « puritains », penche vers le calvinisme le plus dépouillé. Autoritaire, rêvant d'absolutisme, le monarque fait tout ce qui est en son pouvoir pour mater un organe qui ne se laisse pas faire. Il ne le convoque pas pendant de longues années. Il le dissout. Phénix indestructible, le parlement finit toujours par renaître de ses cendres pour s'opposer de manière toujours plus virulente à la couronne et à ceux qui la représentent, les ministres, les favoris. Au début 1642, Charles en veut tout particulièrement à cinq députés qui ont été si insolents à son égard qu'il entend les faire juger pour haute trahison. Il exige qu'on les lui livre. Le parlement refuse. Le 4 janvier, le roi commet un acte qu'on pensait inimaginable. Il se rend lui-même aux Communes, c'est-à-dire dans ce long couloir où nous nous trouvons en ce moment même. Il est suivi, c'est une première et une sorte de sacrilège, d'une escorte armée. Ne voyant pas dans l'assemblée les cinq qu'il cherche, il ordonne au président de la Chambre de les désigner. Celui-ci, qu'on croyait effacé et soumis, lui fait cette digne réponse, restée fameuse dans l'histoire anglaise : « N'en déplaise à Votre Majesté, en ce lieu je n'ai d'yeux pour voir et de langue pour parler que s'il plaît à la Chambre, dont je suis le serviteur, de me le demander. » Acte de souveraineté inouï ! L'homme a fait passer ses Communes au-dessus de son roi. Charles repart, humilié, furieux. Les ponts sont désormais rompus entre les deux pouvoirs qui se disputent le pays. Ils vont bientôt se battre armée contre armée lors de plusieurs guerres civiles. Le parlementarisme britannique, lui, est en chemin.

Glorious Revolution

Dans cette étape de notre périple, nous cherchons à retracer les débuts du processus qui a conduit à la démocratie libérale, le système politique majoritaire sur notre continent. Trois pays, qui, au XVIIe et au XVIIIe siècle, ont connu tour à tour une révolution, y jouent un rôle essentiel. Chacun d'entre eux, fier de cette histoire, s'en targue. Ils ont des raisons pour le faire. Ils nous ont aidés à progresser vers plus de liberté. Les trois ont mené ces batailles dans des contextes particuliers, qui expliquent aussi certains des défauts congénitaux des régimes qui se sont mis en place. Il faut prendre garde de ne pas les oublier non plus.

Première sur la scène, l'Angleterre. Je viens d'évoquer un épisode resté fameux de son histoire politique. Pour l'éclairer convenablement, j'aurais pu remonter bien plus loin dans le temps. Quand ils énumèrent les grands textes qui ont fait progresser les libertés publiques, les Anglais n'oublient jamais de citer la *Magna Carta*, la « Grande Charte » octroyée en 1215 par le roi Jean sans Terre à ses barons. Défait face au roi de France à Bouvines[1], affaibli, il avait dû leur concéder un texte qui est en effet un des premiers à limiter le pouvoir royal. Au départ, il servait surtout les intérêts des grands féodaux. Amendé, augmenté au cours des temps, il finit par donner à chacun de larges garanties, en particulier l'égalité devant la justice. Il reste donc une référence de poids.

Dès l'époque médiévale, les rois d'Angleterre prennent aussi l'habitude de s'entourer de conseillers chargés de discuter des affaires du royaume, de « *parler* » – en français dans le texte –, d'où le nom de « Parlement » (anglais *Parliament*) donné à ces assemblées. Les premières sont composées des grands du royaume, les évêques, les lords. Puis on fait appel en parallèle aux bourgeois, habitants des « communes » qui donnent leur nom à la chambre qui les réunit. La rivalité entre le parlement et les rois se cristallise sur fond de politique et de religion tout au long du XVIIe siècle. Ce siècle crucial de l'histoire britannique est d'une grande violence. Charles Ier, après avoir tout tenté pour écraser ses opposants, finit par les affronter dans deux guerres civiles (1642-1645, puis 1648-1649). Il en sort vaincu et, condamné pour haute trahison, finit la tête tranchée sur un billot en 1649. Après une décennie d'un régime républicain, dirigé par Oliver Cromwell (1599-1658) et appelé « Commonwealth » – en fait, une dictature puritaine[2] –, on en revient aux Stuart, guère plus conciliants que leur prédécesseur. Jacques II (1633 – règne : 1685-1688 – mort : 1701), le deuxième à remonter sur le trône, rêve d'absolutisme à la française et de catholicisme. C'est assez pour qu'en 1688, lors d'une deuxième rébellion, le parlement réussisse à le démettre et à donner la couronne à sa fille Mary et à son époux Guillaume d'Orange, stathouder de Hollande, qui a

---

1. Voir chapitre 4.
2. Les puritains, à l'origine, sont une des nombreuses sectes protestantes de l'Angleterre du XVIIe siècle. Intransigeants, ils veulent « purifier » la religion de tout ce qu'il y reste de catholicisme, d'où leur nom.

l'avantage d'être protestant comme elle. Quelques mois plus tard, en 1689, cette « Glorieuse Révolution », comme l'appellent les Britanniques, est parachevée par le *Bill of Rights*, une déclaration des droits qui interdit tout retour au catholicisme, confirme les pouvoirs du parlement et garantit des droits, comme celui de faire des pétitions.

Cette histoire donne de fait une longueur d'avance à l'Angleterre en termes de libertés politiques. À une époque où tous les souverains européens rêvaient de monarchie absolue comme on la voyait à l'œuvre à Versailles, Londres inventait la « monarchie parlementaire », ce régime équilibré reposant sur la séparation des pouvoirs, qui fit l'admiration de Montesquieu. À l'époque où l'Espagne et une partie de l'Italie subissaient toujours le carcan de l'Inquisition, où la détention arbitraire était une pratique courante, les sujets anglais étaient protégés par cette « déclaration des droits » que je viens de mentionner, mais aussi par l'*Habeas corpus*, un texte formellement adopté dix ans plus tôt, garantissant à tout individu le droit d'être jugé de façon honnête.

C'est magnifique. Cela ne doit pas nous faire oublier pour autant le point faible du système : sa maigre représentativité. Les membres des Communes, pendant très longtemps, ne sont élus que par les plus riches, c'est-à-dire moins de 10 % des sujets du royaume, à travers des élections souvent truquées par d'habiles découpages. Il faut de durs combats menés tout au long du XIXe siècle par des militants considérés au départ comme des extrémistes délirants et longtemps réprimés dans le sang pour faire admettre aux possédants que le vote doit être un droit pour chacun. À partir de 1832, tous les trente ou quarante ans, le parlement britannique adopte un nouveau *Reform Act*. Chacun est censé régler la question en ouvrant le corps électoral au plus grand nombre. Tous trouvent toujours des subterfuges pour ne pas le faire. Le pas définitif, c'est-à-dire l'établissement du suffrage universel, masculin et féminin, n'est franchi qu'au lendemain de la Première Guerre mondiale, près de deux siècles et demi après la révolution de 1688. L'Angleterre a inventé le parlementarisme, pas la démocratie.

★

2. La révolution américaine et ses fantômes

Pour la voir prendre forme, il faut monter dans un avion, ou sur un bateau, comme cela se faisait à l'époque, et retrouver, de l'autre côté de l'Atlantique, d'autres Anglo-Saxons. Depuis le début du XVIIe siècle, des Anglais, rejoints par quelques autres Européens, ont fondé des colonies sur la côte est de l'Amérique du Nord. Le fonctionnement de chacune, les buts de ceux qui s'y établissent, sont différents. La Virginie est une terre de grands propriétaires terriens qui font fortune dans les plantations de sucre, de tabac, de coton. Le Massachusetts, la Pennsylvanie ont été fondés par des minorités protestantes fuyant les persécutions et voulant y faire régner leurs principes religieux. Au milieu du XVIIIe siècle, la plupart de ces colons si différents s'entendent sur un point. Ils en ont assez de payer les impôts toujours plus lourds votés par le parlement de Londres, où ils n'ont aucun député. « *No taxation without representation* », « pas d'impôts sans représentants ». C'est le mot d'ordre qui résume une colère qui ne cesse de monter. D'elle débouche la révolution américaine.

Les peuples du Vieux Monde, assis sur des millénaires, aiment reprocher aux États-Uniens, peuple neuf, de « n'avoir pas d'histoire ». C'est inexact. Leur histoire est courte mais ils la soignent. On peut ainsi visiter les uns après les autres tous les lieux marquants de l'épopée de l'indépendance pour en suivre le cours. On peut encore se rendre, à Lexington et à Concord, deux petites villes du Massachusetts, sur le champ de bataille où s'échangèrent les premiers coups entre les milices des colons et les tuniques rouges, les soldats du roi George ; y visiter des bâtiments d'époque restés en l'état, et, avec un peu de chance, y assister à une reconstitution en costumes. De même Philadelphie, ville capitale de la période, est très fière d'avoir préservé et restauré l'Independence Hall, le petit bâtiment de style néo-classique où les délégués des treize colonies, au cours de leurs premiers « congrès continentaux », ont élaboré et édicté deux textes essentiels de l'histoire mondiale.

Le premier est la Déclaration d'indépendance du 4 juillet 1776. Elle prend la forme d'une adresse au roi George d'Angleterre, avec qui les colonies sont en train de rompre. Elle énumère les principes qui guident le combat des insurgés : « Nous tenons pour évidentes pour elles-mêmes les vérités suivantes : tous les hommes sont créés égaux ; ils sont doués par le Créateur de certains droits inaliénables ; parmi ces droits se trouvent la vie, la liberté et la recherche du bonheur. »

Le second texte, lentement élaboré puis adopté au même endroit, onze ans plus tard, en 1787, est la Constitution des « États-Unis d'Amérique », le nouveau pays que les rebelles, ayant réussi à repousser leurs anciens maîtres dans leur Vieux Monde, viennent de fonder. Elle commence par ces mots : « *We the people of America* », « Nous le peuple d'Amérique ».

En une décennie, et ces quelques phrases, un pays vient d'organiser la vie politique sur de nouvelles bases. Depuis des siècles, elle reposait sur la docilité d'êtres considérés comme des sujets. Leur seul rôle, dans cette vallée de larmes qu'est l'existence, était de servir et de subir ; les jours meilleurs seraient pour l'autre vie. Voici qu'un texte proclame une chose aussi incroyable que la « recherche du bonheur », le droit de vivre libre et heureux, ici et maintenant, sur cette terre nouvelle. La Constitution a opéré, elle aussi, un spectaculaire renversement de souveraineté. Jusqu'alors, tous les pouvoirs sont toujours venus d'en haut, des rois, des dieux. Le texte de 1787 le fait naître de la base, de l'ensemble des humains qui constituent ce qu'on va désormais appeler le « peuple », ou bientôt la nation.

Le peuple ? Quel peuple ?

Qui forme cette nation, ce peuple ? C'est la grande question, et l'angle mort de cette aventure. Les colons américains parlent au monde entier. Ils ont eux aussi l'universalisme sélectif. D'abord, les seuls à avoir voix au chapitre, dans ces matières politiques, ce sont les hommes. On fera remarquer que, quelques années auparavant, tout libéraux qu'ils se prétendissent, les parlementaires anglais n'ont pas pensé autrement. De nombreux État du Vieux Monde, dont l'Angleterre, ont été pourtant brillamment dirigés par des reines, et le sont toujours au XVIIIe siècle[1]. Mais toutes les révolutions qui y éclatent jugent préférable de reléguer les femmes à la sphère privée.

Ensuite, le peuple américain a crié à la face du monde son rêve de liberté, de bonheur, d'égalité. Il a omis de préciser que ces cadeaux magnifiques ne seraient dispensés que sur présentation d'un brevet de bonne couleur. Depuis un siècle, les colonies américaines, en particulier celles du Sud, ont déporté d'Afrique des milliers d'esclaves pour cultiver la canne, le tabac, bientôt le coton. Comment faire des citoyens de gens à qui on ne permet même pas d'être des hommes ? Comment accepter cet état de fait sans renier les principes qu'on dit promouvoir ? Mais comment imaginer que les États du Sud accepteront de supprimer un régime qu'ils jugent vital pour eux ? Pour sortir de ce dilemme, les pères de la Constitution optent pour la solution la plus classiquement hypocrite. De la question qui fâche, l'« institution particulière », comme on l'appellera bientôt par euphémisme, ils ne parlent pas. Leur texte réussit donc ce prodige de garantir à tous les êtres humains des droits admirables, tout en autorisant de fait un système qui en est la négation absolue. Il faudra une longue guerre civile (la guerre de Sécession, 1860-1865),

1. La Glorieuse Révolution de 1688-1689 a donné la couronne conjointement à la reine Mary et à son mari Guillaume d'Orange, fille et beau-fils du roi déchu Jacques II. Plus tard, Anne fut reine d'Angleterre, d'Écosse et d'Irlande (règne : 1702-1714). Durant ce même siècle, Catherine Ire (1725-1727), Anne Ire (1730-1740), Élisabeth Ire (1741-1762) et Catherine II (1762-1796) furent impératrices de Russie, et Marie-Thérèse, archiduchesse d'Autriche et « roi » de Hongrie et de Bohême (1740-1780).

puis l'interminable lutte des droits civiques, pour qu'au milieu des années 1960, enfin, l'égalité complète entre les Blancs et les Noirs soit reconnue dans la loi. À ce jour, elle ne l'est pas encore totalement dans les faits.

N'oublions pas, enfin, que le groupe qui, en 1787, s'autoproclame « peuple d'Amérique » ne s'y est installé que fort récemment, en refoulant par la violence tous ceux qui y vivaient depuis des millénaires. Les populations autochtones, les Indiens, comme on les appelle encore, ne deviennent citoyens états-uniens de plein droit qu'en 1924, c'est-à-dire longtemps après que l'immense majorité d'entre eux a été exterminée, et que ceux qui restent, parqués dans des réserves, ne représentent plus la moindre menace pour le camp de leurs bourreaux. Comme les esclaves noirs, ces Indiens sont les fantômes cachés derrière le paravent de la démocratie américaine, et ils ne cessent de la hanter.

★

3. Splendeurs et périls de la Révolution française

Les colons américains, les « patriotes » comme ils se sont appelés, quoique peu entraînés et fort mal armés au départ, ont fini par vaincre l'armée de métier dépêchée contre eux. Ils doivent beaucoup à l'aide de volontaires venus d'Europe, comme le Français Lafayette ou le Polonais Kościusko, puis, dans un deuxième temps, à l'appui décisif des troupes régulières (commandées par Rochambeau) envoyées par la France, vieille ennemie de l'Angleterre. Cela a coûté cher. Les finances du royaume étaient mal en point depuis l'époque dispendieuse de Louis XIV. À la fin du XVIIIe siècle, en partie à cause de cette guerre d'Amérique, elles sont à sec. Pendant des années, le malheureux Louis XVI appelle au gouvernement les hommes les plus intelligents dans l'espoir qu'ils trouveront enfin la martingale fiscale qui renflouera les caisses. Tous croisent sur leur chemin les grandes remontrances du haut clergé, horrifié qu'on ose lui demander de l'argent, et les petites coteries des nobles, souvent menées par la reine Marie-Antoinette, qui craignent la même chose. Tous ces heureux privilégiés, qui ne paient quasiment pas d'impôts et n'entendent pas en payer plus, font invariablement chuter les uns après les autres les ministres et leurs réformes. Le roi se résout au dernier expédient qui lui reste pour accoucher d'une solution acceptée par tous. Il convoque les États généraux, une assemblée représentant toutes les provinces et tous les ordres du pays, que nul monarque n'avait plus convoquée depuis près de deux siècles.

Quand on est, à Versailles, juste devant le château, en face des écuries, il suffit de descendre de quelques rues, sur la gauche, pour tomber, en contrebas, sur l'église Notre-Dame, toujours pimpante aujourd'hui, avec sa belle façade de style classique. Comme l'indique une petite plaque accolée au mur, ici, le 4 mai 1789, se sont rassemblés les mille deux cents députés juste arrivés des quatre coins du royaume pour participer à ce moment crucial de son histoire. Ils sont bientôt rejoints par le roi et la reine. Puis, à travers des rues tendues de fanions et de drapeaux, et couvertes d'une foule immense, fascinée, débordant de tous les trottoirs et de toutes les fenêtres, ils sont partis en procession vers l'autre grande église de la ville, la cathédrale Saint-Louis, pour y entendre la messe. J'ai fait le chemin par un beau jour d'été, avec une certaine émotion au cœur, je dois dire, en m'arrêtant ici et là pour fermer les yeux et m'imaginer les voir passer devant moi.

D'abord les cinq cents du Tiers, austères, en bas sombres et habit noir. Puis ceux de la noblesse, chamarrés, portant la soie, l'épée, et des chapeaux à plumes. Puis ceux du premier ordre, le clergé, partagé en deux mondes : celui d'en bas, celui des curés de village en soutane, et celui d'en haut, les princes de l'Église, cardinaux et évêques, sous leurs belles chapes rouges, violettes, éclatantes. Le lendemain, 5 mai, la séance inaugurale a eu lieu à l'endroit tout proche prévu pour servir de cadre aux délibérations, l'« hôtel des Menus Plaisirs ». Il doit son nom au fait qu'on y entreposait tout ce qui servait aux divertissements royaux. On y avait fait aménager une vaste salle tout exprès pour ce plaisir plus austère. Le bâtiment existe toujours, mais il vaut mieux s'y rendre avec une viole de gambe ou un hautbois. Il est devenu un centre de musique baroque.

Tout a donc commencé ici, à Versailles. Sans doute le visiteur non prévenu s'en étonnera-t-il. Avec ses immeubles de pierre de taille, son beau marché couvert à arcades, ses jeunes filles à bandeaux, ses sorties de messe et ce rien d'ennui distingué qui caractérise le monde catholique de province, la ville semble tellement mieux adaptée à accueillir un drame bourgeois qu'à servir de décor au premier acte de la pièce du siècle.

Dès l'inauguration des États généraux, la grande question est celle du vote. Elle tourne à l'obsession, puisqu'elle bloque tout. Le clergé et la noblesse veulent qu'on vote par ordre, ce qui leur garantit un « deux contre un » gagnant à tous coups. Le Tiers, qui ne retient plus qu'à peine ses rêves égalitaires et qui a pour lui le nombre, veut qu'on procède par tête.

Le 17 juin, après des semaines de surplace stérile, il joue la force. Rejoints par quelques transfuges de la noblesse et du clergé, la majorité de ses députés se déclarent « assemblée nationale ». C'est le premier coup de brigadier frappé sur la grande scène de l'Histoire.

Le deuxième arrive le 20. Notre « assemblée nationale » vient pour se réunir à l'hôtel des Menus Plaisirs habituel, mais le roi, mécontent, en a fait fermer les portes. Faute de lieu, et sous la pluie, le groupe va se réfugier dans une sorte de gymnase situé à trois rues, une salle servant au jeu de paume, l'ancêtre du tennis. On la visite toujours. Elle est vaste, toute simple, éclairée par des fenêtres percées très en hauteur, comme dans les gymnases d'aujourd'hui, sans doute pour éviter les balles trop énergiques. On n'y trouve plus de filets, mais de grands panneaux explicatifs qui donnent le détail du fameux serment prononcé ici par des centaines de députés. Émus, une main tendue, l'autre sur le cœur, ils jurent de ne pas se séparer avant d'avoir donné « une constitution au royaume ».

Le 23 juin, tout le monde est de retour aux Menus Plaisirs pour écouter le roi, mais le Tiers refuse de partir comme le souverain l'exige, une fois son discours fini. Nouvelle scène culte, nouvelles paroles d'anthologie. Mirabeau : « Allez dire à ceux qui vous envoient que nous sommes ici par la volonté du peuple, et que nous n'en sortirons que par la force des baïonnettes. » Et Bailly, le président de cette toute nouvelle assemblée, répondant à l'envoyé royal qui insiste :

— Vous avez entendu, messieurs, l'ordre du roi.
— Il me semble que la nation assemblée n'a d'ordre à recevoir de personne.

Quatre jours plus tard, le roi cède. Deux semaines plus tard, cette assemblée devient « assemblée constituante » et prépare à la France un nouveau régime.

En quelques jours, mille ans de pyramide féodale, de monarchie de droit divin, de société divisée en ordres, se sont effondrés. Comme on l'a vu quinze ans plus tôt à Philadelphie, et pour la première fois en Europe, le pouvoir ne vient plus d'en haut, mais d'en bas, du peuple, constitué en « nation ». La Révolution française commence.

Des principes généreux

Dès août, elle vote l'abolition des privilèges, ce qui crée l'égalité ; elle donne au monde la magnifique « Déclaration des droits de l'homme et du citoyen ». Pendant des années, elle connaîtra toutes les turbulences politiques, mais, au moins dans les idées qu'elle prétendra défendre, elle continuera sur cette lancée. Les bases, les principes de cette Révolution sont démocratiques, et elle est bien plus inclusive que les deux précédentes.

Comme à Londres, comme à Philadelphie, les femmes, renvoyées à un statut de mineures et quasi interdites de parole publique, sont les grandes laissées-pour-compte de l'événement. En revanche, d'autres catégories de population, hier rejetées, entrent dans la nouvelle communauté nationale. En 1791, les juifs sont « émancipés », ce qui signifie qu'ils deviennent enfin des citoyens comme les autres. Durant cette même année 1791, cette même assemblée nationale, en s'appuyant sur ce grand principe des Lumières qu'il ne peut y avoir de crime sans victime, décriminalise l'homosexualité. En 1794, la Convention, le nouvel organe qui dirige le pays, abolit l'esclavage. Les premiers députés noirs et métis font leur apparition sur ses bancs.

Dans ces principes, la Révolution est émancipatrice. Elle traîne aussi deux énormes boulets : la Terreur et le goût de la conquête.

Les deux sont liés.

L'Assemblée constituante de 1789 rêvait de donner au pays une monarchie constitutionnelle. Encore eût-il fallu, pour qu'elle fonctionnât, que le monarque jouât le jeu. Effrayé par la Constitution civile du clergé[1], qu'il pense hostile à la religion, Louis XVI penche de plus en plus du côté des émigrés, les nobles exilés qui conspirent contre leur pays et rêvent d'y rétablir l'Ancien Régime. En juin 1791, il s'enfuit avec sa famille pour rejoindre leurs alliés hors des frontières. Ils sont rattrapés à Varennes, reconduits à Paris. Faute de solution de rechange, et pour éviter des troubles, Louis est remis sur le trône, bientôt flanqué de la nouvelle Constitution à laquelle plus personne ne croit. Aux yeux des partisans du roi, comme aux yeux de ses détracteurs, un conflit international apparaît vite comme seul capable de purger cette situation malsaine. Les premiers pensent qu'il permettra l'intervention étrangère qui sauvera le royaume. Les seconds, qu'il permettra de démasquer les traîtres qui conspirent contre la patrie.

Le 20 avril 1792, la France déclare la guerre au « roi de Bohême et de Hongrie », c'est-à-dire à l'Autriche, sur laquelle règne la famille de Marie-Antoinette, puis, peu après, au roi de Prusse, son allié. Le moment est décisif. Il marque une cassure qui change à jamais le cours de la Révolution française comme celui de l'histoire européenne.

---

1. Décrétée en juillet 1790, elle « nationalise » l'Église et demande aux prêtres de prêter serment à la Révolution.

La Terreur

Sur le papier, les Austro-Prussiens, qui massent à la frontière leurs troupes professionnelles et bien entraînées, ont l'avantage. Cela crée à l'intérieur du pays une peur panique de l'invasion et cette poussée de fièvre paranoïaque explique, au moins au départ, le glissement du régime dans la violence. En septembre 1792, les foules se rendent en masse dans les prisons parisiennes et y massacrent les prêtres, aristocrates et autres traîtres potentiels qu'elles y trouvent. En janvier 1793, le roi, arrêté le 10 août précédent, jugé en décembre, est décapité. En avril, pour faire face à l'urgence de la situation, la Convention – l'assemblée élue fin septembre qui a aboli la monarchie et instauré la République – délègue une partie de ses pouvoirs à un Comité de salut public de quelques membres. Il est contrôlé par les factions de plus en plus radicales qui éliminent les précédentes. Le jacobin Robespierre y entre en juillet et exerce une quasi-dictature sur le pays. À partir de septembre, il officialise l'élimination à grande échelle de tous les « suspects », envoyés à la mort par une justice expéditive qui les accuse de conspirer contre la République. C'est la Terreur, tache terrible sur un chapitre de l'Histoire qui avait si bien commencé.

Revenons un instant à la salle du Jeu de Paume. On peut toujours y admirer une reproduction d'un célèbre tableau (inachevé) de David représentant l'événement et que tous les Français ont vu un jour ou l'autre dans un manuel d'histoire. Y figure une petite cinquantaine des généreux députés des États généraux présents ce jour-là. Juste pour me faire une idée, j'ai tenté un pointage. Parmi eux, douze sont morts guillotinés sous la Terreur, c'est-à-dire un sur quatre. Et cette douzaine n'est rien qu'une goutte par rapport au fleuve de sang qu'a créé l'épisode. On parle de 100 000 victimes. Ce bilan est atroce. Comment l'analyser ?

La Terreur est-elle la fille naturelle de la Révolution, comme le pense, depuis deux siècles, le courant contre-révolutionnaire ?

Pis. Cette épopée sanglante est-elle la mère des totalitarismes du XXe siècle, 1789 a-t-il conduit forcément à Hitler, à Staline, à Pol Pot, comme l'ont affirmé nombre de penseurs de droite à la fin du XXe siècle ? Personnellement, je ne le crois pas. Le propre des États totalitaires est d'écraser toute possibilité d'être renversé de l'intérieur. Hitler, Mussolini, Pol Pot ont été défaits par des interventions extérieures ; Staline et Mao sont morts dans leur lit, sans jamais avoir été inquiétés pour leurs crimes. Robespierre a été porté au pouvoir, en juillet 1793, par un courant de la Convention. Il a été sorti du pouvoir – et exécuté –, en juillet 1794, par d'autres courants de cette même Convention. Au moins quelques-uns des responsables de la Terreur révolutionnaire ont été jugés et punis, à partir de l'automne 1794, par des tribunaux agissant au nom de la Révolution[1]. La folie terroriste doit être considérée comme une dérive sanglante du régime, pas comme sa nature.

Faut-il pour autant l'excuser, comme le pense encore l'extrême gauche, estimer que Robespierre n'a cherché qu'à se défendre contre ceux qui voulaient l'empêcher de mettre en place un régime moins bourgeois, enfin égalitaire, et social ?

En quoi est-il social de couper des têtes ? En quoi l'usage délirant de la guillotine a-t-il été utile à la cause de l'égalité et du progrès ? Au contraire, il l'a desservie de façon durable, en offrant à tout ce que l'Europe comptait de réactionnaires le chiffon rouge qui leur manquait. Pendant des décennies, à chaque demande de justice sociale, à chaque espoir de faire évoluer un tant soit peu des régimes oppresseurs, les puissants de tous les pays européens ont eu à leur service cet argument massue pour doucher les ardeurs : de l'égalité ? de la justice ? une révolution ? Vous avez vu où ça mène !

---

1. C'est le cas, par exemple, du sinistre Fouquier-Tinville, accusateur public du Tribunal révolutionnaire, qui fut jugé et exécuté avec une quinzaine de coaccusés, en 1795.

Les peuples face aux missionnaires armés

La guerre déclenche à l'intérieur du pays des réactions en chaîne : arrestation du roi, proclamation de la République, bascule dans la Terreur. Après la Convention vient le Directoire (1795-1799), ouvert aux libertés, mais corrompu, instable, et ponctué de coups d'État. Celui du 18 brumaire an VIII (9 novembre 1799) permet l'arrivée au pouvoir de Napoléon Bonaparte (1769-1821), qui instaure le Consulat, puis, en 1804, saute le pas et se fait couronner empereur. Tous ces régimes sont d'une nature différente. Ils ont un point commun. Ils ont continué à faire la guerre. À quelques années de trêve près, le conflit commencé en 1792 ne s'arrête qu'en 1815, après la chute définitive de Napoléon, envoyé réfléchir sur les hasards de la destinée dans l'île lointaine de Sainte-Hélène. Toute l'Europe a été prise, d'une façon ou d'une autre, dans la tourmente. Deux ans après l'Autriche et la Prusse, l'Angleterre, les Provinces-Unies, l'Espagne, le Portugal, puis les petits États italiens, puis l'immense Russie, entrent dans la guerre, et celle-ci est d'une nature nouvelle. Il ne s'agit plus de conflits entre souverains, mais de la lutte menée par un peuple en armes pour faire triompher les idées qu'il défend. La France a pris les armes, en 1792, avec une formule qui claque : « Paix aux chaumières, guerre aux châteaux ». L'idée était d'exporter les principes révolutionnaires hors des frontières en aidant les peuples à se soulever contre leurs rois.

Très vite, le pays a eu les moyens d'appliquer cette politique. En septembre 1792, grâce à la victoire de Valmy, il repousse l'invasion austro-prussienne. En 1793, devant affronter de nouveaux ennemis et des rébellions de l'intérieur, il semble au bord de l'effondrement. À partir de 1794, grâce à sa vaillante armée, grossie par la conscription, il est en phase de conquête. Le Directoire les étend. Napoléon Bonaparte les parachève. En 1812, qui marque l'apogée territorial de l'Empire, la France compte cent trente départements[1] et presque tous les États autour d'elle,

1. Contre cent un aujourd'hui.

de la Hollande à l'Espagne, sont des royaumes dirigés par des parents de l'empereur ou des États vassalisés.

L'action de Napoléon est ambiguë. On ne sait jamais où la classer. Par bien des aspects – rétablissement de l'esclavage, création d'une nouvelle noblesse, étouffement de toute liberté publique –, l'homme tire vers l'Ancien Régime. Par d'autres – Code civil, pacification religieuse, recréation des universités –, il ancre le pays dans la modernité. C'est la même chose pour ce qu'il fait à l'extérieur. Il passe son temps à fonder de nouveaux royaumes qu'il donne en cadeau à ses frères, dans la pire tradition féodale. Pour ce qui est des principes, il continue à suivre la voie tracée par la Révolution. Partout, il importe avec lui le drapeau tricolore, le Code civil, les idéaux de fraternité et d'égalité, l'idéologie des droits de l'homme. À quoi cela aboutit-il ? Au rejet. Dès que leur pays est occupé, tous les Européens se soulèvent contre les occupants et nourrissent une haine à l'égard des principes que ceux-ci prétendent leur imposer. Les Français croyaient naïvement que le drapeau tricolore serait celui de l'émancipation. Espagnols ou Allemands estiment que la liberté se trouve du côté de ceux qui le combattent. Aujourd'hui encore, un des grands prix allemands ayant pour vocation de défendre la liberté de la presse porte le nom de Johann Philipp Palm, un libraire de Nuremberg fusillé par les troupes de Napoléon pour avoir publié un pamphlet contre l'empereur. La France révolutionnaire pensait exporter ses magnifiques idéaux. L'occupation militaire les a gâchés. « Personne n'aime les missionnaires armés », avait prévenu Robespierre, dans un discours hostile à la guerre prononcé en janvier 1792. Sur ce point, il avait raison.

14 – Le temps des nations

Tous les Allemands connaissent Arminius ou *Hermann*, un Germain de la tribu des Chérusques qui eut sa place dans l'histoire romaine pour avoir infligé, au début de l'ère commune, dans une forêt de Germanie, une cinglante défaite aux soldats du centurion Varus. L'empereur Auguste, raconta l'historien latin Suétone, en fut tellement traumatisé qu'il lui arriva, jusqu'à la fin de sa vie, de se taper la tête contre les portes en gémissant : « *Vare, legiones redde !* » « Varus, rends-moi mes légions ! » Tous les Allemands connaissent ce brave Arminius, qu'ils voient comme un des ancêtres de leur peuple. Nombreux sont ceux qui, aujourd'hui encore, font le détour jusqu'au *Hermannsdenkmal* (monument à Hermann) – colossale représentation du guerrier (vingt-cinq mètres de hauteur sur vingt-cinq mètres de socle) –, érigé en son hommage au beau milieu de la forêt de Teutobourg, en Rhénanie-du-Nord-Westphalie, lieu supposé de sa victoire. Peu de Français connaissent Arminius. Aucun n'ignore Vercingétorix. Il est, pourrait-on dire, son homologue malchanceux. Ce Gaulois s'opposa courageusement à César, mais finit battu. On trouve d'ailleurs sa statue sur la place d'Alise-Sainte-Reine, ville de Bourgogne où – pense-t-on – se déroula le siège d'Alésia, qui scelle le destin du guerrier. Le chef finit par jeter ses armes aux pieds de son vainqueur. Les Belges se reconnaissent également dans un héroïque guerrier qui tenta de bloquer la progression du conquérant des Gaules. Il se nomme Ambiorix et était probablement d'origine mixte, moitié celte, moitié germain, ce qui est parfait pour un pays à la frontière de la France et de l'Allemagne. Il a son square à Bruxelles et sa mâle statue à Tongres, une ville de la province de Limbourg, d'où il était peut-être originaire. Viriate, surnommé *Terror Romanorum* (Terreur des Romains), dont on pourrait dire qu'il est l'Ambiorix du monde ibérique, a la sienne sur la place centrale de Zamora, en Espagne. Dans cette œuvre, le guerrier lusitanien lève le bras droit vers le ciel en forme de défi tandis que sa main gauche tient le bout de sa lance à la hauteur de sa ceinture. Quand on le regarde de profil, ça lui donne une flatteuse protubérance qui fait la joie des touristes. Pour ne pas lasser le lecteur, je ne m'étalerai pas sur Décébale, roi des Daces, équivalent roumain des précédents. Je ne résiste toutefois pas au plaisir de souligner l'originalité des Britanniques. Ils ne célèbrent pas un guerrier, mais une guerrière, Boadicée, dite aussi Boudicca, une princesse celte qui, comme on l'aura compris, a mené la guerre contre les envahisseurs venus du Latium. Nul Londonien ne peut l'ignorer. Toute de bronze, dressée sur un char dans lequel sont assises ses deux filles, elle domine le pont de Westminster, qui conduit au Parlement.

Grâce à ces héros, grâce aux manuels qui leur en ont raconté l'histoire, et grâce à toutes ces statues qu'on vient de décrire, tous les Européens ont la conviction d'appartenir à des peuples uniques et valeureux. Chacun d'entre eux n'a-t-il pas des ancêtres qui ont su faire preuve d'une exemplaire bravoure face à ceux qui les menaçaient ? Plus rares sont ceux qui se posent à ce propos une question supplémentaire, pourtant fort instructive : à quel moment, dans leur pays, a-t-on commencé à se préoccuper desdits ancêtres ? À quel moment les a-t-on découverts ? La réponse n'est pas difficile à trouver. Il suffit de se renseigner sur l'origine de tous les monuments que nous venons d'énumérer. Tous ont été érigés dans la seconde moitié du XIXe siècle.

L'apparition du sentiment national

Pour nous autres, Européens du XXIe siècle, l'identité nationale est une évidence. On est anglais, belge, suédois, italien, et ce qualificatif va de pair avec une langue, une culture, une histoire, qui nous semblent enracinées dans la nuit des temps. Cette perception des choses est pourtant fort récente. Pendant très longtemps, les grands marqueurs d'identité ont été autres. On était d'une seigneurie, d'un village, d'une religion, d'un lignage. On était Johann, fils de Hans, tisserand de Nuremberg ; Maria, baptisée et bonne chrétienne, femme de Pedro, qui cultivait la terre de tel seigneur d'un petit pays d'Aragon ; Isaac, fils de David, et, comme son père, cordonnier dans un faubourg de Cracovie ; Godefroid, douzième comte de Quelquepart ; ou Pierre ayant pris le nom de Matthieu quand il est devenu frère chez les franciscains, et courant depuis sur les routes pour y dispenser la parole du Christ.

Comme on l'a vu, à partir du XVIe siècle, le développement des États et la structuration des langues modifient peu à peu les sentiments d'appartenance. Cela joue surtout dans le petit pourcentage éduqué de la population. Nul doute qu'un poète du groupe de la Pléiade, un Ronsard, un Du Bellay, se sent aussi français qu'un dramaturge élisabéthain se sent anglais. Il est plus improbable qu'un paysan du Berry analphabète, parlant le patois de sa région, partage ce sentiment. Par ailleurs, dans une société d'ordres, toute identité nationale est toujours mise en balance avec le rang. Un noble du XVIIe siècle peut se dire castillan ou polonais. Par le « sang » – c'est l'expression du temps –, il se sentira toujours plus proche d'un autre aristocrate de n'importe quel pays d'Europe que de son perruquier ou de sa femme de chambre qui, pourtant, ne sont pas moins castillans ou polonais que lui. Enfin, les États, même les plus anciennement établis, sont toujours éclatés en provinces, qui ont leur statut, leur histoire, leur propre identité. En 1789 encore, dans tous les discours qu'il prononce devant les États généraux, le roi de France

Louis XVI s'adresse à « ses peuples », c'est-à-dire à une sorte de conglomérat dont lui seul garantit l'unité. En se déclarant « nationale », l'Assemblée rebelle du mois de juin transforme ce pluriel en singulier. Désormais il y a « un » peuple français, une « nation », c'est-à-dire, littéralement, le groupe de tous ceux qui sont nés dans le pays, sans plus de distinction de naissance. Et cette « nation » entend être actrice de sa propre histoire.

Depuis le milieu du XVIIIe siècle, la même idée est en germe dans de nombreux endroits d'Europe. De l'Écosse à la Serbie, des pays scandinaves à la Grèce, on a vu apparaître des linguistes, des poètes, des historiens qui, en se plongeant dans le passé, en magnifiant de hauts faits et des héros – ou parfois en les inventant –, aident les Écossais, les Serbes, les Grecs, les Allemands, etc., à se penser comme « un peuple ». La France de 1789 a donné la première traduction politique de ce concept nouveau. Les guerres qu'elle a menées ensuite au nom de la République, puis la domination de Napoléon sur tout le continent l'ont exporté, d'une façon d'ailleurs paradoxale. Il n'y a pas eu de meilleur ferment pour faire lever le sentiment national allemand ou espagnol que la haine de l'occupation française.

À partir du début du XIXe siècle, de plus en plus d'Européens, d'un bout à l'autre du continent, se sentent donc appartenir à une nation et commencent à lutter pour le droit de celle-ci à se gouverner. Selon le contexte, les choses se présentent de façon différente. Certains peuples doivent se débarrasser d'une tutelle qui les oppresse, comme les chrétiens d'Europe orientale, Serbes, Grecs, Bulgares, Roumains, qui vivent sous domination ottomane ; comme les Tchèques et les Hongrois, qui sont soumis à Vienne, ou les Irlandais à Londres. Les Polonais, depuis le dernier partage de leur pays, sont éclatés entre la Russie, la Prusse et l'Autriche, et voudraient reformer la patrie disparue. Les Allemands, ou les Italiens, disséminés en de multiples principautés, villes, petits royaumes, rêvent de construire une unité qui, de fait, n'a jamais existé.

Dans un premier temps, cette lutte est ardemment combattue par les régimes en place. Le congrès de Vienne (1815), qui réunit tous les vainqueurs de Napoléon, a donné un clair coup d'arrêt à toutes ces nouvelles lubies. Après plus de vingt ans de folie révolutionnaire, il était hors de question de laisser se développer une tendance destinée à chambouler les frontières et à renverser l'ordre enfin rétabli. Pour le ministre autrichien Metternich, comme pour ses hôtes, les empereurs et princes d'Europe, seul le sage retour au temps d'avant la Révolution, seule la sainte alliance du trône et de l'autel étaient en mesure de garantir la paix du monde et de leurs sujets.

Ce principe n'est bousculé que par exception. Dans les années 1820, les Grecs se lancent dans une guerre de libération contre les Turcs. Tous les romantiques, tous les libéraux, poètes, écrivains, la soutiennent au nom du *philhellénisme*, au nom d'Homère et de Platon. Après quelques hésitations, trois puissances, le Royaume-Uni, la France et surtout la Russie, qui rêve de faire du futur pays, peuplé d'orthodoxes, un protectorat, acceptent d'intervenir. Ils donnent aux Grecs une aide matérielle et armée qui leur permet de gagner leur indépendance. Le trio, tout en prétendant répondre aux nobles aspirations à la liberté d'un peuple opprimé, commençait en fait le dépeçage de l'Empire ottoman, ce vieil ennemi de plus en plus mal en point.

À peu près au moment où Athènes obtient son indépendance, Varsovie se soulève contre les Russes (1830-1831). Le tsar, héraut de toutes les libertés quand elles allaient dans le sens de ses intérêts, voit brusquement les aspirations nationales d'un autre œil. L'insurrection polonaise est réprimée dans le sang, et les malheureux patriotes polonais connaissent la « grande émigration » qui les envoie sur le chemin de l'exil – le plus souvent à Paris.

Durant le premier tiers du XIXe siècle, seul un peuple, à l'ouest de l'Europe, réussit à faire bouger les lignes. En 1815, les Alliés ont créé un vaste royaume des Pays-Bas, qui englobe tout le Benelux d'aujourd'hui. En 1830, dans la foulée de la révolution qui, en France, a détrôné le réactionnaire Charles X, les catholiques et les libéraux belges s'unissent pour rejeter la domination hollandaise, et forment un pays nouveau, le royaume de Belgique, sous le parrainage du Royaume-Uni, qui en garantit la neutralité.

Printemps des peuples

Partout ailleurs, le sentiment national, très marqué à gauche, est durement réprimé par la police politique des gouvernements réactionnaires et défendu par des patriotes exaltés qui rêvent de révolution. Mazzini (1805-1872) en est l'archétype. Héros du *Risorgimento* (la renaissance, de *sorgire*, « surgir ») – le nom que les Italiens donnent à ce rêve d'unification de leur peuple en un seul pays –, il est généreux, romantique en diable, passionné, mystique. Il est aussi de tous les complots, de tous les coups de main qui se montent ici ou là pour tenter de faire triompher la cause. Inévitablement déjouées par la police des Autrichiens, qui occupent le nord de la Botte, ou du roi de Naples, qui tient le sud, ces insurrections lui valent toujours la prison et l'exil.

En 1848, l'Europe est secouée par une incroyable série de révolutions en chaîne. En Sicile, en France, dans les États du pape, dans les petits États allemands, dans l'empire d'Autriche, en Hongrie, des foules s'insurgent et réussissent à menacer les pouvoirs en place ou, parfois, à les faire chuter. En février, les Français chassent Louis-Philippe et instaurent une république. Tout le vaste monde germanique, et au-delà, fait sa révolution en mars. Metternich est obligé de fuir Vienne. Budapest est en ébullition. Les Allemands élisent un parlement qui se réunit dans la ville libre de Francfort. De leur côté, les insurgés italiens forment une république à Rome, la sainte ville du pape ! L'épisode est resté dans l'histoire comme le « printemps des peuples ». Il fait croire que la belle saison nationale est pour bientôt. L'hiver réactionnaire, pourtant, revient vite. Quelques mois plus tard, les patriotes sont morts, en prison ou en exil, les gouvernements autoritaires et leur sinistre police règnent à nouveau.

La nouvelle carte de l'Europe

Il faut que des rois reprennent le flambeau pour réussir là où les peuples ont échoué. C'est le deuxième acte de cette grande pièce historique. Il se joue principalement sur deux scènes.

L'une est italienne. À la fin des années 1850, appuyé par son ministre Cavour, Victor-Emmanuel II, le roi du petit royaume de Piémont-Sardaigne, décide de faire l'unité de la Botte à son profit. Grâce à l'aide des soldats de Napoléon III (et en échange de la cession à la France de Nice et de la Savoie), il réussit à chasser les Autrichiens de Lombardie, puis de Vénétie. De son côté, Garibaldi, un révolutionnaire qui s'est rallié à son drapeau, entame la conquête du Sud, depuis la Sicile, où il a débarqué. En 1861, Victor-Emmanuel et Cavour proclament à Turin la naissance du royaume d'Italie. En 1870, sa capitale est établie à Rome. De rage, le pape s'est retiré au Vatican, où il se considère comme prisonnier. L'unité du nouveau pays est réalisée.

Pour tenter de faire celle du monde allemand, on trouve non pas une tête couronnée, mais deux. Selon de nombreux patriotes, le candidat le plus logique au trône d'une Allemagne rassemblée est l'empereur d'Autriche. La famille de Habsbourg, à laquelle il appartient, n'a-t-elle pas été, pendant plus de trois siècles, à la tête du Saint-Empire romain germanique ? Cette solution comporte toutefois un grave inconvénient. Si l'Autriche doit rassembler autour d'elle le monde germanique, que faire de toutes les populations non allemandes, slaves, hongroises, polonaises, etc., qui sont incluses dans son empire ? Une autre partie de l'opinion penche donc du côté de l'autre prétendant possible, le roi de Prusse Guillaume, poussé dans le dos par Bismarck, son redoutable chancelier. Comme Cavour en Italie, cet homme d'État issu de la droite réactionnaire s'est converti à l'idée nationale. Contrairement aux doux rêveurs de la première moitié du siècle qui espéraient la voir advenir dans la paix et la fraternité, il pense qu'une nation ne peut se faire que par « le fer et le sang ».

En 1866, il règle la première question de la rivalité avec l'Autriche, en l'affrontant par les armes. La guerre est gagnée en une bataille[1]. Chassés du rêve germanique, les Habsbourg se tournent vers l'est et cherchent à y asseoir leur pouvoir en amadouant au moins une des grandes minorités de leur vaste empire. En 1867, ils passent avec les Hongrois un « compromis ». Comme Vienne, Budapest aura son parlement et même sa couronne, mais elle revient à François-Joseph, qui sera à la fois empereur d'Autriche et roi de Hongrie. Naissance de la « double monarchie ».

Libres de ce côté, Bismarck et Guillaume de Prusse n'ont plus qu'à convaincre les diverses principautés, villes libres, duchés, royaumes qui composent alors le monde germanique de se rassembler sous leur bannière. Quoi de plus efficace, pour y parvenir, qu'une nouvelle guerre ? Grâce à d'habiles manœuvres, le rusé chancelier réussit à pousser Napoléon III, empereur des Français, à lui en déclarer une, en juillet 1870. Par solidarité avec les Prussiens ainsi menacés, tous les petits frères allemands se sentent obligés d'entrer dans le conflit. En quelques mois, ils écrasent l'ennemi commun et, dans l'euphorie de cette victoire, donnent à l'épisode l'apothéose espérée par le chancelier. En janvier 1871, dans la prestigieuse et symbolique galerie des Glaces du château de Versailles, écrin de la puissance française qu'ils viennent de mettre à bas, tous les rois, princes et autres ducs allemands remettent solennellement la couronne impériale au roi de Prusse, devenu Guillaume Ier, premier souverain de l'Empire allemand.

Les choses ont beaucoup bougé aussi à l'est du continent. Comme les Grecs, les Serbes, les Roumains, les Bulgares se sont soulevés tour à tour avec courage contre les Turcs ottomans.

1. La bataille de Sadowa, du nom d'un village situé aujourd'hui en République tchèque.

Comme les Grecs, ils ont réussi à s'en libérer avec l'aide de l'Europe.

À la fin du XIXe siècle, tous les peuples européens ne se sentent pas libres. Les Polonais n'ont toujours pas recouvré leur pays ; les Ukrainiens, les Tchèques, les Croates se plaignent d'être toujours soumis à l'Autriche-Hongrie ; les Irlandais peinent à obtenir de Londres ne serait-ce qu'un *home rule*, c'est-à-dire un minimum d'autonomie politique. Mais la carte dessinée en 1815 par Metternich a bien changé. Deux nouvelles puissances y figurent, l'Allemagne et l'Italie, et cinq pays de taille moyenne, Belgique, Grèce, Roumanie, Serbie, Bulgarie[1].

Un destin commun

Le principe national a été, c'est indéniable, la grande force historique du XIXe siècle. Il n'est pas pour autant sans faiblesse. Les Français, premier peuple européen à s'ériger en nation, ont pu fondre celle-ci dans le moule préexistant de l'État longuement forgé par les rois. De là une conception qu'on peut estimer généreuse de la nationalité : dès 1789 sont considérés comme citoyens français tous ceux qui, jusque-là, étaient les sujets du royaume de France. Les autres peuples n'ont pas eu cette chance. Il a fallu trouver d'autres critères. La plupart, comme les Allemands, ont théorisé une appartenance nationale donnée par la langue, par la culture, par l'histoire. Mais que faire, une fois le pays formé, des minorités qui ne parlent pas l'allemand et ne se revendiquent pas allemandes, comme, par exemple, les nombreux Polonais englobés dans la Prusse ?

Le fait de posséder une même culture, même lointaine, et une même langue ne garantit pas l'homogénéité. Dans tous les États nouvellement formés, on chante sur tous les tons la gloire de

1. Trois nouveaux apparaissent entre 1900 et 1914 : la Norvège, qui se sépare de la Suède en 1905 ; le petit Monténégro, principauté depuis 1852, qui se transforme en royaume en 1910 ; et l'Albanie, ex-province ottomane érigée en principauté indépendante entre 1912 et 1914.

la patrie unie dans la fraternité retrouvée. Dans les faits, l'unité est toujours à géométrie variable, favorisant certaines régions, en desservant d'autres. L'Empire allemand est dominé par la Prusse ; cela se traduit rapidement par la volonté de ce Nord luthérien de mettre au pas le Sud catholique. De même, le *Risorgimento*, piloté par le Piémont, a permis au Nord riche et industrialisé de soumettre le Mezzogiorno agricole et de le traiter à peine mieux qu'une colonie.

Dans tous les Balkans, il a aussi fallu définir des frontières, impossibles à établir sur des critères historiques. Comment prétendre retrouver les limites de la Serbie ou de la Bulgarie, pays engloutis des siècles auparavant et dont les populations n'ont cessé de bouger au sein du vieil Empire ottoman ? En règle générale, les limites de chacun sont déterminées, au fil des indépendances, dans des conférences internationales organisées par les « puissances », c'est-à-dire les grands pays européens. Tous cherchent à faire valoir leurs intérêts diplomatiques dans la région, fort rarement ceux des peuples concernés, jamais consultés. Cela a abouti à des cotes mal taillées, à des minorités oubliées du mauvais côté de la ligne tracée, ce qui nourrit inévitablement les frustrations et les haines nationalistes. Dans le même temps, la question du pouvoir a été réglée de façon encore plus expéditive. Toutes les guerres de libération ont toujours été initiées par des patriotes courageux. La plupart formaient des rêves démocratiques. Ils se sont presque tous fracassés sur la *Realpolitik* des ambassades occidentales. Elles se mettaient toujours d'accord pour faire des nouveaux pays de sages monarchies, dirigées par un prince européen, le plus souvent choisi dans la petite noblesse allemande. En règle générale, une semaine avant leur nomination, les candidats ne savaient pas placer leur nouvelle patrie sur une carte. À l'exception de la Serbie, toujours gouvernée par des familles serbes – qui ont d'ailleurs passé leur temps à s'entre-massacrer –, la plupart des autres, Grèce, Bulgarie, Roumanie ou plus tard Albanie, ont subi ce même sort.

La reconstruction de l'histoire

Qu'elles aient pris place dans le moule de vieux États formés depuis longtemps ou dans des frontières péniblement établies, toutes ces nations qui viennent de s'inventer un destin ont pour point commun de vouloir l'appuyer sur le socle des siècles.

L'histoire est la grande matière du XIXe siècle. Elle est partout, dans les glorieuses épopées écrites par ces poètes nationaux dont chaque pays s'enorgueillit, dans les peintures académiques comme on en admire toujours dans tous les musées des capitales, dans ces statues qui ornent places et parcs, et, bien sûr, dans les livres de tous les grands historiens de chacun de ces États. Portés par l'idéologie à laquelle ils adhèrent, ils réussissent, bien souvent avec beaucoup de talent, à *nationaliser* le passé pour le faire entrer dans cette structure nouvelle qu'est la nation. Grâce à eux, tous les peuples se découvrent ces ancêtres dont j'ai parlé plus haut. Hormis quelques érudits, personne n'en avait jamais entendu parler jusqu'alors et personne ne s'en revendiquait. Ou alors ils annexent sans autre forme de procès de grands noms. Ainsi, tous les Français commencent à penser Charlemagne comme un des grands rois de France, exactement au moment où les Allemands voient en lui le premier des empereurs d'Allemagne. Absolument tous les pays procèdent de la sorte. La tâche n'est pas toujours facile. Quand on unifie l'Italie, ou qu'on recrée la Grèce, on peut toujours s'imaginer en héritier naturel de Périclès ou de Jules César. Quand on fonde la Belgique, étonnant patchwork de tant d'histoires différentes – les mondes celte et romain, les rois de France et le Saint-Empire, la Flandre et la francophonie, les ducs de Bourgogne, l'Espagne, les Habsbourg d'Autriche –, ce n'est pas si simple. Henri Pirenne (1862-1935), grand médiéviste d'origine wallonne, a consacré une partie de sa vie à relever ce gant, pour écrire une monumentale *Histoire de Belgique* en sept tomes.

Son plus célèbre prédécesseur est le Français Jules Michelet (1798-1874), archétype de l'historien national du XIXe siècle. Son talent est immense, c'est indéniable. C'est un conteur sans pareil, capable d'emmener son lecteur dans des récits haletants, de lui faire revivre les plus grandes scènes comme s'il y assistait lui-même. Il fut un ardent républicain, et son histoire de la Révolution française est un chef-d'œuvre auquel les spécialistes continuent de se référer. Il est aussi le moine exalté de la religion nationale, prêchant la gloire du peuple français avec à peu près autant de distance et de sens critique que Bernard de Clairvaux prêchait la croisade. « L'Angleterre est un empire, l'Allemagne est un pays, une race. La France est une personne », écrit-il sans mollir. Ou encore : « Le dieu des nations a parlé par la France. » À sa décharge, on notera qu'il n'était pas le seul à être capable de saintes niaiseries de ce niveau. Dans l'Europe du XIXe siècle, absolument tous les pays, des plus puissants aux plus petits, pensent que Dieu ou la Providence parle par eux, par leur grandeur, par leur histoire. Cela finira rapidement par poser des problèmes. On y reviendra.

15 – La révolution industrielle

La jeune femme a vérifié que la fibre blanche et grossière était accrochée où il fallait sur le mécanisme, puis elle a fait signe à sa comparse d'abaisser la manivelle de démarrage. Au premier rang, derrière les barrières, les enfants ont retenu leur souffle. L'énorme machine est partie dans un vacarme assourdissant et on a vu la fibre se tendre pour devenir un long fil s'enroulant sur une bobine.

Je suis au musée des Sciences et de l'Industrie de Manchester, c'est jour de visite scolaire et, devant quelques classes bigarrées et attentives, deux animatrices racontent les temps où la ville, surnommée Cottonopolis, était la capitale de la puissante industrie textile britannique. Elles sont très bien, captivantes, pédago. Une fois la machine remise au repos, elles expliquent le *filage*, le *tissage*, toutes les opérations successives qui permettent de transformer la matière brute, récoltée dans les champs de Virginie, d'Inde, d'Égypte, en belles pièces de tissu. Elles parlent des conditions atroces dans lesquelles on travaillait, dans ce grand bâtiment de brique où nous nous trouvons. La fumée, la poussière qui détruisaient peu à peu gorges et poumons ; le bruit tellement fort que les ouvriers avaient inventé une langue des signes pour communiquer entre eux ; les rendements inhumains obtenus à coups de retenues sur les salaires promis – elles étaient parfois si élevées, racontent-elles, qu'au lieu de recevoir de l'argent, il arrivait qu'à la fin de la semaine les travailleurs en doivent à leurs patrons. Elles disent comment tout un peuple de misère était mis à contribution. On utilisait les hommes adultes pour leur force ; les femmes pour leurs mains plus fines, qui permettaient de tendre les fils sur les machines ; et même les enfants ! appuient-elles à destination de leur jeune public qui en frémit. Leur petite taille permettait de se glisser sous les machines sans devoir les arrêter. À Cottonopolis, on ne perdait ni une fibre, ni une minute, ni un penny.

Le musée, installé dans d'anciens bâtiments industriels de pierre et de brique, reconstitue l'incroyable bouleversement qui a commencé en Angleterre au XVIIIe siècle, puis, en s'étendant au reste du continent au siècle suivant, a changé à jamais la face de la Terre.

Il a été d'autant plus puissant qu'il a été actionné non par un seul levier, mais par trois. Il y a d'abord la découverte fortuite de la puissance du « charbon de terre », la houille, qu'on a commencé à utiliser en Angleterre parce qu'on n'avait plus assez de bois et qu'on le trouve en abondance sous le sol du pays. De la houille, on a tiré le coke, dont on s'est vite aperçu qu'il chauffait bien mieux, et permettait de produire, dans les hauts fourneaux, un métal de meilleure qualité.

Il y a eu aussi la mise au point de la machine à vapeur. Les premières sont rudimentaires, lourdes, difficiles d'emploi ; on s'en sert pour actionner les pompes qui aspirent les nappes d'eau trouvées dans les mines. Perfectionnées par des bricoleurs de génie, Thomas Newcomen, un modeste mécanicien (1664-1729), puis l'Écossais James Watt (1736-1819), elles s'adaptent à bien d'autres emplois.

Il y a enfin le textile, on y revient. Durant ce dernier tiers du XVIIIe siècle, le monde de la laine et du coton se métamorphose lui aussi. Depuis des millénaires, on filait, au rouet, et on tissait à domicile ; c'était un métier de petits artisans, souvent pratiqué dans les fermes, aux heures creuses où on n'était pas aux champs. Dans les années 1760, James Hargreaves (1720-1778), un petit tisserand du Lancashire, puis Richard Arkwright (1732-1792), un ancien barbier et perruquier devenu ingénieur, mettent au point les premières machines à filer, puis à tisser. Elles changent tout. On n'a plus besoin, pour produire le tissu, de fileuses expérimentées ni d'habiles tisserands, mais plutôt de milliers de bras qui, dans des ateliers de plus en plus grands, de plus en plus sales, de plus en plus bruyants, doivent se mettre au service de monstres mécaniques de plus en plus gros, de plus en plus perfectionnés, capables de vomir, en rugissant, des kilomètres et des kilomètres de toile.

Les premiers métiers d'Arkwright fonctionnent à l'hydraulique, comme des moulins à eau. La deuxième génération est actionnée par les machines à vapeur. Toute l'histoire tourne ainsi comme une spirale ascendante dans laquelle les trouvailles s'additionnent pour en stimuler d'autres. Au début du XIXe siècle, l'utilisation généralisée de la vapeur accroît les besoins en houille, ce qui pousse à trouver le moyen d'augmenter les rendements dans les mines. On a l'idée de placer sur des rails de métal les chariots qui transportent le charbon, car cela permet à un seul cheval d'en tirer de plus grandes quantités. Dans les années 1820, d'autres ingénieux remplacent le cheval par une machine à vapeur. Le chemin de fer est né. Une des premières lignes de voyageurs est inaugurée en 1830. Elle relie Manchester, où nous sommes, à Liverpool, le grand port d'où viennent par tonnes les balles de coton, et d'où repartiront les tonnes de tissu qui inonderont les marchés du monde. Elle préfigure le boom du chemin de fer, qui saisit le continent dans les années 1840, et demandera encore plus d'acier pour tracer les kilomètres de rail qui vont sillonner le monde, et encore plus de houille pour faire tourner les locomotives qui pourront distribuer les biens produits et faire grossir une machine qui aura encore plus besoin de carburant, etc.

Dans les années 1840, l'économiste français Adolphe Blanqui[1] donne à ce bouleversement majeur de l'histoire humaine son nom de « révolution industrielle ». Partie du centre de l'Angleterre,

1. Frère du révolutionnaire Auguste Blanqui.

de Manchester, mais aussi Nottingham, Sheffield, Birmingham, qui vivent des histoires similaires, elle s'étend à la Belgique, au Nord de la France, qui bénéficient d'une même configuration – présence de houille et tradition textile –, et se répand peu à peu sur tout le continent et, parallèlement, aux États-Unis. Après les expéditions maritimes du XVIe siècle, elle permet à l'Europe – et donc aussi à l'Amérique du Nord, qui suit le même chemin – de faire un nouveau bond extraordinaire qui lui assure une nouvelle supériorité écrasante sur le reste du monde.

Pourquoi a-t-elle eu lieu là et pas ailleurs ? On retrouve les mêmes questions que celles qu'on s'était posées à propos d'Henri le Navigateur. On tourne la tête du même côté du planisphère. Au XVIIIe siècle, la Chine est toujours la première puissance économique et commerciale de la planète. Elle produit tout ce dont elle a besoin. Elle écoule ses produits sur son immense marché intérieur et exporte ceux qui continuent à faire sa fortune : le thé, la soie, la porcelaine. Sa population croît et l'espérance de vie augmente, tous les indicateurs confirment son bon état général. Pourquoi n'est-ce donc pas ce pays qui a dopé sa production d'acier avec la houille, inventé la machine à vapeur ou découvert toute autre voie qui lui aurait permis de maintenir sa prééminence mondiale pour quelques siècles encore ?

Bien des spécialistes ont tenté, depuis deux siècles, de répondre à cette question. La plupart, en Occident, ont incriminé ce qui leur semblait être des traits caractéristiques chinois : l'esprit conservateur induit par le confucianisme, trop tourné vers les ancêtres, et pas assez vers l'avenir ; ou encore la sclérose du régime impérial. L'était-il tant que cela ? Au XVIIIe siècle, les empereurs de la dynastie Qing ont réussi, par leurs conquêtes en Asie centrale, à accroître leur territoire plus qu'à aucun moment de l'histoire chinoise. C'est rarement un signe de décadence. Peut-être faut-il donc chercher la réponse à notre question non pas dans un hypothétique déclin de la Chine, mais au contraire dans sa prospérité. Le pays n'a pas cherché à augmenter ses capacités, tout simplement parce qu'il n'en avait pas besoin.

La petite île de la Manche avait pour elle l'avantage inverse. N'est-ce pas la rareté du charbon de bois qui a mis en branle le mécanisme qu'on a décrit ? Après deux siècles de turbulences politico-religieuses, le pays, qui inaugure au début du XVIIIe siècle la monarchie parlementaire, dispose d'un régime stable et, de par son pluralisme, sans doute plus ouvert à l'innovation. Le libéralisme, fils des Lumières, dope l'esprit d'invention et donne l'armature intellectuelle qui structure les nouvelles conceptions économiques. Après sa Révolution, qui fait éclater les carcans de l'Ancien Régime, la France suit le même chemin, comme bientôt le reste de l'Europe.

La révolution industrielle tient du séisme, du tsunami. Tous les secteurs de l'économie, de la société, de la vie humaine sont bouleversés. Le machinisme entraîne la nécessité de produire dans des usines de plus en plus grandes, ce qui requiert des mises de fonds de plus en plus importantes, d'où l'explosion du capitalisme, des banques, des bourses. Les progrès de la botanique et de la chimie – qui permet le développement des engrais – engendrent la révolution agricole, qui voit les rendements décuplés. Ceux de la médecine et de l'hygiène aboutissent à ce que les spécialistes nomment la « transition démographique » : on continue à faire de nombreux enfants, mais désormais de plus en plus survivent, ce qui provoque une explosion de la population européenne.

De ce basculement stupéfiant, nous avons tendance, aujourd'hui, à retenir les aspects négatifs. Il n'en manque pas.

Ses conséquences sociales sont dramatiques. Alors que quelques hommes nouveaux, les entrepreneurs, les financiers, réussissent à bâtir en un temps record des fortunes impressionnantes, la masse subit. Les anciens temps des sociétés agraires n'avaient rien d'heureux et d'égalitaire. La vie des paysans, pour ne pas parler de celle des serfs, était d'une grande dureté. Au moins l'alternance des saisons, ou simplement celle du jour et de la nuit, offrait-elle des moments de répit. La société industrielle est celle du temps continu, scandé par la sonnerie de l'usine, un temps qui a aboli le matin et le soir, et dévore à petit feu des hommes plus maltraités qu'aucun bétail ne l'avait jamais été jusqu'alors. La classe nouvelle du XIXe siècle est celle des « prolétaires », du latin *proles*, « lignée ». À Rome, cela désignait celui qui n'avait pour richesse que ses enfants. Au XIXe siècle, on vient de le voir, il lui fallait les donner aussi. Nous avons appris à connaître les conditions de vie de ces pauvres gens en lisant Zola, ou Dickens, ce génie capable de nous faire plonger dans la noirceur des temps et de les éclairer de son humour et de son humanisme. Il a beaucoup décrit les *poor houses* – qu'il a connues lui-même –, ces ateliers sinistres organisés comme des prisons où l'Angleterre enfermait ses pauvres. L'idée dominante de la bourgeoisie protestante était que la pauvreté constituait un péché, un mal qui ne touchait que les paresseux, et que la seule façon d'en faire sortir ceux qui y avaient succombé était de les punir. Dickens situe son roman *Les Temps difficiles* dans une Manchester rebaptisée « Coketown ». Y domine la race nouvelle des entrepreneurs, ces nouveaux riches qui prétendent régner au nom du pragmatisme, des « faits », du rendement. Ces vraies valeurs positives doivent, dans le monde moderne, remplacer l'imagination, la poésie et toutes ces balivernes qui ne rapportent rien. Le plus savoureux de ces entrepreneurs est le grotesque Mr Bounderby, qui jouit de faire tenir sa maison par une aristocrate ruinée, assomme ses auditoires en racontant cent fois comment, parti du fossé, il est parvenu au sommet, et renvoie l'ouvrier miséreux qui ose le déranger pour demander un conseil alors qu'il n'a pas fini ses côtelettes.

On voit encore, en se promenant dans l'ancienne Cottonopolis, les vestiges de ces temps de richesse faramineuse, la Bourse du commerce belle comme un temple antique, l'hôtel de ville grand comme un château. Il y a aussi, un peu plus loin, des quartiers pauvres, relégués, rongés par le chômage. Ils ne sont pas gais. Aucun n'est pourtant au point de misère de ceux d'il y a un siècle et demi. Pour avoir idée de ce que vivaient les ouvriers de la puissante Angleterre du XIXe siècle, on peut se rendre à Liverpool, à une quarantaine de miles à l'ouest. Dans le musée consacré à la ville est reconstitué un *court* – une « courée », disait-on dans le nord de la France d'où je viens –, le nom donné aux lacis de maisonnées crasseuses où s'entassaient des familles entières dans des galetas. On y découvre, à travers les témoignages de l'époque, le plus grand rêve des malheureux condamnés à y loger : « *a little light and fresh air* », avoir un peu de lumière et un peu d'air.

Que penser d'un temps qui est allé jusqu'à faire de l'air un produit de luxe ?

Le progrès

Par une étonnante pirouette de l'Histoire, cette même question nous revient dans la figure sous une autre forme. C'est l'autre aspect catastrophique de la révolution industrielle qui, encore plus qu'hier, ne cesse de nous hanter. Pour nous autres, qui craignons de mourir étouffés par le réchauffement climatique, qui assistons à l'extinction massive des espèces et à l'asphyxie des océans par les matières plastiques, l'industrialisation du monde entamée au XVIIIe siècle marque le début des excès dont nous ne tarderons pas à payer le prix. La société agraire qui précédait n'était évidemment pas un paradis de vertu environnementale. Son pouvoir de nuisance était plus limité. Avec la révolution du machinisme, la pollution, la capacité de créer des dommages à la planète atteint une puissance jamais vue dans l'histoire de l'humanité. Avec l'industrialisation de la fin du XVIIIe siècle, nous disent de nombreux géologues, on entre dans une période nouvelle, l'Anthropocène, celle où l'homme, ce Prométhée inconséquent, cet Atlas à petite cervelle, tient le sort du globe tout entier entre ses pattes folles.

Il est faux de penser que le XIXe siècle était inconscient de ces ravages. Tous les esthètes du temps, peintres, poètes, philosophes, n'ont cessé de pleurer les vertes vallées disparues, de maudire la déesse machine broyant les cœurs et les hommes. Nombre d'entre eux sont partis jusqu'au bout de la planète ou jusqu'à leur cabane dans les bois, au bord de l'étang de Walden, comme l'Américain Thoreau, un des pères de l'écologie, pour fuir ce monde matérialiste, gris, enfumé, dont ils ne voulaient plus. Chacun pouvait constater les dégâts produits par les temps nouveaux et, à l'occasion, les subir. Jusqu'à la moitié du XIXe siècle, toutes les grandes villes connaissent périodiquement des épidémies terribles de typhus ou de choléra. Elles commencent dans les bas quartiers et finissent toujours par atteindre les mieux lotis. Même sans comprendre la transmission microbienne (découverte par Pasteur dans la seconde moitié du siècle), les médecins ont bien saisi que la misère et la promiscuité dans lesquelles vivait la classe ouvrière étaient pour beaucoup dans ces flambées régulières.

Dans la mesure du possible, les riches s'arrangeaient quand même pour ne pas subir les conséquences environnementales du système qui assurait leur fortune. On raconte que, dans la plupart des grandes villes européennes, les beaux quartiers sont à l'ouest parce que les vents dominants soufflent dans ce sens-là, et que cela évite donc de recevoir les fumées des quartiers est, où sont parqués les pauvres et les usines. Ça ne marche pas à tous les coups. Pendant des décennies, la Tamise sert de dépotoir à ciel ouvert. Londres, devenue une des villes les plus peuplées du monde, y déverse ses détritus, ses eaux usées, toute la lie produite par ses usines et ses quartiers surpeuplés. À l'été 1858, la ville connaît pendant des semaines la « Grande Puanteur », une odeur à ce point pestilentielle qu'elle rend la vie impossible. Les riches s'exilent, le parlement de Westminster lui-même déménage temporairement. Les pauvres de l'East End se bouchent les narines et vomissent en silence. Où pourraient-ils déménager ?

Reste qu'à l'époque la plupart des penseurs, de quelque bord qu'ils soient, ont l'idée que cette marche du temps est inexorable. À la fin du XVIIIe siècle et au début du XIXe, de temps à autre, en Angleterre, puis en France, on assiste à des mouvements de colère d'artisans du textile qui se ruent dans les ateliers pour briser les machines, ces démons qui les ont ruinés. Aujourd'hui, on en vient à se demander si le monde n'aurait pas été plus beau s'ils avaient réussi. À l'époque, ils sont considérés de façon unanime comme les perdants de l'histoire, des fous qui osent s'opposer au temps qui va, aussi vainement qu'un enfant, sur la grève, imagine que son petit barrage de sable va arrêter la marée.

Dans les années 1820-1830 apparaissent, en réaction à la misère ouvrière, les premiers socialistes. Ils formeront bientôt une des grandes forces politiques du siècle. Tous cherchent les moyens de mettre fin au système d'exploitation qui contraint le prolétariat à vivre en quasi-esclaves des capitalistes. Nombre d'entre eux estiment que le chemin le plus sûr pour y arriver serait une révolution qui donnerait les usines aux ouvriers. Aucun ne pense qu'il pourrait être raisonnable de fermer les usines pour inventer un système de production respectueux des hommes et aussi du monde.

Dans notre XXIe siècle angoissé, hanté par les périls, le déclin, nous vivons presque tous dans la hantise de la fin, dans la peur de l'avenir. À l'exception de la frange de l'opinion *réactionnaire*, ce petit monde dominé par l'aristocratie d'extrême droite qui rêve d'un retour au bon temps de l'Ancien Régime, des princes, des prêtres et des corporations, tout le monde, au XIXe siècle, raisonne avec une boussole tournée dans l'autre sens. Demain sera mieux qu'aujourd'hui. Personne n'est d'accord sur le chemin que doit prendre la société. Chacun sait que celui qu'il préconise – plus de libéralisme ou une révolution sociale – la mènera vers un horizon radieux. Le *progrès* est l'idée-force du siècle, sa valeur cardinale.

Comment le remettre en cause ? La révolution industrielle a donné à tous les pays qui l'ont connue une vigueur exceptionnelle, jamais atteinte dans l'histoire de l'humanité. La croissance la plus spectaculaire est celle du Royaume-Uni, parti littéralement avec un train d'avance. Il est premier en tout, par sa puissance navale, financière, industrielle. Le pays est l'atelier du monde, Londres, la banque du monde. En 1851, la ville accueille la première « exposition industrielle », dans le somptueux Crystal Palace, un palais de verre créé tout exprès pour servir de vitrine à sa puissance. On y ouvre le premier métro (1863), le premier hôtel éclairé à l'électricité (le Savoy, en 1889), et tant de lumière peut bien faire oublier un instant les taudis de Dickens. La France, l'Allemagne, tous les autres voisins, suivent ce chemin pavé de certitudes.

Pourquoi douter, pourquoi s'inquiéter puisque, quoi qu'il se passe, des savants trouveront la solution à tous les problèmes qui se posent ? La mécanisation a lancé le grand mouvement qui projette l'Occident vers l'avant. La science est son carburant. Elle permet d'inventer de nouvelles machines, de vaincre d'anciens fléaux, de découvrir de nouveaux plaisirs. Elle change le rapport au monde. Elle est le stimulant de l'optimisme du temps. À bas les superstitions et les croyances anciennes ! Grâce à la science, l'humain est roi, rien ne lui résiste. Il est vrai que son évolution a de quoi faire tourner les têtes. Avec le chemin de fer, l'homme, pour la première fois de son histoire, se déplace à une vitesse dépassant celle du cheval ou du chameau. Avec le télégraphe, il peut bientôt communiquer jusqu'au bout du monde. Avec le téléphone, il pourra parler avec le bout du monde ! L'électricité réussit à vaincre la nuit, la photo à arrêter le temps, en fixant les images, comme les ascenseurs et bientôt les avions défient la gravitation. Que dire des évolutions de la médecine ? En 1800, on sort à peine des médecins de Molière et de la théorie des humeurs qui vient d'Hippocrate. En 1900, on a découvert les rayons X qui permettent de voir à travers le corps ! Tous les grands pays européens ont pris leur part dans ce bouleversement, mais également les États-Unis, qui, à partir de la seconde moitié du siècle, accumulent découvertes et inventions. Ne sont-ils pas des Européens eux aussi ? Cette civilisation n'est-elle pas la meilleure au monde, la seule qui, finalement, mérite d'exister ?

16 – La domination du monde

Les amateurs d'art et de voyages exotiques ne manqueront pas, s'ils sont à Bruxelles, de prendre un après-midi pour aller jusqu'à Tervuren, une ville du Brabant flamand située à quelques kilomètres de la capitale belge. Ils y trouveront, au milieu d'un parc somptueux, un musée royal de l'Afrique centrale qui vaut le détour. Il a été fondé au tournant des XIXe et XXe siècles par le roi Léopold II, qui voulait en faire une vitrine du Congo, l'immense territoire conquis à sa demande. Pendant des décennies, l'endroit est resté dans un jus très « Tintin aux colonies ». On y déambulait entre les vitrines poussiéreuses et les fresques et statues à la gloire des gentils-missionnaires-amenant-la-civilisation-aux-petits-enfants-noirs. Au début des années 2010, l'État belge, estimant enfin cette présentation datée et fort peu respectueuse des cultures et des peuples censés être mis en valeur, a fermé l'établissement et ordonné sa rénovation complète. En décembre 2018, il a rouvert avec une ambition nouvelle : raconter l'Afrique d'aujourd'hui, mais aussi affronter le passé en présentant d'une façon claire et juste l'histoire coloniale. Les visiteurs qui s'y rendront jugeront comme ils l'entendent la manière dont cela est fait. L'entreprise en elle-même mérite d'être saluée. Elle est bien rare, sur notre continent.

Il y eut, à Bristol, en Angleterre, un British Empire and Commonwealth Museum qui avait pour vocation de rappeler les temps où le Royaume-Uni régnait sur tous les horizons du monde. Je l'ai visité vers 2003. Dans mon souvenir, les collections présentées n'étaient pas d'une richesse inoubliable – comme souvent, il faut le dire, dans les musées consacrés à l'histoire –, mais le parcours était plutôt bien fait et pédagogique. Je n'ai pas pu aller vérifier s'il l'était toujours. L'établissement a fermé en 2008.

La France a connu elle aussi un « musée des colonies », situé dans le magnifique bâtiment Art déco de la Porte Dorée, à l'est de la capitale, seul vestige de l'Exposition coloniale fastueuse qui s'était tenue dans le bois de Vincennes tout proche, en 1931. Il a été remplacé, il y a bien longtemps, par des entités au nom moins marqué – musée de la France d'outre-mer, puis musée des Arts d'Afrique et d'Océanie – avant d'être consacré (à partir de 2004) à l'histoire de l'immigration – sujet passionnant, mais assez différent de celui qui nous intéresse.

Berlin a connu également un « Deutsches Kolonialmuseum ». Il remonte à bien plus loin. Inauguré en 1899 par Guillaume II pour stimuler l'intérêt du public pour la politique coloniale qu'il menait en Afrique et dans le Pacifique, il a fermé en 1915, juste avant que l'empire en question, patiemment acquis, ne disparaisse dans la défaite de 1918.

La Belgique essaie de rompre avec ce qui ressemble à du déni. Espérons que sa tentative fera des émules. Pourquoi ne pas imaginer, comme le font déjà quelques historiens, un musée global de la colonisation, qui traiterait de tous les aspects de la question, et de tous les pays qu'elle a concernés ? Ce serait de salubrité publique. Je pense que tous les Européens gagneraient à avoir des idées claires sur cet épisode essentiel de leur histoire.

Le test du planisphère

La colonisation n'est pas une invention européenne. La plupart des grands empires se sont formés en soumettant d'autres peuples et en s'implantant sur leurs territoires. Les Perses sont sans doute les premiers à l'avoir fait à très vaste échelle : à son apogée (sous Darius, fin du VIe siècle avant l'ère commune) leur domaine court de l'Égypte aux portes de l'Inde. Avant d'être écrasés au XVIe siècle par les Espagnols, les Aztèques et les Incas régnaient eux-mêmes avec une grande brutalité, depuis environ un siècle, sur des dizaines d'autres peuples. La Chine s'est constituée depuis des siècles en soumettant les pays contigus au sien. La politique actuelle de Pékin à l'égard du Xinjiang ou du Tibet consiste à refuser la moindre autonomie aux populations locales, à détruire méthodiquement leur culture et à y faire venir des Han, ethnie majoritaire de la Chine continentale. Elle ressemble à s'y méprendre à une politique coloniale.

La domination européenne sur le monde se distingue toutefois par son étendue. Je conseille à chacun le fascinant exercice consistant à chercher, sur un planisphère, les pays qui y ont échappé. Ils se comptent sur les doigts des mains, et encore, si on s'en tient à des critères formels. Le Siam (actuelle Thaïlande) et la Perse (Iran) ont échappé à la colonisation par une puissance pour la seule raison qu'ils étaient convoités par deux, qui se neutralisaient – France et Royaume-Uni dans le premier cas, Royaume-Uni et Russie dans le second. Dans les faits, les dirigeants des deux États n'avaient pour latitude que de chercher à louvoyer entre ces pesants protecteurs. L'Empire ottoman est resté indépendant en titre jusqu'à sa disparition, après la Première Guerre mondiale. Durant tout le XIXe siècle, ce pauvre vieillard égrotant qu'on appelait « l'homme malade de l'Europe » a été la marionnette de toutes les autres puissances du continent, en pleine santé. Elles l'ont peu à peu dépouillé de toutes ses possessions balkaniques et nord-africaines, et, par ailleurs, elles contrôlaient sa dette, et donc ses finances.

Lors de la ruée vers l'Afrique noire, au dernier tiers du XIXe siècle, seule l'Éthiopie a échappé à la soumission, en battant les Italiens à Adoua (1896). Cette unique victoire d'une armée noire sur des soldats blancs lui valut dans tout le monde extra-européen une gloire méritée. Le pays finit quand même, plus tard, par être occupé par l'Italie fasciste, qui voulait se venger de cet affront à l'honneur patriotique. Il ne le fut que peu de temps (1936-1941).

On cite aussi le Liberia. Le cas est ambigu. Le pays a été fondé au début du XIXe siècle par des États-Uniens blancs voulant offrir une terre aux esclaves noirs libérés – ou s'en débarrasser. Installés dans leur nouvelle patrie, les descendants de ceux-ci y ont régné en maîtres, soumettant les populations locales à un ordre ressemblant de près à celui que les maîtres blancs européens faisaient régner ailleurs.

L'immense Chine est restée, durant tout le XIXe siècle, un empire, mais dans quel état ! Il n'était indépendant qu'en titre. À partir du moment (fin des années 1830) où les Anglais lui ont fait une guerre pour lui vendre l'opium produit en Inde et le forcer, plus généralement, à s'ouvrir à son commerce, ses malheurs ont commencé. Il a été obligé de signer peu à peu avec toutes les autres puissances des « traités inégaux » qui disent bien leur nom. Ils étaient faits pour l'asservir commercialement. Dans le même temps, ses plus grandes villes ont été partagées en « concessions », des quartiers entiers où chaque pays européen faisait régner sa justice, sa police, ses forces armées.

En réalité, seul le Japon a échappé à cette danse infernale. Pendant deux siècles (1641-1853), pour se protéger de toute influence extérieure, l'archipel s'est presque totalement fermé au monde : aucun Japonais ne pouvait le quitter, aucun étranger ne pouvait y poser le pied. Au milieu du XIXe siècle, les puissants navires américains du commodore Perry, les « bateaux noirs » dont parlent les Japonais, se présentent dans la baie d'Edo (future Tokyo) pour obliger le pays, sous la menace des canons, à accepter de s'ouvrir au commerce avec l'Ouest. Le pays cède d'abord, contraint et forcé, puis, par une pirouette historique assez hallucinante, sous le régime de l'empereur Meiji (1867-1912), il parvient à son tour à s'industrialiser, à se moderniser et, au tournant du XXe siècle, à entrer dans le club très fermé des puissances mondiales, toutes « blanches », à part lui. Ce nouveau statut lui permet de faire comme les autres, c'est-à-dire de coloniser à son tour. Tout en rêvant, comme les pays occidentaux, de dépecer la Chine, il commence par occuper l'île de Formose et la Corée, toutes deux soumises à un régime d'une brutalité qui n'a rien à envier à celle des Européens dans leurs propres possessions.

Le moteur de la révolution industrielle

Si on oublie l'épisode des « États latins d'Orient » établis au temps des croisades, qui relèvent d'une sorte de parenthèse historique, l'expansion ultramarine du Vieux Continent a donc commencé au XVIe siècle avec la conquête des Amériques, le contrôle progressif des côtes africaines (permettant la traite), l'implantation progressive en Inde et dans le Sud-Est asiatique, puis, au XVIIIe siècle, l'exploration du Pacifique par les grands navigateurs (Bougainville, Cook), suivis au XIXe siècle, comme ce sera si souvent le cas, par les missionnaires et les soldats. On peut ajouter l'impressionnante poussée russe vers l'est (la Sibérie) et le sud (sur les terres prises aux Ottomans), amorcée au XVIe siècle.

À partir de la fin du XVIIIe siècle, l'Amérique, du nord au sud, conquiert progressivement son indépendance, mais tous les pays qui en sont issus sont dirigés par des descendants d'Européens, et fonctionnent avec des idées européennes.

Au XIXe siècle, le Vieux Continent relance un processus de colonisation, encore plus puissant que le précédent. Il est renforcé, dopé par la révolution industrielle. Elle porte en elle la nécessité de s'étendre. Elle pousse à conquérir des matières premières pour faire tourner sa gigantesque machinerie, et de nouveaux marchés pour y éliminer toute concurrence et y écouler ses productions pléthoriques.

L'explosion démographique consécutive aux progrès de l'hygiène et de la médecine crée un trop-plein qui explique aussi les mouvements de population. Durant tout le XIXe siècle – et plus particulièrement entre 1850 et 1914 –, les bateaux qui quittent Hambourg, Liverpool, Gênes, Naples, sont chargés des centaines de milliers d'Européens que le Vieux Monde ne peut plus nourrir, et qui en cherchent un neuf, où s'établir.

Enfin, l'industrialisation, les progrès de la science, et donc des transports, des communications, des armements, donnent à notre petit continent les moyens de ses ambitions. Qui, désormais, peut résister à la force européenne, même armé de toute la bravoure du monde ? Que peuvent les jonques, les mauvais fusils, les sagaies, face aux canonnières, aux cuirassés, bientôt aux mitrailleuses ?

Colonies de peuplement, protectorats, dominions

Cette mainmise sur la planète a pris des formes diverses. La plus radicale consiste à s'établir sur des terres méthodiquement et progressivement débarrassées de leurs habitants, repoussés ou massacrés. C'est ce qui se passe aux États-Unis, en Argentine, en Australie. Lors de sa colonisation par les Britanniques en 1803, la grande île de Tasmanie compte entre 5 000 et 10 000 Aborigènes. En 1840, il en reste 300. En 1876 s'éteint l'ultime représentante d'un groupe humain liquidé pour faire place nette à d'autres. La métropole peut aussi implanter des colons dans une terre conquise sans exterminer la population autochtone, mais en la plaçant en situation d'infériorité et de soumission. C'est le cas en Algérie, en Nouvelle-Calédonie – les deux grandes colonies de peuplement de l'empire français – ou en Afrique du Sud, occupée par les Hollandais, puis par les Anglais. Les Blancs arrivent, prennent les terres, les cultivent, bâtissent leurs villes et leurs villages à l'européenne, et les locaux, devenus des « indigènes », repoussés dans leurs *douars* ou dans leur *bush*, n'ont plus pour droit que celui de servir les nouveaux maîtres.

Ailleurs, les statuts varient de la *colonie* pure et simple (le pays est soumis directement à la puissance coloniale) au *protectorat*, appelé aussi, dans sa forme britannique, « *indirect rule* » (le pays garde son roi, son bey, son maharadjah, etc., et ses institutions, mais ceux-ci sont entièrement contrôlés par le colonisateur). Pour ses « colonies blanches », c'est-à-dire peuplées majoritairement d'Européens ou gouvernées par eux, l'Angleterre invente aussi le « *dominion* » (cela concerne d'abord le Canada, puis l'Australie, la Nouvelle-Zélande et l'Afrique du Sud). Il consiste à laisser le pays s'administrer lui-même, sauf pour la politique étrangère, gérée par Londres. Dans d'autres cas enfin, comme je viens de l'évoquer pour la Chine, la mainmise peut se contenter d'une mise en coupe réglée de l'économie et du commerce.

Tous les pays ne s'engagent pas de la même manière dans l'aventure coloniale. Au XIXe siècle, la première puissance impériale est le Royaume-Uni. La reine Victoria règne, dit-on, sur un quart des terres émergées du globe. Son effigie est, de loin, la plus diffusée du siècle. On la trouve en portrait, en statue, sur les pièces de monnaie, sur tous les continents. La Russie mène une politique coloniale qui tranche par rapport aux autres, et rappelle plutôt celle des empires de l'Antiquité. Elle ne s'aventure pas outre-mer, mais progresse par contiguïté, en quelque sorte, en allant toujours plus vers l'est, jusqu'à atteindre l'océan Pacifique. Elle conquiert également, peu à peu, l'Asie centrale, ce qui la met en rivalité constante avec les Britanniques. Depuis l'Inde, ceux-ci ont des vues sur la région. La France arrive derrière. Lors de sa défaite dans la guerre de Sept Ans (1756-1763), elle a perdu pratiquement la totalité de son premier empire ultramarin (en Inde et aux Amériques). Elle le reconstitue au XIXe siècle, avec la conquête de l'Algérie, puis de la Nouvelle-Calédonie et de la Polynésie, puis progressivement de l'Indochine – dont elle espérait faire un point d'appui pour attaquer le riche marché chinois –, puis, dans le dernier tiers du siècle, de l'Afrique noire, le dernier gros gâteau qui reste à partager, une fois que tous les autres ont été avalés. Renforcée par son unification, l'Allemagne de Guillaume II, décidé lui aussi à avoir une « politique mondiale » (*Weltpolitik*), s'y met sur le tard, mais réussit à s'y tailler de beaux morceaux (les futurs Tanzanie, Rwanda, Burundi, le Cameroun, le Togo, la future Namibie). Même la petite Belgique se lance dans la course, dans les conditions les plus ahurissantes. Le roi Léopold II est jaloux de ses voisins. Il veut avoir sa colonie comme tout le monde. Selon l'excellent historien néerlandais de la colonisation, Henri Wesseling[1], il ne peut voir un explorateur revenu de n'importe quel coin du monde sans lui demander : « Vous n'auriez pas une île quelque part pour moi ? » Stanley, un aventurier qu'il a mandaté, lui trouve bien mieux. À coups de boulets de canon et de traités menteurs signés avec de petits rois locaux qui ne peuvent même pas les lire, il lui fournit sur un plateau l'immense Congo – quatre-vingts fois la taille de son royaume. Le gouvernement belge refuse de gérer ce monstre, parce qu'il n'a ni la marine ni les forces militaires pour, et que cela risquerait de mettre à mal sa chère neutralité. Le gigantesque pays devient donc la propriété personnelle du roi mégalomane, qui en donne l'exploitation à des « concessions », ignobles entreprises privées qui utilisent toutes les méthodes, surtout les pires, pour piller les richesses qui les rendent folles : l'ivoire et le caoutchouc. Il faut plusieurs millions de morts et un scandale international pour que le roi, piteux, cède son « État indépendant du Congo » à son gouvernement qui, contraint et forcé, accepte d'en faire sa colonie.

Presque tout le monde est allé se servir, même l'Italie, qui, rejetée d'Éthiopie, s'implante en Érythrée et plus tard en Libye. Même le petit Portugal. Au XIXe siècle, il perd le Brésil, mais conquiert les vastes Mozambique et Angola. Seule l'Espagne, ruinée, en déclin, minée par des crises de régime et des guerres civiles entre prétendants au trône, reste à peu près hors du jeu. Elle a vu partir les unes après les autres toutes ses riches vice-royautés

1. *Le Partage de l'Afrique (1880-1914)*, traduit du néerlandais par Patrick Grilli, Gallimard, collection « Folio histoire », 2002.

américaines dans les années 1810. Dans les années 1890, elle perd encore Cuba et les Philippines, qui se libèrent grâce à l'aide militaire très intéressée des États-Unis. Sitôt qu'ils sont indépendants, Washington peut en faire des quasi-protectorats. Reste, dans le club des grands, l'Autriche-Hongrie, qui n'est pas de la fête. Elle a assez à faire avec ses propres conquêtes dans les Balkans, et toutes les différentes nationalités de son empire à tenir ensemble pour aller tenter l'aventure ailleurs.

Et qu'importe si tel ou tel autre pays du Vieux Continent n'est pas physiquement présent au bout du monde. Tous les Européens s'y imposent collectivement par leurs inventions, leur mode de vie, leur façon de voir, leur philosophie, leur littérature, leurs trains, leur cuisine, leurs normes morales. Il suffit, pour le comprendre, de regarder des portraits d'officiels du début du XIXe siècle de n'importe quel empire extra-européen, ottoman, chinois, japonais, et de les comparer avec des photographies de leurs homologues prises à la fin du siècle. À quelques exceptions près, le décalage sera le même. Sur la première série, des turbans, des soieries, des costumes traditionnels. Sur la seconde, des redingotes, des hauts-de-forme, des cravates, qui habillent cette petite élite lisant des journaux imités de ceux de l'Europe, gouvernant une armée vêtue à l'européenne et munie d'armes achetées à l'Europe. Même les horloges sont devenues européennes. La rapidité des communications et des transports – télégraphe et chemin de fer – rendent nécessaire, au XIXe siècle, de se mettre d'accord sur un système commun de calcul du temps. À la conférence internationale de Washington (1884), les puissances s'entendent sur le partage du globe en fuseaux horaires et en méridiens, qui se succèdent à partir d'un « méridien zéro ». À cause de sa prééminence navale, l'Angleterre est très en avance dans le domaine des cartes marines. Il est donc décidé que la ligne passera à l'observatoire royal de Greenwich, situé dans un joli parc, au bord de la Tamise, à Londres. Nous y avons été tellement habitués qu'on oublie la puissance de ce symbole. Pendant des millénaires, tous les peuples de la terre ont vécu avec leur propre calcul du temps. Ils ont littéralement vu midi à leur porte. Désormais, ils doivent le calculer en « Londres plus 3 », ou en « Londres moins 8 ». Le monde et ses aiguilles tournent autour de l'Europe.

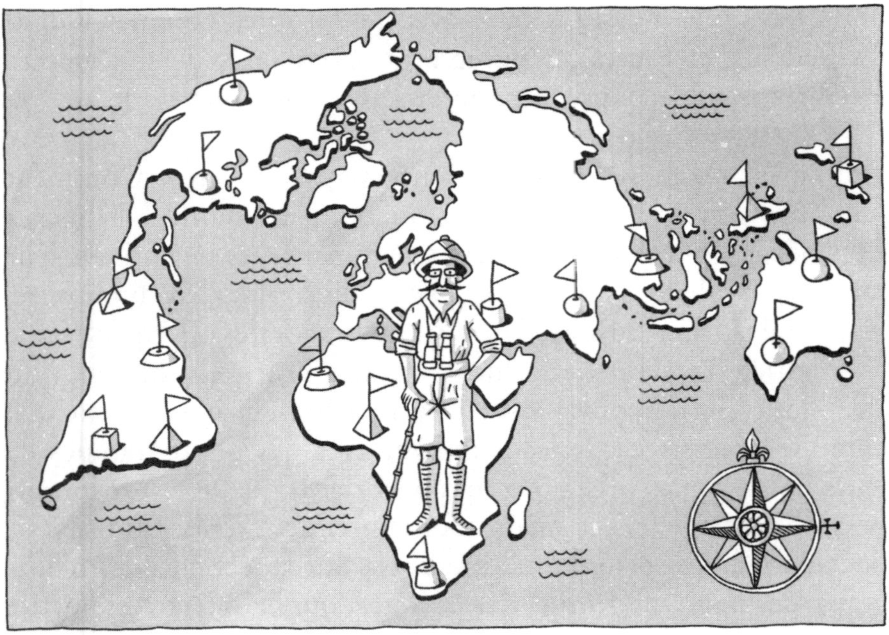

Quelques idées simples

Dans le détail, l'histoire de l'impérialisme européen, que je viens d'esquisser, est passionnante, mais diverse et complexe. Il me semble essentiel de l'aborder en gardant à l'esprit quelques idées très simples.

Quoi qu'on en dise, de quelque côté qu'on la considère, la colonisation a toujours été une domination raciste, soutenue par l'orgueil démesuré d'un petit continent ivre de sa supériorité.

De fait, elle est écrasante. Lors du premier choc, au XVIe siècle, certaines immenses civilisations, les Aztèques, les Incas, se sont effondrées. D'autres ont résisté. Le Japon s'est fermé, la Chine, assise sur sa place de première puissance mondiale, n'a même pas compris qui étaient les moucherons qui osaient la défier. L'Inde du Nord, gouvernée par les fastueux Grands Moghols, la Perse des Shahs, l'Empire ottoman, qui faisait si peur, impressionnaient. À partir du XVIIIe siècle, ils déclinent. L'Europe connaissait bien des rivaux, à même de lui en remontrer, sur le plan de la richesse, du faste, du raffinement. Au XIXe siècle, ils sont tous enfoncés, il n'y en a plus. Le vocabulaire s'en ressent. Pendant longtemps, pour un Occidental, il y avait sur la terre « des » mondes, des peuples, des empires, nous dirions « des civilisations ». Désormais, il y a « la » civilisation, la sienne, la seule qui incarne le « progrès », ce mot clé et piégeux qui est son étendard et son arme. Le reste de la planète se partage en deux catégories. D'une part, les sociétés qui, jadis ou naguère, ont été brillantes – celles qu'on vient de citer –, mais qui, par une curieuse alchimie historique, sont entrées en léthargie et sont dorénavant « en retard ». De l'autre, les Noirs d'Afrique, les Papous d'Océanie, les Indiens d'Amazonie ou ceux d'Amérique du Nord, avec leurs plumes et leurs tomahawks, c'est-à-dire les « sauvages », les « primitifs », qui peuvent être, au choix, de terrifiants cannibales qui mangent les pauvres Blancs venus les sortir de leurs ténèbres ou de grands enfants un peu niais qu'il convient également d'instruire.

La conquête coloniale donne lieu à d'âpres rivalités entre puissances qui rêvent toutes d'obtenir la meilleure part du butin. Heurts entre Anglais et Russes en Asie centrale, entre Anglais et Français en Afrique, ou, plus tard, entre Français et Italiens autour de la Tunisie, puis entre Français et Allemands autour du Maroc. Nombre de fois, ces frictions lointaines menacent de dégénérer en une guerre européenne entre des puissances que les nationalismes poussent à se haïr. Dans les moments cruciaux, tous ces Européens savent pourtant revenir à un sage entre-soi. En règle générale, pour se sortir de l'ornière, ils organisent une conférence internationale, comme celle de Berlin, en 1884-1885, pour traiter de la question du Congo donné au roi Léopold de

Belgique et préparer la grande découpe du continent. La liturgie est toujours semblable. Pendant des semaines, des diplomates blancs, tous mus par les seuls intérêts du pays qu'ils représentent, se réunissent dans une capitale européenne pour discuter du sort d'un morceau du monde où aucun d'eux n'a jamais mis les pieds, sans qu'un représentant de ce continent et des peuples qui y vivent soit seulement consulté. Le colonialisme : des Blancs autour d'une table, des non-Blancs au menu.

De quoi pourraient se plaindre ces indigènes ? Ne prépare-t-on pas leur bonheur en cherchant à leur amener « la civilisation », c'est-à-dire celle du monde occidental ? C'est sans doute un trait commun à toutes les colonisations de l'histoire. La colonisation européenne le porte à son point maximal. Elle prétend n'être mue que par la « mission civilisatrice », ce « fardeau de l'homme blanc » dont parle Kipling, ce « devoir des races supérieures » à l'égard des « races inférieures » dont parle Jules Ferry, expression qui nous paraît abjecte aujourd'hui, mais qui était pensée comme progressiste par celui qui la mettait en avant.

Bien sûr, cet aspect « humanitaire » de la colonisation a existé. Bien sûr, l'expansion européenne a aussi été portée par des médecins généreux, des instituteurs idéalistes, persuadés qu'ils amenaient le progrès à des peuples qui l'espéraient, comme les braves missionnaires étaient sincèrement persuadés qu'ils faisaient le bien en brûlant leurs dieux, en détruisant à jamais des cultures millénaires. Dans les faits, cette « civilisation » n'a jamais été qu'un faux nez, un masque cachant une réalité de prédation et d'asservissement. Toutes les expéditions de conquête en Afrique ont été menées, au XIXe siècle, sous le prétexte de lutter contre l'esclavage, que l'Occident venait d'abolir après l'avoir pratiqué lui-même pendant des siècles. Sitôt installés, tous les pouvoirs coloniaux établissent le travail forcé. Il doit servir à construire les impressionnantes infrastructures dont font grand cas les belles brochures de la propagande. Voyez comme on modernise ! En général, on commence par des chemins de fer et des ports. Ils servent en fait à piller les matières premières pour les rapporter à la métropole.

Lentement, la réalité revient à la lumière. En 2015, l'Allemagne a reconnu comme génocide – le premier du XXe siècle – le massacre systématique entre 1904 et 1908 des Héréros et des Namas, deux populations qui vivaient dans ce qui était alors sa colonie de Namibie. De nombreux ouvrages belges ont dénoncé l'horreur des exactions commises au Congo, au nom de Léopold II. Depuis une vingtaine d'années, on reparle en France des « zoos humains » de la fin du XIXe siècle, cette pratique consistant, dans les expositions internationales, à exhiber des populations comme des animaux. À l'heure où j'écris, peu à peu, grâce aux travaux d'historiens, est mise en lumière la prédation sexuelle qui accompagnait le pillage des ressources dans les pays conquis. Dans le livre *Sexe, race et colonies*[1], ouvrage publié en France en 2018, sont reproduites des photos de la fin du XIXe et du début du XXe siècle sur lesquelles on voit des coloniaux typiques, hommes blancs coiffés de leur célèbre casque, entourés de leurs conquêtes, des femmes arabes, noires, asiatiques, nues. On en faisait des cartes postales, nous expliquent les auteurs du livre, qui étaient envoyés tout à fait naturellement à la famille restée en métropole. Imagine-t-on l'inverse ? dit un de ces auteurs dans une interview. Imagine-t-on la violence que représenterait pour un Européen le fait de voir sa grand-mère, nue, en photo, à côté d'un Africain, d'un Asiatique, d'un Indien en costume ? Le meilleur moyen de comprendre la violence coloniale, c'est précisément de le faire.

---

1. Ouvrage collectif paru aux éditions de La Découverte en 2018.

17 – L'apogée

Il ne manque pas de cafés historiques à Vienne. Un peu au hasard, choisissons le Landtmann, qui se trouve non loin de l'université, juste derrière l'hôtel de ville. Les puristes jugeront que, comme tant d'autres établissements de la ville, devenus autant d'attrape-touristes, il sent un peu le faux. Non sans raison, ils soupçonneront les *Sachertorten* que nous avons commandées avec le *kleiner Brauner* (une *noisette*) d'avoir passé plus de temps dans le caisson d'un congélateur que dans les mains d'une pâtissière. C'est la rançon de la gloire. Comment la légendaire *Kaffeehauskultur* (culture des cafés) viennoise, entrée en 2011 au patrimoine immatériel listé par l'Unesco, résisterait-elle aux sirènes du profit mondialisé ? Peu importe. Le Landtmann a toujours son cadre splendide et lumineux, son mobilier de bois sombre, ses chaises Thonet, ses banquettes de cuir, et on n'y néglige aucun des signes minuscules que le client vient chercher. Les tasses sont arrivées sur leur petit plateau d'argent et j'ai pu, sitôt assis, agripper un des journaux posés sur le guéridon tout proche, dûment attaché à son grand bâton de bois. Il ne s'agissait pas de le lire. Le niveau pathétique de mon allemand aurait rendu la tâche fastidieuse. Il s'agissait de me mettre en condition pour nous projeter, vous et moi, plus d'un siècle en arrière et nous imaginer quelque part en Europe aux alentours de 1900.

J'ai choisi Vienne. Une autre métropole aurait sans doute fourni un aussi beau cadre. On trouve de semblables cafés d'époque, avec leurs chaises bistrot, leurs petites tables de marbre, la déco en fer forgé et ces affiches où les lettres forment des fleurs qui s'entremêlent avec de longues chevelures de femmes. L'esthétique se nomme indifféremment *modern style* ou *Art nouveau* en France et au Royaume-Uni, *Jugendstil* en Allemagne, *Sezessionstil* en Autriche-Hongrie, *stile Liberty* en Italie, ou *modernismo* en Espagne. Ses canons sont toujours les mêmes. On les reconnaîtrait entre mille. Il existe de tels établissements à Barcelone, à Madrid, à Rome, à Paris, à Prague, à Saint-Pétersbourg, à Budapest. Il en existait à Berlin ou à Varsovie, mais la plupart d'entre eux ont disparu avec la dernière guerre. Il y en a forcément eu à Buenos Aires ou à New York, ces villes européennes hors de l'Europe. Et si Londres, toujours à part, préférait à ces « grands cafés » ses pubs traditionnels, leur fonction était la même. On y trouvait d'autres hommes – sauf en France, pays à forte tradition de mixité sexuelle, la plupart de ces endroits étaient masculins – discutant entre eux, ou lisant ces journaux dont les tirages font rêver le journaliste d'aujourd'hui. Comme les cafés, la presse connaissait son âge d'or.

Sans aucun doute, chacun de ces clients se vit d'abord comme anglais, allemand, polonais, italien, français, espagnol – ou catalan. La construction nationale dont j'ai parlé il y a quelques chapitres a atteint son but. La généralisation de l'instruction, qui a permis une alphabétisation de masse et promu des langues unifiées, permet à chacun de se reconnaître dans une patrie, d'être fier de sa culture, de ses héros, de ses grands écrivains, de ses réalisations, de sa position mondiale. Tous les Britanniques savent que le Royaume-Uni, grâce à ses usines et à sa Royal Navy, est la première puissance mondiale. Aucun Allemand n'ignore que son pays, hier encore majoritairement pauvre et agricole, est devenu une puissance industrielle qui talonne la précédente, et qu'il fait des étincelles dans les domaines de la science. À partir de 1901, date de création des prix Nobel, il y rafle tous les lauriers en physique, chimie ou médecine : treize prix pour l'Allemagne avant 1914, contre huit pour la

France, par exemple. Celle-là ne manque pas d'autres motifs de satisfaction. Elle règne sur le deuxième empire colonial au monde. Ses romanciers, ses poètes sont renommés ; ses peintres, Renoir, Monet, voient grandir leur réputation internationale. Et sa capitale, éblouissante lors de l'Exposition universelle de 1900 qui y a fait régner la « fée électricité », passe, non sans raison, pour la plus belle ville au monde. On y arrive de partout pour goûter sa liberté de mœurs, sa beauté, ses plaisirs. Les Italiens, les Néerlandais, les Belges, les Suédois ou les Portugais ne manquent pas de raisons non plus d'être satisfaits. Ils ont été pareillement biberonnés à la grandeur nationale, cet élixir qui coule alors à grands flots.

Tous ces lecteurs de journaux se passionnent bien sûr, avant tout, pour des actualités qui suivent leur calendrier propre, lié aux problématiques nationales. L'Angleterre, par exemple, est obsédée par la question du statut à accorder à l'Irlande et secouée par le militantisme offensif des *suffragettes*, ces femmes qui sont capables de se faire enchaîner à des grilles ou de provoquer la police pour faire enfin advenir le vote féminin. La France du début du XXe siècle se querelle, elle, autour du statut à accorder à l'Église catholique, que le gouvernement radical entend séparer de l'État. Après la chute de Bismarck (1890), l'homme de la *Realpolitik* – celle qui mettait avant tout la consolidation de l'unité nationale –, l'Allemagne découvre la *Weltpolitik* – la politique mondiale –, poussée par Guillaume II. Le Kaiser étend le territoire colonial en Afrique et dans le Pacifique, fait une tournée triomphale dans l'Empire ottoman (1898), ce qui lui permet d'être accueilli par le sultan à Constantinople, de faire sa grande entrée à Jérusalem, par la porte de Jaffa, monté sur un cheval, de se recueillir sur la tombe de Saladin à Damas pour cajoler les musulmans et, ainsi, de faire bicher ses rivaux européens. Comme partout, il arrive aussi à l'Allemagne de s'enflammer pour un de ces scandales dont les journaux font leurs manchettes et leurs choux gras. Celui qui explose en 1907 est haut en couleur. Une campagne de presse d'une grande violence affirme que le prince Eulenburg, un des plus proches conseillers de l'empereur, ainsi que de hauts responsables de l'état-major sont impliqués dans des réseaux homosexuels.

L'Autriche-Hongrie ne fait pas exception. Elle aussi a ses motifs de fierté. François-Joseph, son digne et vieil empereur, est assis sur le trône depuis 1848, règne sur 51 millions de sujets, possède la majeure partie de l'Europe centrale et profite de l'effondrement de l'Empire ottoman pour accaparer de nouvelles provinces dans les Balkans, comme la riche Bosnie-Herzégovine. Elle a aussi ses problèmes politiques. Comment imaginer un moment de calme dans ce melting-pot tumultueux qui compte ses nationalités par dizaine, Allemands, Magyars, Ruthènes, Polonais, Croates, Bosniaques, Serbes, Italiens, Roumains, Juifs, Roms, on en oublie, et où on s'exprime couramment en presque autant de langues ? Il n'y a pas un mois sans qu'une minorité, mécontente du sort qui lui est fait, regimbe quelque part.

L'Europe selon Zweig

Les grands cafés de la capitale de ce fascinant empire à deux têtes ont un précieux avantage. Il suffit de se caler dans un de leurs fauteuils, de tourner ses regards vers la porte à tambour, et on peut facilement imaginer y voir entrer celui que, comme tant d'autres de ses inconditionnels, j'aurais adoré rencontrer : Stefan Zweig, le plus délicat des hommes, le plus subtil des auteurs.

Quel meilleur guide, pour nous promener dans cette époque, que l'auteur du *Monde d'hier* ? Dans ce livre, écrit au temps où la barbarie nazie l'avait contraint à l'exil, il raconte cet empire immuable et son vieil empereur qui semblait épargné par le temps, il raconte les bouleversements de l'amour chez les adolescents fiévreux et troublés sortant de leurs austères lycées et la vie de ces cafés littéraires, emplis de fumée, de parfum de tarte aux pommes, et de poètes rêveurs ou d'écrivains dévorés d'ambition. Il décrit l'effervescence culturelle d'une capitale où l'on pouvait croiser dans la même journée le dramaturge Arthur Schnitzler, Gustav

Mahler, directeur de l'Opéra, ou le si beau Hugo von Hofmannsthal, ce jeune poète sensible et troublant qui deviendra célèbre pour avoir donné à Richard Strauss le livret du *Chevalier à la rose*.

Zweig n'est pas le seul écrivain à avoir raconté le bonheur englouti d'une période. Avec cette même nostalgie rétrospective, les Français lui ont donné plus tard le nom de « Belle Époque », celle des beaux jours d'avant le naufrage. Il est l'un des rares à la raconter en ouvrant au plus large son angle de vue. *Le Monde d'hier* est sous-titré « Souvenirs d'un Européen ». Par sa naissance, Zweig était un juif d'Autriche-Hongrie, par sa formation, un pur produit de l'intelligentsia viennoise. Par sa construction mentale, sa sensibilité politique, ses amitiés et ses admirations – le Belge Émile Verhaeren, le Français Romain Rolland, l'Allemand Richard Strauss –, il était un citoyen du continent. Contrairement à la plupart de ses contemporains, que le prisme national rendait myopes, il savait que les enjeux du temps se jouaient à ce niveau-là.

Entre 1880 et 1914, l'Europe vit son apogée et elle l'ignore. Elle est portée par un optimisme exceptionnel fait pour durer jusqu'à la fin des temps. La révolution industrielle lui a assuré un développement qui ne cesse de s'accélérer. Pour décrire la nouvelle rafale de découvertes incroyables qui se succèdent dans le dernier tiers du XIXe siècle, les Anglo-Saxons parlent de « deuxième révolution industrielle ». La première a été celle de la houille, de la vapeur, de l'acier. La suivante, celle de l'électricité, du pétrole, du moteur à explosion, de l'automobile, bientôt de l'aviation. Tout semble à portée de main. Le chemin vers l'avenir est pavé de roses et d'inventions décoiffantes.

L'Europe est tellement sûre d'elle-même qu'elle digère tranquillement les remises en question les plus vertigineuses. Au milieu du XIXe siècle, le naturaliste anglais Darwin a fait trembler l'homme sur le trône où il s'était placé lui-même en lui rappelant qu'il n'était qu'un cousin du singe. Malgré quelques hoquets de l'Église, qui voyait ainsi jeté à bas tout ce que raconte la Bible, le darwinisme s'est imposé. En 1905, Einstein, un jeune savant allemand, rend publique sa « théorie de la relativité restreinte » qui remet en question toute la physique comme on la concevait jusqu'alors. Dans ces mêmes années, un médecin viennois « découvre » l'inconscient, ce continent noir et fascinant, cet océan trouble de désirs et de pulsions qui menace la toute-puissance de la raison, dont un Occident gavé de scientisme croyait qu'elle régnait sans partage. Le psychiatre se nomme Sigmund Freud. Depuis 1891, il s'est installé au 19 de la Berggasse, où il reçoit visiteurs et patients, entre ses bibelots exotiques et sa débordante bibliothèque. L'immeuble est à deux rues de notre café Landtmann. L'éminent savant venait à l'occasion y manger une part de tarte, ou lire tranquillement son journal.

Il y a fort à parier qu'un lecteur aussi érudit et au fait de son temps n'a rien raté des pages rendant compte des derniers soubresauts de la vie artistique. Elle n'en manque pas. 1900 marque l'apogée du phénomène des « avant-gardes », qui pose la séparation entre ces petits groupes d'artistes, jeunes, turbulents, décidés à faire exploser les canons académiques, et à distancer la masse des conformistes ventrus qui s'y tiennent. À Vienne, comme à Munich quelques années auparavant, on parle de « Sécession », pour désigner les jeunes peintres – Klimt, Kokoschka, Schiele sont les plus célèbres – qui ont rompu avec les écoles des beaux-arts traditionnelles. À Berlin, on parle de *Jugendstil*. À Paris, des « nabis », puis des « fauves », bientôt de « cubisme ». Les noms d'école diffèrent. Le bouillonnement est le même.

Sans doute, comme n'importe quel client de café, une fois qu'ils sont assis devant leur petite table bistrot, Freud, Zweig et les autres jettent-ils parfois un œil discret sur le journal que lit leur voisin de salle pour se faire une idée de ses convictions. La presse est de plus en plus libre, un peu partout en Europe, et de plus en plus diverse, reflétant le large spectre des opinions politiques qui ont cours alors. Il est large et, évidemment, diffère selon les agendas nationaux. Il est partout sous-tendu par deux grandes idéologies, deux grandes forces antagonistes, dont l'opposition va déterminer l'avenir du continent.

Les beaux temps du mouvement ouvrier

Le socialisme est la première. Il est né au début du XIXe siècle, j'en ai parlé déjà, en réaction au désastre social engendré par la révolution industrielle. Des penseurs, comme les Français Charles Fourier (1772-1837), Pierre-Joseph Proudhon (1809-1865), ou l'industriel anglais Robert Owen (1771-1858), cherchent à contourner l'individualisme prôné par le libéralisme et élaborent des systèmes qui permettraient de sortir les ouvriers de leur effroyable misère en organisant la production autrement. Pendant longtemps, leurs thèses se répandent parmi de petits groupes de fidèles qui peinent à se structurer. En 1864, à Londres, est fondée l'Association internationale des travailleurs, appelée plus tard la « Première Internationale », qui a pour but de fédérer toutes ces chapelles pour en faire une seule église, assez puissante pour renverser le système. L'Allemand Karl Marx en est la figure dominante. Il tente d'imposer au mouvement sa propre conception du passage vers la société communiste qu'il appelle de ses vœux. Elle suppose une prise de pouvoir de l'État par le prolétariat, qui y exercera une dictature, le temps d'abolir la propriété et de mettre fin au règne de la bourgeoisie. Ses thèses sont violemment contestées par son rival, le Russe Bakounine, théoricien de l'anarchisme, qui pense qu'il faut abolir l'État et non en prendre le contrôle. Les bagarres incessantes entre partisans de l'un et de l'autre aboutissent à la dissolution de l'organisation (1876). En 1889, à Paris, est donc fondée une Deuxième Internationale ouvrière. Les querelles idéologiques ne disparaissent pas par magie. Tout le monde est à peu près d'accord pour espérer la révolution, qui seule saura rendre le monde plus juste. Personne ne s'entend sur la manière de la faire advenir. À l'extrême gauche, par exemple, les anarchistes en viennent à prôner l'action terroriste. Cette « propagande par le fait », comme ils l'appellent, déstabilisera le système, suscitera une répression policière qui, croient-ils, poussera les masses à se rapprocher des militants et hâtera donc le grand moment tant espéré. Une vague d'attentats d'une grande violence se déchaîne au tournant du siècle et multiplie les victimes, parmi lesquelles on retrouve un président français (Sadi Carnot, 1894), un roi d'Italie (Humbert Ier, 1900), un président des États-Unis (William McKinley, 1901) et même une impératrice d'Autriche et reine de Hongrie, Élisabeth, la fameuse Sissi, poignardée devant son hôtel à Genève (1898). Conscients de l'impasse dans laquelle ils se sont mis eux-mêmes, les anarchistes rejoignent peu à peu d'autres branches de la grande famille socialiste. Celle-ci ne cesse de grossir. Dans le dernier tiers du XIXe siècle, le paysage politique n'a plus rien à voir avec celui qui préexistait. La généralisation de l'instruction, la massification de l'information permettent les progrès de la démocratie et l'intégration progressive des mouvements ouvriers dans le système représentatif.

Peu à peu, les syndicats sont autorisés et la grève, hier vécue comme séditieuse, se fond dans l'horizon normal de la revendication. Des partis se forment, qui réussissent à faire élire leurs premiers maires, leurs premiers députés. Un des pionniers est le Parti socialiste ouvrier d'Allemagne, fondé à Gotha en 1875. Bismarck, qui ne voyait dans les socialistes que des « brigands » à anéantir, le fait interdire en 1876, mais il renaît dans les années 1890, sitôt après la chute du chancelier de fer. Rebaptisé Parti social-démocrate (en allemand Sozialdemokratische Partei Deutschlands, SPD), il devient le plus important d'Europe et envoie des dizaines d'élus au Reichstag (et 110 aux législatives de 1912, ce qui en fait le premier parti du Reich). Avec ses chorales, ses clubs de sport, ses associations culturelles, il forme un véritable État dans l'État. Grâce à lui – mais aussi grâce aux nombreux avantages sociaux concédés par Bismarck pour acheter la paix sociale au temps où il avait interdit le socialisme –, les ouvriers allemands bénéficient, à la veille de la Première Guerre mondiale, du plus haut degré de protection sociale d'Europe, et sans doute du monde.

L'Autriche suit la voie. Elle aussi connaît son parti social-démocrate, fondé par Victor Adler (1852-1918). Avant de devenir une des grandes voix de la Deuxième Internationale, cet intellectuel viennois juif a été médecin des pauvres, recevant toute une population souvent déshéritée à une adresse que nous connaissons déjà. Son cabinet se trouvait dans un immeuble appartenant à sa famille, au 19 Berggasse, là où Freud emménage en 1891. Le grand Empire austro-hongrois est aussi un petit monde.

En Angleterre, un des pays où sont apparus les premiers penseurs socialistes, les syndicats sont devenus très puissants et ce sont eux qui, espérant avoir une représentation parlementaire, poussent à la création du Labour Party, le parti travailliste, en 1906. Le socialisme britannique est irrigué également par des clubs de pensée. Le plus célèbre, la Fabian Society, compte parmi ses membres nombre d'intellectuels, comme l'Irlandais George Bernard Shaw, futur prix Nobel de littérature.

Le mouvement ouvrier français reste longtemps éclaté en de multiples groupuscules, et déchiré par des rivalités de personnes, comme celles qui opposent le très raide Jules Guesde, qui se revendique d'un marxisme orthodoxe, et Jean Jaurès, brillant professeur, orateur éblouissant, moins rétif aux alliances avec les républicains non socialistes. Sur pression de l'Internationale, et de son président le Belge Émile Vandervelde (1866-1938) – une des figures de cette galaxie –, l'unité est enfin faite en 1905, sous la forme d'un parti, la Section française de l'Internationale ouvrière (SFIO).

Dans tous les pays d'Europe, de semblables mouvements apparaissent ainsi à cette époque, même dans la lointaine et archaïque Russie toujours étouffée par une autocratie impitoyable. Elle aussi voit naître son parti social-démocrate, mais, constamment traqué par la police, il est clandestin et ses congrès se font souvent à l'étranger. En 1903, il se scinde en deux groupes dont les noms nous sont toujours familiers, même s'ils sont faux. La plus grosse partie des délégués, qui optent pour des positions modérées et veulent mettre leur force dans les améliorations concrètes à apporter aux ouvriers, se retrouvent désignés sous le nom russe de « mencheviks » – les minoritaires, parce qu'ils ont en effet été mis en minorité, mais sur un vote portant sur une motion d'importance mineure. Les autres, emportés par l'intransigeant Lénine, continuent de ne rêver que de révolution et, quoique bien moins nombreux, se font connaître sous le nom de « bolcheviks » – les majoritaires.

Dans les faits, partout ailleurs, même en conservant leur unité, tous les partis ouvriers sont traversés de semblables tensions. Comment passer à la société socialiste dont tous rêvent ? Faut-il tout miser sur une révolution ? Et comment la faire advenir ? Par la grève générale ? Par la prise de pouvoir violente ? Faut-il au contraire, comme le pensent d'autres militants, opter pour une stratégie « gradualiste », consistant à avancer pas à pas, mesure après mesure, vers le monde de demain ? Comme tant d'autres, Eduard Bernstein, un des dirigeants du SPD, penche plutôt pour cette stratégie qu'on appellera le « réformisme », et la résume d'une formule brillante qui fait hurler les révolutionnaires orthodoxes : « Le but final, quel qu'il soit, ne signifie rien pour moi ; le mouvement est tout. »

En désaccord sur tant de choses, pratiquement tous les socialistes européens s'entendent sur un point essentiel. Le moteur de l'histoire est la lutte des classes. Le véritable combat que doit mener tout militant ouvrier doit être dirigé contre les patrons, ceux qui exploitent la misère humaine, et cette lutte, par définition, transcende les frontières. Tous sont viscéralement pacifistes. Ils pensent que la guerre entre les nations est un leurre, un subterfuge hideux inventé par les puissants pour détourner les prolétaires de leur juste colère contre les patrons. Leur hymne s'appelle *L'Internationale*. Dans un de ses couplets, il donne la ligne : « Les rois nous saoulaient de fumée. Paix entre nous, guerre aux tyrans. Appliquons la grève aux armées. Crosse en l'air ! et rompons les rangs ! »

La lame de fond nationaliste

Pour le camp opposé, ces vers relèvent du blasphème : l'armée, les frontières, les drapeaux sont des icônes sacrées.

Dans ses débuts, l'idée de nation était fraternelle et défendue par la gauche. Portée par la volonté de nombreux peuples européens de former leur propre pays, elle était dirigée contre l'ordre établi des empereurs et des rois, pas contre les autres peuples. Ce premier principe national, apparu au début du XIXe siècle, n'a pas abouti partout cent ans plus tard. Au début du XXe siècle, on le retrouve toujours à l'œuvre, en particulier en Autriche-Hongrie. Comme tant d'autres peuples avant eux, les Tchèques, les Polonais, les Ruthènes (que nous appelons les Ukrainiens) ou les Croates rêvent, sinon de pouvoir former leur patrie indépendante, au moins de disposer d'une autonomie au sein de l'empire, ou pourquoi pas d'un parlement, comme les Hongrois.

Ailleurs, dans le dernier tiers du siècle, alors que les socialistes sont devenus internationalistes, l'idée de « nation », qui a été récupérée peu à peu par les princes et les rois, migre de l'autre côté de l'échiquier politique. En l'adoptant, la droite et l'extrême droite l'enserrent dans une idéologie nouvelle, le nationalisme, qui la fait changer de nature. Hier émancipatrice et inclusive, la nation devient une idole exclusive et jalouse. On a coutume, en France, de résumer cette évolution par une formule attribuée au romancier Romain Gary : « Le patriotisme, c'est l'amour des siens. Le nationalisme, c'est la haine des autres. » Au tournant du siècle, pour les nationalistes, ces « autres », ces ennemis qui conspirent contre la déesse Nation, sont à la fois à l'intérieur de ses frontières et à l'extérieur.

Non loin du café Landtmann se trouve un boulevard nommé, depuis 2012, Universitätsring. Jusqu'à cette date, il s'appelait Dr.-Karl-Lueger-Ring, du nom d'un homme qui fut maire de Vienne de 1897 à sa mort, en 1910. Énergique, social, très efficace, il était très populaire de son vivant et, de toute évidence, il l'est toujours longtemps après sa mort. Son morceau de « Ring » – le boulevard circulaire qui entoure le centre de Vienne – a été débaptisé, mais il a toujours sa statue, non loin de l'hôtel de ville, et une jolie place à son nom, près du Danube. Il est surtout célèbre pour avoir été un antisémite forcené, dont Hitler, plus tard, a déclaré s'être inspiré.

De très nombreux juifs vivent en Autriche-Hongrie. Nous avons croisé déjà quelques-uns des plus célèbres, Zweig, Freud, Victor Adler, Arthur Schnitzler. La plupart se sentent à l'aise dans leur ville, et dans leur empire. Nombre d'entre eux ont pu quitter les ghettos ou les petits villages misérables où ils vivaient pour venir dans les grandes villes, à Vienne, mais aussi à Prague, ou à Budapest, y faire des études, y embrasser de belles carrières. L'empereur François-Joseph est favorable à ce mouvement. Il protège les juifs. Il s'est d'ailleurs opposé pendant un temps à l'élection de Karl Lueger, avant de céder, sous la pression populaire. Ici, comme ailleurs en Europe, la haine contre les juifs déferle comme une vague mauvaise.

La détestation de cette minorité n'est pas nouvelle, en Occident, mais sa nature a changé. Depuis le Moyen Âge, on reprochait aux juifs leur religion et on s'en servait volontiers comme boucs émissaires, pour les accabler de tous les maux dont ils n'étaient pas responsables. Les tsars de Russie utilisent encore ce procédé. Dès qu'une affaire embarrassante les met en cause, ils détournent la haine contre les juifs, massacrés dans les sinistres pogroms. Ailleurs, dans la seconde moitié du XIXe siècle, cette vieille phobie prend un autre tour. Des essayistes fumeux, prétendant s'appuyer sur des notions scientifiques, ont décrété que les juifs appartenaient à une « race », exactement comme on pensait, en ces temps coloniaux, que les « Noirs », les « Jaunes » en formaient d'autres. Succédant au vieil *antijudaïsme* chrétien, apparaît ainsi l'*antisémitisme*. Il est répandu d'abord dans les milieux d'extrême gauche qui, recyclant des stéréotypes médiévaux, font du « juif », le riche, le banquier sans scrupule qui suce le sang du peuple. Il passe ensuite à l'extrême droite, où il s'intègre tout naturellement à la pensée nationaliste. Pour un ultranationaliste de n'importe quel pays, le juif est ennemi par essence, car il est cet errant éternel qui ne comprendra jamais ce qu'est une patrie. On le voit de façon éclatante en France au moment de l'affaire Dreyfus, du nom du capitaine juif condamné à tort pour espionnage au profit de l'Allemagne. Plus les preuves de l'innocence du militaire s'accumulent, plus la droite nationale s'arc-boute sur son refus de réviser le procès. Il ne faut pas s'engager dans une voie qui contribuerait à affaiblir l'armée, dont l'honneur doit être supérieur à tout, y compris à la justice. Il est surtout impensable de le faire pour défendre un juif. « Que Dreyfus est capable de trahir, écrit l'écrivain Maurice Barrès, le plus fervent des antidreyfusards, je le conclus de sa race. »

Au début du siècle, grâce à ces *dreyfusards* exceptionnels que furent les Zola, les Clemenceau, les Jaurès, qui ne ménagèrent pas leur peine pour faire triompher la vérité, le capitaine finit par être pleinement lavé et réhabilité, et le camp nationaliste antisémite est vaincu. Pour autant, l'onde de choc de l'« Affaire » sur l'Europe a été puissante. Un des correspondants étrangers présents à Paris lorsque l'officier fut dégradé dans la cour de l'École militaire, en face d'une foule criant « Mort aux juifs ! », se nomme Theodor Herzl. Il est un des noms les plus en vue de la presse autrichienne. On lit souvent que cette scène atroce a été l'élément déclencheur du grand projet de sa vie. Si on pouvait voir cela même en France, le premier pays à avoir donné leur pleine citoyenneté aux juifs pendant la Révolution, les juifs ne seraient jamais tranquilles en Europe, et leur seule planche de salut était d'obtenir un pays à eux. Herzl est le père du sionisme.

Obsédés par l'idée qu'une nation ne peut se défendre que si elle est parfaitement homogène, la plupart des nationalistes d'avant 1914 sont aussi hostiles à toutes les minorités. Dans les pays protestants, le soupçon se porte volontiers sur les catholiques, et inversement. Charles Maurras, monarchiste français, antidreyfusard forcené, père du « nationalisme intégral », estime que la France est minée par quatre ennemis intérieurs, les « États confédérés » comptent les juifs, mais aussi les protestants, les francs-maçons et les « métèques », c'est-à-dire les étrangers.

Pour tous, l'ennemi principal se trouve en effet de l'autre côté de la frontière, c'est ce voisin qui menace et contre qui il faut sans cesse se préparer à lutter. La pensée commune nationaliste a même réussi, à la fin du siècle, à mettre le grand Darwin au service de cette façon de voir. Comme les animaux, les hommes, c'est-à-dire les nations, sont condamnés à dominer pour ne pas être soumis, à se battre pour ne pas être battus.

De fait, tous les États européens ont alors de bonnes et vraies raisons de craindre les autres États européens. Le Royaume-Uni, première puissance navale et industrielle, est obsédé à l'idée d'être rattrapé par l'industrie et la marine allemandes. La France ne se console pas d'avoir perdu l'Alsace-Lorraine. Elle est aussi très jalouse de son pré carré colonial, et se querelle avec l'Angleterre à propos du Soudan, avec l'Italie à propos de la Tunisie, ou avec l'Allemagne à propos du Maroc. De leur côté, les Russes sont en rivalité avec les Anglais en Asie, et avec l'Autriche-Hongrie dans les Balkans, où, par ailleurs, toutes les nouvelles puissances régionales, Bulgares, Grecs, Serbes, Roumains, sont en conflits permanent les unes avec les autres.

Tout cela ne peut-il être réglé dans un esprit de concorde, entre hommes civilisés ? Quelques humanistes, qui se réunissent périodiquement dans de grands congrès pacifistes, veulent le penser. Attisées par le bellicisme des nationalistes, les opinions publiques y croient de moins en moins.

18 – Six idées sur le suicide de l'Europe

Le musée historique de la ville, à Sarajevo, capitale de la Bosnie-Herzégovine, est situé dans une grande bâtisse qui fait l'angle entre deux rues face à la rivière Miljacka. On y trouvait, au début du XXe siècle, le *delicatessen* Moritz Schiller, qui a fait son entrée dans l'histoire le 28 juin 1914. Gavrilo Princip, un jeune Bosniaque pro-yougoslave issu de la minorité serbe, attendait juste devant l'épicerie face au pont de pierre quand il tira les coups de revolver qui tuèrent l'archiduc François-Ferdinand, héritier du trône austro-hongrois, et sa femme Sophie. Plus d'un siècle plus tard, on aura toujours raison de s'y rendre. Le lieu est propice à une méditation sur les rapports mystérieux des causes et des effets dans le destin de l'humanité.

Les raisons de l'attentat lui-même sont simples à comprendre. La province de Bosnie, jadis ottomane, est occupée depuis 1878 par l'Autriche-Hongrie, qui l'a annexée en 1908. Cela a provoqué la fureur de la Serbie voisine, qui estime que la région, slave, et peuplée de minorités serbes, lui revient. L'annonce de la visite de l'héritier du trône, qui plus est un 28 juin, date de la fête nationale serbe, relevait, pour les extrémistes de ce camp, de la provocation. D'où le complot, ourdi par l'extrême droite de

Belgrade, et mené par une poignée d'exaltés bosniaques, d'ailleurs assez peu doués. Ils ont jeté une première bombe sur le convoi archiducal le matin, mais elle n'a pas explosé. Il a fallu, quelques heures plus tard, que le coupé officiel se trompe d'itinéraire pour que Princip, qui s'apprêtait à rentrer chez lui et se trouvait devant par hasard, puisse tirer presque à bout portant. Mais les conséquences ?

Depuis la fin du XIXe siècle, l'Europe est dévorée par la passion nationaliste. La poignée de grandes puissances qui la dominent estiment qu'elles seules représentent la grandeur, la perfection de la civilisation, et haïssent cordialement les puissances voisines, contre qui elles se préparent éternellement à faire la guerre. Pour se protéger de celles qu'elles détestent le plus, elles se sont alliées avec celles qu'elles craignent le moins. D'un côté, la « Triplice » : Allemagne, Autriche-Hongrie, Italie. De l'autre, un réseau d'alliances deux à deux entre France, Russie et Royaume-Uni : la « Triple Entente ». Grâce à cet équilibre fragile, la guerre a pu, jusque-là, être évitée. Elle aurait pu avoir lieu tant d'autres fois à propos de rivalités coloniales, comme en 1905 ou en 1911 quand l'Allemagne et la France ont failli en venir aux armes à propos du Maroc, qu'elles convoitaient toutes deux. Elle aurait pu avoir lieu dix fois à propos des Balkans, cette « poudrière » où les pays ne cessent de se battre les uns contre les autres pour agrandir leurs frontières. À chaque fois, les alliances ont joué comme un frein. Les alliés, parce qu'ils ne s'estimaient pas prêts, parce qu'ils pensaient que le jeu n'en valait pas la chandelle, ont calmé les alliés. Les crises sont restées circonscrites ou ont été réglées comme on faisait alors, dans de vastes conférences où se retrouvaient des diplomates à haut-de-forme et cigare.

En juillet 1914, tout se passe à l'inverse. Dans un premier temps, l'Autriche-Hongrie hésite sur la conduite à tenir. L'état-major autrichien opte pour la fermeté, mais le Premier ministre hongrois est opposé à toute intervention qui jetterait de l'huile sur le feu jamais éteint des nationalités. L'allié allemand souffle sur les braises et la pousse à une solution expéditive : il faut châtier la Serbie une fois pour toutes, sinon ces rivalités pour la Bosnie recommenceront.

De son côté, la Serbie se retourne vers son protecteur russe qui, après s'être discrètement assuré du soutien de l'allié français, joue la même partition : ne pas céder, tenir tête à Vienne ! C'est parti pour l'escalade fatale : montée des tensions ; échauffement des opinions publiques ; ultimatums ; explosion ! Le 28 juillet, l'Autriche déclare la guerre à la Serbie et bombarde Belgrade le lendemain. La Russie mobilise, soutenue par la France. L'Allemagne déclare la guerre à la première le 1er août et à la seconde le 3. Dès le lendemain, 4 août 1914, elle met en œuvre le plan habile prévu depuis longtemps : une invasion surprise de la Belgique qui permettra d'attaquer la France sur un flanc faible. Le Royaume-Uni est encore hors du jeu. Le viol de la neutralité belge, dont il est le garant, l'oblige. En août 1914, les six principales puissances sont dans la tourmente. Les autres suivent : l'Empire ottoman, côté allemand, en septembre 1914 ; l'Italie en 1915, en rompant son alliance avec les Austro-Allemands pour rejoindre les Franco-Anglais ; la Bulgarie en 1915 aussi, mais du côté des empires centraux ; la Roumanie en 1916, côté Entente. Deux coups de feu ont embrasé le continent.

Jusqu'au milieu de l'année 1914, ce petit morceau de la planète dominait le monde. En 1918, il est devenu un cimetière et un mouroir. Dix millions de soldats et près de neuf millions de civils sont morts. Les hôpitaux sont pleins d'estropiés, d'amputés, d'aveugles, de sourds, de pauvres gens rendus fous par ce qu'ils ont subi. Personne, pourtant, n'a attaqué l'Europe. Elle s'est tuée elle-même. Ceux qui veulent méditer sur ce désastre peuvent tenter d'autres balades. La première est simple, quand on habite Paris, et parfaite pour accompagner la mélancolie d'un dimanche d'automne. On prend un train à la gare du Nord avec sa bicyclette, on descend à Compiègne, et on roule dans la belle forêt qui entoure cette petite ville jusqu'à la clairière dite de Rethondes. On y trouve, dans un musée construit là, une copie à l'identique du wagon où, par un petit matin blême du 11 novembre, Foch, le généralissime des armées alliées, et Erzberger, un civil représentant Berlin, signèrent l'armistice mettant fin à la première grande boucherie du siècle. Après les Bulgares (29 septembre), les Ottomans (30 octobre) et les Austro-Hongrois (3 novembre), les Allemands étaient les derniers à tirer leur révérence. Le lieu, entièrement restauré pour le centenaire, à l'automne 2018, est digne et calme.

Tout autant que les bords du lac Léman à Genève. C'est une autre promenade de circonstance que je conseille. Avec quelques autres, l'Espagne, les Pays-Bas, les trois Scandinaves, la Suisse est un des rares États européens à être restés en dehors du carnage. Au chapitre précédent, nous étions avec Zweig. Avec un peu de chance, nous pourrons, sur les vertes rives du lac, croiser le fantôme de Romain Rolland (1866-1944), qui fut un de ses plus grands amis. Musicologue de formation, il a connu la célébrité avant guerre avec *Jean-Christophe*, une fresque romanesque humaniste dont le héros est un jeune musicien allemand vivant en France. L'auteur militait déjà pour la nécessaire fraternité entre deux pays aux cultures, selon lui, si proches et si complémentaires. En juillet 1914, comme chaque été, Rolland se trouve dans les alpages suisses, où il a l'habitude de venir soigner sa santé fragile. Quand le séisme a lieu, au début d'août, rien ne l'oblige à rentrer. Il est trop âgé pour être mobilisé. Il décide de rester, parce qu'il croit se trouver dans un des rares endroits d'Europe où on peut ne pas hurler avec la meute. On célèbre, sur tant de monuments commémoratifs de la Grande Guerre, le courage au combat dont firent preuve tant de braves soldats. Qui dira le courage qu'il fallut à un homme seul pour appeler à ne pas combattre ? Fort peu entendu par le monde germanique et haï par les Français, qui voient en lui un traître, Rolland passe la guerre en Suisse, principalement à Genève. Il y participe ardemment au comité de la Croix-Rouge qui aide les prisonniers. Il y écrit de grands textes sur celle qu'il appelle, dès le 3 août 1914, la « guerre européenne », qui est aussi, à ses yeux, « la plus grande catastrophe de l'histoire ». Le plus célèbre, publié en septembre dans le supplément du *Journal de Genève*, s'intitule « Au-dessus de la mêlée ». Une bonne position à tenir pour tenter quelques réflexions sur cet épisode de notre histoire.

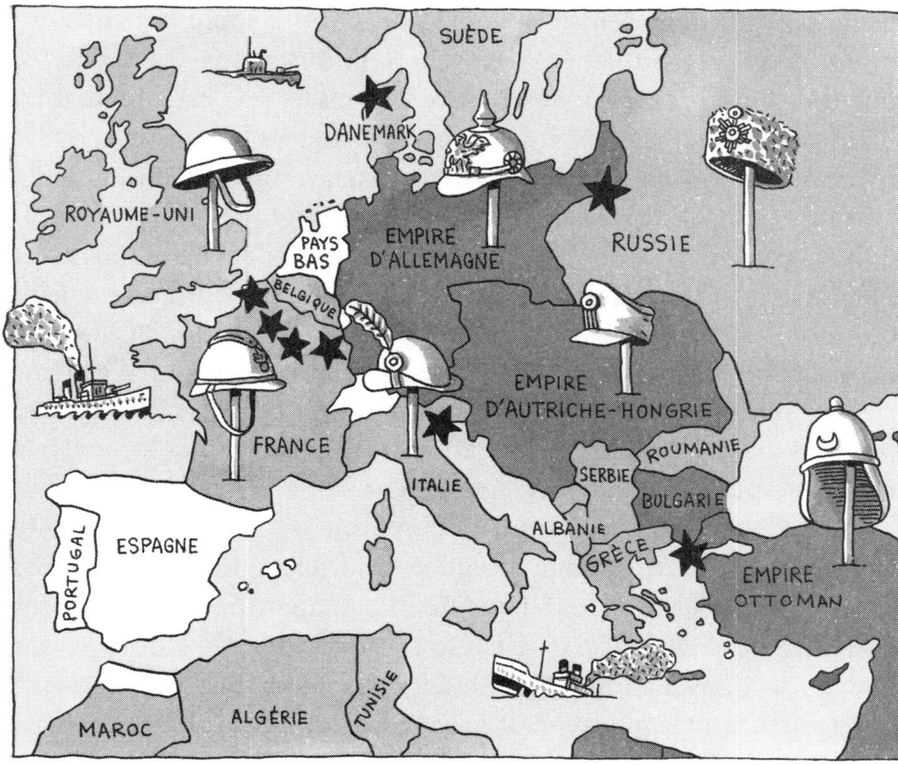

1

Pourquoi cette guerre ? Qui en est responsable ? Quel a été son sens, son but ? Depuis 1914, chaque camp a essayé de répondre à cette question. Elle n'a toujours pas cessé de nous hanter.

Du côté de l'Entente (franco-anglaise), un point de vue s'est installé dès les premières semaines du conflit et, étant celui des vainqueurs, a réussi ensuite à s'imposer longtemps. La guerre menée par les Français et les Britanniques était la « guerre du droit » et elle n'était qu'une nécessaire réponse de pays libres à l'agression du bellicisme allemand, appuyé par ses alliés. Cette conception n'est pas infondée. En lançant ses troupes début août, l'Allemagne s'est mise en situation d'agression caractérisée. N'a-t-elle pas, dès les premières heures du conflit, violé la neutralité de la Belgique, où ses soldats ont commis, dans les semaines qui ont suivi, des atrocités contre des civils ? C'est indéniable, l'état-major allemand était composé d'officiers bellicistes, chauffés à blanc par un empereur réactionnaire, agressif et, en règle générale, fort instable sur le plan psychologique.

N'y avait-il pas de bellicistes en face ? N'existait-il pas, en Angleterre, et surtout en France, une extrême droite nationaliste qui faisait tout son possible pour déchaîner l'opinion ? Que dire de l'état-major russe, composé de va-t-en-guerre qui n'avaient rien à envier, sur ce plan, à leurs homologues prussiens, et qui, pour avoir poussé la Serbie à l'intransigeance, ne furent pas moins responsables du déclenchement de la tempête ?

Par ailleurs, peut-on réduire l'ensemble de l'Allemagne ou de l'Autriche-Hongrie à une poignée d'officiers belliqueux ? On vient d'en parler, ces deux pays ne manquaient pas d'humanistes sincères, de socialistes pacifistes, très peu désireux de pousser le monde dans l'abîme. Seulement, eux aussi ont fini par être convaincus que la guerre était nécessaire, non pour dominer, mais pour ne pas disparaître. Et cette conception n'est pas plus infondée que celle qui prévalait dans le camp d'en face. La grande peur allemande, répandue largement hors des cercles militaires, était l'encerclement, l'étouffement du pays. Il suffit de regarder une carte pour comprendre son origine : d'un côté, l'ennemi français, de l'autre, la terrifiante et énorme Russie, avec ses millions de kilomètres carrés et ses millions d'hommes prêts à déferler sur le pays et à lui imposer son régime d'un autre âge. C'est un point que Français et Anglais oublient souvent. Dans leur esprit, leurs deux pays, face aux deux empires allemand et austro-hongrois, représentent le camp de la démocratie. Pourquoi alors, pensaient les démocrates allemands et austro-hongrois, vous êtes-vous alliés avec la dernière monarchie absolue d'Europe, où on maintient le peuple dans l'ignorance et la misère, et où on tue les juifs dans des pogroms ?

Les nationalistes aimaient la guerre pour la guerre. La plupart pensaient que celle-ci en particulier était nécessaire, car elle permettrait de purger des affrontements millénaires entre peuples voués depuis la nuit des temps à se haïr et à chercher à se dominer. C'est la grande thématique de l'« ennemi héréditaire », encore présente dans tant d'esprits. Un rapide survol de l'histoire nous montre pourtant combien, en matière de géopolitique, la notion d'hérédité est fragile.

En 1914, les Français qui se battent contre les Allemands sont persuadés de vider une querelle récurrente : il y a la guerre de 1870, bien sûr, et avant elles les guerres de Napoléon. Dans les journaux de l'époque, on n'hésitait même pas à remonter aux guerres qui opposèrent les petits-fils de Charlemagne au début du IXe siècle[1]. Pourtant, en 1898, moins de vingt ans avant 1914 donc, après un accrochage entre soldats français et britanniques à Fachoda, un petit fortin situé au Soudan que les deux pays convoitaient, la même opinion publique chauvine était prête à en découdre avec les Anglais. C'étaient eux, les ennemis héréditaires ! N'avaient-ils pas brûlé Jeanne d'Arc ?

De même, en affrontant l'Autriche en 1914, avec le soutien des Russes, la Serbie pensait se mesurer à un vieil adversaire, tout en étant défendue par l'allié naturel russe, orthodoxe et slave comme elle. La dynastie au pouvoir à Belgrade jusqu'en 1903 pensait le contraire : elle était pro-autrichienne et se méfiait de Saint-Pétersbourg, qui avait le tort de cajoler les rivaux bulgares. Encore un exemple ? En 1915, alléchée par les promesses de l'Entente, qui lui garantissait des terres sur l'Adriatique qu'elle offrait en même temps aux Serbes, l'Italie entre donc dans le conflit aux côtés des Franco-Britanniques. Ses troupes affrontent les Autrichiens. Encore un produit d'une longue histoire, pensera-t-on. L'unité italienne n'a-t-elle pas commencé, du temps

1. Voir chapitre II.

de Cavour, par une guerre menée, avec l'aide de la France du Second Empire, contre les Autrichiens, qui occupaient la Lombardie et la Vénétie ? Certes. Mais dans les années 1880, comme je l'ai dit plus haut, l'Italie était entrée dans la Triplice, qui l'unissait à l'Allemagne et à cette même Autriche, parce qu'à ce moment-là son ennemi principal était la France, qui avait osé mettre la main sur la Tunisie, dont les Italiens voulaient faire leur colonie.

Pendant longtemps, dans le camp de gauche, enfin, sous l'influence des théories marxistes, on a trouvé au conflit des explications totalement à rebours de celles dont nous venons de parler. La guerre n'était rien d'autre qu'une conséquence des rivalités économiques et des intérêts des marchands de canons. « On croit mourir pour la patrie et on meurt pour des industriels », écrit Anatole France, en 1922, dans *L'Humanité*, le journal communiste. Comme la plupart des gens de gauche de ma génération, j'ai pensé cela. J'y crois moins. Comme le montre fort bien la prospérité actuelle de ce commerce, les marchands de canons n'aiment rien tant que de vendre beaucoup d'armes à des pays en guerre, mais ils préfèrent que ces guerres se déroulent loin de chez eux.

La Grande Guerre n'a été ni la bataille du camp du bien contre le camp du mal, ni le conflit ultime entre des ennemis éternels, ni le produit des contradictions du capitalisme. Comme la guerre de Trente Ans, comme la Saint-Barthélemy, elle a été une guerre de religion. Une religion civile, si on veut, une religion sans dieu, peut-être, mais une religion servant le dieu de l'orgueil et de la haine, le nationalisme. Voyez tout ce qui alla avec, l'exaltation de la mort, la transcendance par le sacrifice, le culte des martyrs. Est-ce que cela relève du calcul rationnel, de l'intérêt économique ? Non, cela relève du mysticisme.

Et comme hier, au temps des luttes à mort entre les catholiques et les protestants, quand on était capable de se battre au nom de points de doctrines qui nous semblent absurdes, il n'y avait pas tant de différences entre toutes ces nations ennemies. Seule la Russie, perdue dans son archaïsme, était à part, j'en ai parlé. Mais les autres ? Elles ne vivaient peut-être pas sous des régimes politiques tout à fait identiques. L'Angleterre et la France étaient plus avancées sur le chemin de la démocratie que l'Allemagne ou l'Autriche, toujours soumises à des gouvernements autoritaires et non représentatifs. À l'inverse, l'Allemagne, dont les ouvriers étaient très protégés, était très en avance sur ses deux rivales sur le plan social. Pour le reste, le degré de civilisation de cette poignée de pays, leur culture, leurs valeurs, leurs connaissances scientifiques, leur philosophie, étaient identiques, comme l'était leur histoire – tous les chapitres qui précèdent avaient pour but de le montrer. Comme la plupart des guerres de religion, la Première Guerre mondiale est une guerre entre frères.

2

Le nationalisme est mortifère par nature. Lorsqu'il réussit à exploiter habilement le noble sentiment du patriotisme que chacun porte en soi, il peut être aussi un levier d'une puissance irrépressible. À l'heure où ces idéologies renaissent partout dans le monde, il est bon de l'avoir en tête. Songeons au retournement vertigineux des opinions publiques qui a lieu durant l'été 1914. En juillet, partout les grands leaders pacifistes s'activent, partout des centaines de milliers de gens, portés par leurs idéaux socialistes, sont certains qu'ils n'iront pas. En août, la plupart d'entre eux marchent au pas derrière des drapeaux et sautent dans des trains en criant : « On les aura ! »

Jaurès, le grand leader socialiste français, qui s'est déchaîné pour arrêter l'irrémédiable, est assassiné le 31 juillet par un exalté d'extrême droite. *L'Humanité*, son journal, en fait, le lendemain, sa manchette horrifiée : « Ils ont tué Jaurès ! » Le surlendemain, la France mobilise. *L'Huma* titre : « Défense nationale d'abord ! » Au Parlement, les socialistes se rallient tous à l'« union sacrée », exactement comme leurs frères allemands ou autrichiens se rallient à la leur en votant les crédits de guerre. La passion nationale a réussi le grand retournement.

Au fil des années, quelques grains de sable sont venus gripper la grande machine de la haine et de la mort. Dès Noël 1914 – les historiens étudient cela depuis peu de temps –, on a vu, au-dessus des tranchées, des fraternisations entre soldats ennemis s'échangeant des cadeaux ou des friandises. Les combats ont repris dans les jours suivants. Il y eut aussi des mutins, en particulier en 1916 et en 1917. Ils ont été l'objet de films, de livres et même d'un certain culte, tout au moins dans la tradition de la gauche pacifiste.

On peut pourtant s'étonner qu'il y en ait eu si peu. L'immense majorité des Européens ne s'est pas rebellée, a obéi, a combattu, souvent avec héroïsme, et a supporté pendant des années, dans la boue, le froid, la saleté, des horreurs, des souffrances inouïes.

Pourquoi ont-ils tenu, comment ont-ils tenu ? À la fin du XXe siècle, en France, une polémique a opposé les historiens de la période sur la réponse à apporter à ces interrogations. Une partie d'entre eux considèrent que les soldats ont accepté ce martyre tout simplement parce qu'ils y étaient contraints par un appareil d'État répressif, par la culture de l'obéissance, par la pression sociale. Les autres penchent pour la thèse du « consentement patriotique[1] ». Des millions d'hommes ont accepté la guerre parce qu'ils estimaient de leur devoir de la faire. C'est fascinant.

3

Au XIXe siècle, l'Europe, poussée par un optimisme hors du commun, a réussi à atteindre un niveau de puissance qui lui a permis de dominer le monde. À cause de cette puissance, la Première Guerre mondiale prend une ampleur dans les destructions jamais

---

1. Le concept doit beaucoup à Annette Becker et Stéphane Audoin-Rouzeau, en particulier.

vue. Tout se retourne, comme un boomerang que le lanceur se reprend dans la figure. L'Europe a inventé l'industrie, la mécanisation, la production standardisée à grande échelle. Avec les millions d'hommes enterrés dans les tranchées, les bombardements sans trêve, les offensives de masse et les batailles interminables – Verdun, la Somme, Caporetto, le Chemin des Dames –, elle invente la guerre industrielle, mécanisée, qui bat des rendements dans la mort comme on en battait dans le textile, à Manchester. Et les hommes y sont pareillement écrasés en masse, réduits à l'état de pions, broyés par un système qui les ensauvage.

L'Europe a inventé la science, qui devait vaincre les maladies, triompher de la misère, faire le bien-être des peuples, rendre le monde meilleur. Pendant la guerre, les savants, les découvreurs travaillent plus que jamais : ils inventent les gaz, les chars, les missiles des sous-marins et les lance-flammes, tous les engins qui rendent la mort plus sûre, plus cruelle. L'Europe a inventé des idées qui devaient amener la liberté et la paix dans le monde. En Anatolie, en 1915, est atteint le sommet de l'horreur. Parce qu'ils ont décidé qu'il fallait une fois pour toutes régler le problème des minorités dans l'Empire, les hommes au pouvoir à Istanbul organisent le massacre de près d'un million d'Arméniens, au prétexte qu'ils auraient pu s'allier avec l'ennemi russe, attaquant dans le Caucase. Le vieil Empire ottoman a pu, dans son histoire, se rendre coupable de nombre de massacres. Le génocide arménien les dépasse de très loin par sa brutalité et son ampleur. Il n'a pas été pensé par un vieux sultan oriental, mais par les trois pachas qui gouvernent l'Empire, formés en Europe, se revendiquant de ses philosophes, de son histoire, de ses méthodes, et appartenant à un groupe politique intitulé « Union et *Progrès* ». Le mot aura été celui du siècle. Le continent s'en est gargarisé jusqu'à l'ivresse, j'en ai parlé déjà. Progrès, où est ta victoire ? pourront se demander, en 1918, les philosophes dégrisés en arpentant les kilomètres de cimetières militaires et de pays dévastés par quatre années d'un feu en continu tiré par des machines de mort d'une puissance sans égale dans l'histoire humaine. Au Moyen Âge, les batailles duraient un jour.

4

La Première Guerre mondiale est une affaire européenne. Comme l'Europe gouverne le monde, elle réussit à entraîner le monde dans son naufrage.

Certains y sont allés par atavisme, pourrait-on dire. Les dominions britanniques, Canada, Australie, Nouvelle-Zélande, Afrique du Sud, gouvernés, peuplés par des Anglo-Saxons – et liés par statut à la politique étrangère de Londres –, volent au secours de la métropole.

Certains y vont par intérêt. Le Japon, alors allié aux Anglais, entre en guerre dès l'été 1914 pour pouvoir mettre la main sur les possessions allemandes dans le Pacifique et en Chine. Du coup, trois ans plus tard, la Chine se range, elle aussi, du même côté allié, mais c'est surtout pour se prémunir contre les appétits du Japon, qui s'est mis en tête d'avaler tout son territoire.

Le Moyen-Orient, encore possession ottomane, est en feu. Les Arabes ont accepté de se battre contre les Turcs parce que les Anglais leur ont promis pour l'après-guerre un grand royaume indépendant qui couvrirait toute la région.

Mais ailleurs, dans toutes les colonies ? Les Anglais réussissent à enrôler – sans conscription obligatoire – 1,3 million d'Indiens. La plupart connaîtront une guerre d'une grande dureté contre les Turcs, en Mésopotamie. Certains, entre 1914 et 1915, avaient été envoyés dans les Flandres. Je me demande à quoi pouvait penser un *sepoy* (cipaye) venu de Calcutta en mourant d'une balle allemande, à Ypres, sous le drapeau du pays qui occupait le sien. Que dire de l'Afrique noire ? La colonisation n'y a commencé que dans les années 1880. Dans les années 1910, certaines provinces sont encore inexplorées. En 1914, un grand nombre d'habitants ont croisé moins de dix Blancs dans leur vie. Et, déjà, ces maîtres à chicotte qu'on ne voit que lors des réquisitions pour le travail forcé viennent expliquer que les Blancs qui dominent les pays d'à côté sont des barbares contre qui il faut combattre pour préserver la civilisation. Après les batailles entre colonies ennemies – assez vite pliées au profit de l'Entente[1] –, la France recourt massivement à la « force noire », ces braves tirailleurs dont les journaux affirment qu'ils viennent de leur plein gré défendre la mère patrie – celle-là même qui les a asservis. La réalité est autre. Dans un premier temps au moins, les hommes africains essaient par tous les moyens d'échapper à ces incorporations. Je me souviens d'un livre d'histoire coloniale qui expliquait que, dans certaines régions, l'enrôlement se faisait « au lasso ».

5

1917 est l'année cruciale du conflit. Elle est celle des deux révolutions russes. La première a lieu en mars (ou en février, dans le calendrier orthodoxe). Elle met au pouvoir des libéraux, des sociaux-démocrates qui espéraient faire évoluer le pays vers une république à l'occidentale. Sans doute ont-ils fait l'erreur de s'obstiner, par fidélité aux accords passés, à poursuivre une guerre perdue que ni une armée mal équipée ni une population affamée ne pouvaient supporter. En novembre (octobre pour les Russes) a lieu l'autre révolution, menée par Lénine et sa petite poignée de bolcheviks déterminés. En fait de soulèvement populaire, il s'agit d'un coup d'État qui permet à ses instigateurs d'imposer une dictature. Parmi leurs premières mesures, la censure des journaux et la création de la Tchéka, sinistre police politique qui rivalise rapidement, en termes de brutalité, avec celle du tsar à peine dissoute. Comme ils exigeaient depuis des mois que le peuple puisse s'exprimer, ils organisent des élections. Elles les mettent en minorité. Ils dissolvent donc la chambre qui en est issue dès le lendemain de sa première réunion. Ils avaient aussi promis la paix. Ils tiennent cette promesse, en signant avec l'Allemagne

1. Sauf en Afrique orientale, futur Tanganyika, où l'incroyable général von Lettow-Vorbeck, avec son armée de soldats indigènes, réussit à tenir tête à toutes les troupes envoyées contre lui jusqu'à la fin de la guerre.

un traité qui leur est d'ailleurs terriblement défavorable. C'est essentiel pour le retentissement mondial du nouveau régime. Pour nous autres, qui savons la suite de l'histoire, la Russie bolchevique de 1917-1918 est la matrice de la société totalitaire qui va se mettre en place. Pour ses très nombreux admirateurs à l'étranger, elle est la seule qui a sauvé la foi en l'homme en osant rompre avec cette guerre imbécile et inhumaine.

Il s'est passé, au printemps 1917, un autre événement d'une importance capitale. Les États-Unis sont entrés dans la guerre auprès des Anglais et des Français. Un an plus tôt, le président Wilson faisait campagne sur le fait de maintenir son pays à l'abri des folies destructrices du Vieux Continent. La tentative allemande de soulever le Mexique contre lui, et surtout la guerre sous-marine à outrance menée contre les bateaux anglais, qui touche parfois des navires américains et ruine son commerce, l'a fait changer d'avis.

Les Américains entrent dans la tourmente en 1917, mais il leur faut des mois pour instruire leurs soldats et les déployer de l'autre côté de l'Atlantique. Les Allemands luttent contre la montre. Au printemps 1918, libérés côté Est par la défection russe, ils jouent leur va-tout en jetant toutes leurs troupes à l'Ouest. Toutes leurs offensives échouent. Épuisés par quatre ans de combat, ils ne peuvent plus rien face aux renforts de deux millions de soldats jeunes et frais arrivés des États-Unis. C'est l'élément déterminant qui fait basculer le sort des armes. La guerre de 14-18 est un conflit européen que seule l'intervention d'une puissance extra-européenne a pu trancher.

6

Englués dans un cauchemar qui ne semblait jamais finir, les soldats de 14-18 essayaient de tenir avec un espoir magnifique. Ils se sacrifiaient pour l'humanité. Cette guerre serait la dernière que se feraient les hommes. La « der des der », disaient les Français, et les Britanniques « *the war to end all wars* », « la guerre pour mettre fin à toutes les guerres ». Après quelques semaines de présence à la conférence organisée à Paris par les vainqueurs, début 1919, un officier anglais découragé se serait exclamé : « On aura surtout réussi la paix mettant fin à toutes les paix. »

On trouve peu d'historiens, aujourd'hui, qui n'en conviennent. L'après-guerre aura été l'occasion d'une succession d'erreurs tragiques qui ne servent qu'à ouvrir la voie au drame suivant. Elles sont criantes dans le traitement fait au monde colonial. De nombreux Indiens ou Africains se sont enrôlés dans les armées anglaise ou française parce qu'ils étaient convaincus que les puissances sauraient les remercier de ce sacrifice et payer la « dette du sang », comme on disait, en relâchant au moins un peu le joug colonial. Il reprit, aussi brutal et injuste, sans la moindre réforme cherchant à l'alléger. Au Moyen-Orient, Londres a semé les promesses. Elle a assuré aux sionistes d'Europe qu'ils auraient leur « foyer national » en Palestine, tout en garantissant aux Arabes s'engageant à ses côtés un grand royaume unifié allant d'Alep à Aden. Elle se contente, dans la meilleure tradition coloniale, de se partager le territoire avec son allié français, en y traçant des frontières qui l'empoisonnent toujours[1].

En Europe, trois empires ont disparu. Celui des tsars, celui des sultans, celui des Habsbourg. Ils sont remplacés par une efflorescence de nations. Représentent-elles un progrès ? La guerre a commencé parce que certains Bosniaques ne supportaient plus d'être occupés par les Austro-Hongrois. Après la guerre, la Bosnie se retrouve incluse dans un pays bientôt appelé « Yougoslavie », qui est une fausse barbe de la domination serbe sur la région. Ailleurs, des États-nations se forment au nom du « droit des peuples à disposer d'eux-mêmes », l'idée-force de la période : la Tchécoslovaquie, la Pologne, qui renaît de ses cendres après avoir disparu plus d'un siècle. Les accouchements

1. Il s'agit des célèbres « accords Sykes-Picot », du nom des diplomates britannique et français qui les ont négociés.

ont lieu dans la douleur. La Pologne entre rapidement en guerre avec les Baltes et les Russes. Tous ces petits nouveaux sur la carte d'Europe veulent les frontières les plus larges. Ils englobent de trop nombreuses minorités, ukrainiennes, allemandes, hongroises, qui promettent déjà de recommencer le cycle infernal des revendications nationales, avec lequel on n'en a jamais fini.

Parmi tous les traités, réglant chacun son compte à un pays vaincu, le plus célèbre est le traité de Versailles (signé le 28 juin 1919, cinq ans jour pour jour après Sarajevo), qui concerne l'Allemagne. Il est très unanimement décrié, lui aussi. Nombre de spécialistes, dès le moment de sa signature, estiment qu'il humilie inutilement le pays et l'accable de réparations qui l'empêcheront de se relever. Le président américain Wilson a fait ce qu'il a pu pour imposer un mécanisme censé mettre un peu d'humanité dans ce monde nouveau qui s'ouvrait. Le traité de Versailles entérine son idée de Société des Nations. Cette assemblée servira à examiner tous les conflits à venir, qui se régleront donc à sa tribune, par la discussion et l'arbitrage, et plus jamais par les armes. L'idée est magnifique. Seulement, Wilson est incapable de la faire adopter par son propre pays. En 1920, le Congrès à majorité républicaine refuse de ratifier le traité qui a été signé par un démocrate. La SDN se met en route. Sans les Américains, elle démarre fort mal.

19 – L'Europe en enfer

Estropiée, meurtrie, ruinée, l'Europe de 1918 était au sol. En 1945, elle est sous terre. Elle revient des enfers. La langue nous a appris à apparier les deux grandes guerres du XXe siècle : la première, la seconde. Elles sont pourtant différentes, par leur champ, leur ampleur, leur nature.

La première, au départ européenne, est devenue mondiale par entraînement. La seconde est planétaire dès l'origine. Parmi les pays qui, par leur bellicisme, provoquent le conflit, l'Allemagne nazie, l'Italie fasciste, mais aussi leur allié le Japon impérial. Pour nous Européens, la guerre commence en 1939, au moment de l'agression de la Pologne par l'Allemagne – ce qui déclenche la mobilisation de la France et de l'Angleterre. Pour les Soviétiques, puis les Américains, elle ne débute qu'en 1941, année de l'invasion de l'URSS par les troupes de Hitler, puis de Pearl Harbor. Des historiens estiment aujourd'hui qu'il faut remonter quatre ans plus tôt pour trouver l'origine de ce bal tragique, pris sous son angle global : il commence en 1937, quand le Japon entre en guerre avec la Chine, qu'il rêve d'anéantir.

Les rescapés de la première, celle des tranchées, celle de Verdun, de la Somme, des gaz, du génocide arménien, croyaient être allés au bout de l'horreur. La guerre suivante montre qu'on peut avancer toujours plus sur ce chemin. Elle est globale, universelle. Avec la généralisation des bombardements aériens, plus aucune ville, plus aucun civil n'est à l'abri. 1918 laisse dans les cimetières environ 19 millions de victimes. Le bilan de 1945 est tellement gigantesque qu'aucun spécialiste n'est parvenu à l'établir avec certitude. Selon les comptages, il varie de 50 à 60 ou même 70 millions de morts. Au cœur de ce tombeau, les crimes perpétrés en Europe par les nazis – le génocide des juifs et des Tsiganes, les massacres à grande échelle de civils, la guerre d'annihilation contre les Soviétiques – et ceux commis par les Japonais en Asie – le « sac de Nankin » qui suit la prise de la ville en 1937, la dévastation de la Chine, les expérimentations médicales sur des prisonniers, la mise en esclavage sexuel de nombreuses femmes appartenant aux peuples vaincus.

Les deux catastrophes sont évidemment liées par l'Histoire : par bien des côtés, la seconde est une conséquence de la première. Leur nature, toutefois, rend les deux incomparables. La première, je l'ai écrit, est un combat entre des nations à peu près équivalentes. La seconde marque l'affrontement entre deux systèmes radicalement opposés. Je ne sais pas si le modèle des démocraties libérales qui m'est cher représente le bien. Je sais que Hitler et ses alliés, Mussolini et les généraux de Tokyo, représentent le mal. Notre monde n'est pas un paradis. Ils ont montré que celui qu'ils voulaient faire advenir était un enfer.

Lieux de mémoire

La Seconde Guerre mondiale est l'événement central du XXe siècle, la tragédie absolue. Elle a laissé partout sa marque. Il n'existe pratiquement pas d'endroit en Europe qui ne garde une cicatrice de cette époque, et peu dans le monde. De grands lieux de mémoire, immenses, poignants, en portent témoignage. Le camp d'Auschwitz-Birkenau, situé en Pologne, non loin de Cracovie, qui reste pour nous tous le symbole de la Shoah : 1,1 million de femmes, d'hommes et d'enfants y ont été assassinés, dont un million de juifs. La gigantesque statue représentant une victoire ailée qui domine Volgograd en Russie : elle nous rappelle la victoire cruciale remportée par les Soviétiques en 1943, après six mois et demi de bataille acharnée, au temps où la ville s'appelait Stalingrad. Les grands cimetières militaires américains, ceux de Normandie, ou celui de Manille, aux Philippines. Le « mémorial de la paix » de Hiroshima, formé par les restes d'un bâtiment du centre de la ville, dans l'état où ils furent laissés le 6 août 1945, juste après l'explosion de la première bombe atomique.

Fallait-il, pour gravir cette montagne, visiter ces stations les unes après les autres ? Quand bien même je m'essaierais à cet exercice, je ne réussirais pas, en un chapitre, à rendre compte d'un événement aussi énorme. J'opte pour une démarche plus modeste, volontairement subjective et pointilliste. Au cours des voyages en Europe que j'ai pu faire pour rédiger ce livre, j'ai toujours, dans un coin de mon carnet, consacré quelques notes à cet épisode de l'histoire, c'est-à-dire à la guerre elle-même et à la période de l'entre-deux-guerres, qui ne cesse de l'annoncer. Les voici.

1. Rome

Quand on va à Rome, on n'y pense jamais. On s'y rend avec l'idée qu'on se fait tous de l'Italie : les musées, la *dolce vita*, le café très serré avalé au comptoir, la foule de la place Saint-Pierre, les églises baroques, les *trattorie* avec les nappes blanches où trône un petit bouquet de *gressini* à grignoter. Je suggère d'ajouter à cette carte postale un tour au quartier EUR, qui se trouve à quelques kilomètres à peine au sud du centre-ville. Il intéressera les gens portés sur l'urbanisme. Et, plus encore, les amateurs d'histoire. Toute la zone représente un des grands vestiges de la période fasciste. On l'oublie trop. En portant Mussolini au pouvoir, quatre ans après la Première Guerre mondiale, l'Italie fut la première à emprunter la voie qui conduisit vers la Seconde. À l'entrée de cet ensemble urbain, le « Palais de la civilisation italienne », aujourd'hui reconverti en siège social d'une marque de mode, en est le bâtiment le plus caractéristique. C'est un cube blanc de six niveaux ornés chacun de neuf arches, épuré, très avant-gardiste dans son genre, *futuriste*, aurait-on dit alors, typique de cette modernité promue par le Duce. Le quartier EUR (acronyme de : Esposizione Universale di Roma) doit son nom à une exposition universelle qui n'eut pas lieu à cause de la guerre. Elle aurait dû se tenir en 1942, en célébration des vingt ans de la « marche sur Rome », cette grande manifestation factieuse organisée par les Chemises noires qui réussit à faire trembler la fragile démocratie italienne et poussa le roi à appeler Mussolini au gouvernement. Tout le régime tient entre ces deux pôles. D'un côté, la violence, le virilisme, le mépris de l'État de droit, le contrôle du pouvoir par la rue et des milices. De l'autre, au service du nationalisme, à la gloire d'une « italianité » supposée éternelle, une esthétique qui ouvrait vers l'avenir. Il a fallu des millions de morts pour que ce futur devienne un passé. Plus que jamais, on aimerait qu'il le reste.

2. Nuremberg

Quand on va en Allemagne, on y pense toujours. Il n'y a pas un village, une route, une ville qui, à un moment ou à un autre de la visite, ne nous évoque ce passé écrasant, les temps sombres du nazisme. Berlin est le cœur de cette mémoire. Nuremberg en est un emblème parfait. C'était la ville chérie des nazis. Tous les ans, entre 1933 et 1938, ils y organisèrent le *Reichsparteitag*, le congrès du Parti, qui donnait lieu à ces parades spectaculaires et sinistres, ces grand-messes païennes où des centaines de milliers de croyants venaient, comme un seul homme, adorer leur idole à moustache. On peut toujours visiter, un peu en dehors de la ville, ce qui reste des grands stades construits pour leur servir de cadre. En 1935, Hitler choisit un de ces rassemblements dans la ville pour édicter, parmi d'autres, la loi de « protection du sang et de l'honneur allemands ». En établissant des « critères de race » pour déterminer qui méritait d'être un « vrai » Allemand, en interdisant les mariages entre « Aryens » et « non-Aryens », en réglementant l'accès à de nombreuses professions, elle organisait de façon méthodique la mise à l'écart des juifs dans leur propre pays. Dès la première minute où ils ont pris le pouvoir, les nazis ont commencé ce travail de ségrégation et de persécution des juifs. Le texte de 1935 les officialise. Il est une étape importante dans une histoire qui ne cesse de monter dans l'horreur, jusqu'à la « solution finale de la question juive », décidée par Hitler, et organisée par quelques hiérarques du Parti, dans une villa cossue située sur les bords du lac de Wannsee, à Berlin, en 1942. À cause de toute cette histoire, c'est à Nuremberg, enfin, que les Alliés choisirent d'installer, dans un bâtiment qui se visite toujours, le tribunal chargé de juger tous les crimes de ce régime.

Si tant de touristes continuent, tout au long de l'année, de se rendre dans cette ville, c'est qu'on y trouve aussi trace d'un autre passé, bien plus ancien, infiniment plus aimable. Le vieux centre médiéval a été détruit par les bombardements, mais il a été reconstruit, et on peut toujours s'y promener sur des rues pavées, entre de vieilles maisons de pierre – dont celle où vécut Dürer. En marchant un peu, on peut aussi se rendre au magnifique Musée national germanique, édifié en 1852, aux prémices de l'unification, pour rassembler les chefs-d'œuvre de la grande culture allemande. Si ses promoteurs ont choisi de le placer ici, c'est que la ville représentait de façon évidente le plus éclatant symbole de cette Allemagne médiévale que le siècle fou d'idéal national rêvait de faire revivre. Hitler n'y installa pas la capitale informelle de son régime par hasard. Lui aussi voulait s'inscrire dans cette tradition, dont il entendait être l'aboutissement[1].

Ce rêve maléfique a été brisé en 1945 et le nazisme, heureusement pour le monde, n'est pas devenu l'accomplissement de l'histoire allemande. En est-il le produit ? Est-il un mal spécifique au destin, à la culture, à la civilisation de ce grand pays ? Nombre d'Européens le pensent, ce qui leur permet de considérer les

1. Autre exemple de cette volonté obsessionnelle de récupérer l'histoire : quelques semaines après son arrivée au pouvoir, Hitler se rend, en majesté, sur le tombeau de Frédéric II de Prusse, à Potsdam.

délires hitlériens comme étrangers à leur propre histoire. À mon sens, ils se trompent.

Il faut d'abord le rappeler inlassablement, les nazis ont été portés au pouvoir par une partie du peuple allemand, contre une autre partie de ce même peuple. À deux heures au sud de Nuremberg, on trouve, dans la banlieue de Munich, le camp de concentration de Dachau, le premier ouvert par Hitler, quelques semaines à peine après son accession au pouvoir. D'autres ont suivi, sur tout le territoire du Reich. Leur administration, leurs gardiens étaient allemands. Jusqu'à la guerre, tous les prisonniers qui y ont été martyrisés, des opposants politiques, des juifs, des chrétiens, des homosexuels, des Tsiganes, étaient allemands aussi.

Le nazisme, ensuite, est la forme allemande d'une famille idéologique plus vaste, celle des totalitarismes. Le fascisme, né en Italie, est son cousin. Les idées qui l'irriguent, le nationalisme radical, le racisme, l'antisémitisme, ne sont pas spécifiquement allemandes. Elles ont été organisées, codifiées, depuis la fin du XIXe siècle, par des penseurs d'autres pays. L'Allemagne de Hitler les a assemblées et mises en œuvre avec une efficacité redoutable. En tant qu'idées, elles appartiennent à l'histoire européenne.

3. Retour de Munich

Seuls les milliardaires et les fans d'aéronautique connaissent encore l'aéroport français du Bourget. Il n'abrite plus qu'un musée de l'Air et des compagnies de jets privés. L'aérodrome de Heston, près de Londres, a lui aussi son musée, mais ses pistes sont fermées depuis plus d'un demi-siècle. Les deux lieux sont liés par un épisode de l'histoire. Sur le tarmac de l'un et de l'autre se sont posés, à quelques heures de décalage, à la fin du mois de septembre 1938, Édouard Daladier, chef du gouvernement français, et Neville Chamberlain, chef du gouvernement britannique, alors qu'ils rentraient de la conférence de Munich. Ils voulaient croire qu'ils y avaient garanti la paix de l'Europe. En réalité, ils venaient de livrer la Tchécoslovaquie à Hitler et de se faire rouler dans la farine par le Führer et son comparse

Mussolini. L'un et l'autre ont été accueillis à leur sortie d'avion par les acclamations de foules en délire. Tout en agitant fièrement un petit papier portant la signature de Hitler, Chamberlain les a gratifiées d'un discours où surnage une formule : « *Peace in our time* », « La paix pour notre époque ». Elle n'est plus employée que par ironie. Daladier, avant de prononcer un discours largement aussi creux, aurait glissé à ses conseillers un mot peut-être faux, mais qu'on sert toujours : « Ah, les cons, s'ils savaient ! » Ils ne savaient pas, c'est bien le problème. Pour nous, qui connaissons la suite de l'histoire, l'enthousiasme des Français et des Anglais après Munich représente un sommet d'aveuglement imbécile. On juge toujours aisément, avec le recul. Il faut aussi comprendre l'immense soulagement que représentait la paix pour des gens qui avaient souffert à ce point de la perdre, vingt-quatre ans plus tôt. Ils étaient obsédés par l'idée de ne jamais revoir la première guerre. Ils n'ont pas compris qu'ils ouvraient la voie à la seconde. Il ne faut pas juger ceux qui ont commis cette monumentale erreur. Il faut toujours l'avoir en tête pour ne jamais la reproduire.

4. Portbou-Cerbère

Tout au nord-est de l'Espagne, au pied des Pyrénées, le dernier village côtier avant la France se nomme Portbou. On le quitte par une jolie petite route qui grimpe une crête, marquant la frontière entre les deux pays. Au sommet de celle-ci, on trouve un panneau sommaire et émouvant qui rappelle ce qui s'est passé ici, au début de l'année 1939. Par cette petite route passa la *retirada*, c'est-à-dire la retraite de centaines de milliers de républicains vaincus, fuyant la Catalogne, dernière région d'Espagne à être tombée aux mains des franquistes. Les photos punaisées sous des protections de plastique sur le panneau nous montrent comme ils passaient, pauvres combattants au visage défait, pauvres femmes, pauvres vieillards, pauvres enfants, aux habits dépenaillés, parfois sans chaussures, avec de vilaines couvertures jetées sur les épaules pour se protéger du froid de l'hiver. Parfois, des habitants des villages leur tendaient un peu de pain, une tasse de café, tandis que les gardes mobiles tentaient comme ils pouvaient de canaliser cette marée humaine. Pris de court par cet afflux, tétanisé de peur à l'idée que ces combattants ne cherchent à reprendre la guerre depuis un arrière-front en France, le gouvernement de Paris se résolut à les enfermer en masse dans des camps installés à la hâte dans les Pyrénées, ou sur les rivages tout proches. D'où on est, sur nos hauteurs, on les aperçoit au loin, ces plages d'Argelès, de Saint-Cyprien, devenues aujourd'hui de coquettes petites stations balnéaires. Les réfugiés s'y entassèrent par milliers en plein hiver, sous des tentes de fortune, sans électricité, sans chauffage, avec juste ce qu'il faut de soupe claire pour ne pas mourir tout de suite.

Un des grands romans de la guerre d'Espagne s'appelle *Pour qui sonne le glas*. Hemingway avait emprunté ce titre à un texte de John Donne, poète anglais du XVIIe siècle. Le voici :

> Aucun homme n'est une île,
> un tout, complet en soi ;
> Tout homme est un fragment du continent,
> une partie de l'ensemble ;
> Si la mer emporte une motte de terre,
> l'Europe en est amoindrie.
> Comme si les flots avaient emporté un promontoire,
> la demeure de tes amis ou la tienne ;
> La mort de tout homme me diminue,
> parce que j'appartiens au genre humain ;
> Aussi, n'envoie jamais demander pour qui sonne le glas :
> c'est pour toi qu'il sonne[1].

1. No man is an island/Entire of itself/Every man is a piece of the continent/A part of the main./If a clod be washed away by the sea/Europe is the less./As well as if a promontory were./As well as if a manor of thy friend's/Or of thine own were/Any man's death diminishes me/Because I am involved in mankind/And therefore never send to know for whom the bell tolls/It tolls for thee.

5. Dantzig

Le Westerplatte est une petite presqu'île sableuse, un peu boisée, qui s'avance sur la mer Baltique, face à Gdansk, le grand port polonais dont elle n'est séparée que par un bras de la Vistule. En 1939, la cité s'appelait encore de son vieux nom hanséatique de Dantzig, et elle était peuplée d'Allemands, comme une bonne partie de la région depuis le Moyen Âge. Depuis 1919, la Société des Nations en avait fait une « ville libre », sous administration internationale, tout en donnant à la Pologne un morceau de côte de part et d'autre, afin que le pays, qui venait de renaître, ait son accès à la mer par ce fameux « corridor de Dantzig ». Il avait le tort de couper en deux l'est de l'Allemagne, qui s'étendait alors jusqu'à Königsberg, aujourd'hui Kaliningrad en territoire russe. Après avoir annexé l'Autriche et cassé la Tchécoslovaquie pour récupérer les Sudètes, Hitler entend régler à sa manière cette délicate question. Au matin du 1er septembre 1939, il lance ses troupes sur le Westerplatte, où l'armée polonaise avait une petite garnison. Ces premiers coups de feu inaugurent la Seconde Guerre mondiale en Europe. Londres et Paris déclarent la guerre à Berlin en soutien à Varsovie, mais ne font rien de concret pour protéger le pays. En quelques semaines, malgré une résistance héroïque, le pays est submergé par le nord, par l'ouest, et bientôt par l'est. Aux termes du pacte qu'il a signé avec le dictateur allemand au mois d'août, Staline a obtenu secrètement de pouvoir en manger une partie.

La plupart des Européens de l'Ouest n'ont pas conscience de ce qu'a été la guerre dans l'autre partie de l'Europe. Depuis une trentaine d'années, grâce à un remarquable travail de mémoire accompli par des historiens, des romanciers et des cinéastes, on a une meilleure conscience de l'horreur de la persécution des juifs. On sait la façon progressive dont furent peu à peu éliminés des millions d'êtres humains habitant ces terres depuis des siècles : l'enfermement dans des ghettos édifiés dans toutes les grandes villes polonaises, volontairement conçus pour tuer à petit feu ceux qui s'y trouvaient prisonniers ; les meurtres de masse à la mitrailleuse, lors de la « Shoah par balles » en Ukraine, dans les pays baltes, puis les camps de la mort. On oublie le calvaire que subirent, dans cette partie du continent, et tout particulièrement en Pologne, les populations non juives. Dans la sinistre hiérarchie des races établie par les nazis, les juifs et les Tsiganes sont tout en bas et méritent de disparaître. Les Slaves sont juste au-dessus. Leur destin est de devenir les esclaves des maîtres germaniques. Sitôt que les troupes de Hitler s'installent en Pologne, elles entreprennent la destruction méthodique de la nation polonaise en éliminant physiquement son élite, les professeurs, les intellectuels, les prêtres, les ingénieurs, etc. Staline n'agit pas autrement dans sa zone : déportations, exactions, massacres s'y succèdent, dont le plus célèbre est l'élimination de 22 000 officiers et soldats polonais désarmés, dans la forêt de Katyn (aujourd'hui en Russie). À la fin de la guerre, 3 millions de juifs polonais ont disparu, et 2,5 millions de Polonais non juifs.

6. Dunkerque

Neuf mois et demi après avoir écrasé la Pologne, les Allemands lancent leur offensive à l'ouest et réussissent en moins de deux semaines à bousculer les armées alliées en brisant le front au milieu des Ardennes, réputées infranchissables. C'est la débâcle. Fin mai, début juin 1940, l'armée française se retrouve à protéger une poche, autour de Dunkerque, pour permettre aux Britanniques leur rembarquement. Comme tous les Dunkerquois, j'ai entendu parler de l'épisode à peu près depuis que je suis né. Quand j'étais gamin, il arrivait encore fréquemment, dès que le vent faisait bouger les dunes, qu'affleurent sur le sable les vestiges à peine rouillés de l'époque, des obus, des grenades, des fusils qui n'avaient pas eu le temps de servir. Un de mes cousins, doué dans l'art de la récupération, en avait fait une collection qui trônait dans une vitrine, dans sa chambre. Méconnu hors de la région, l'épisode a acquis une célébrité mondiale, en 2017, avec la sortie de *Dunkirk*, un blockbuster hollywoodien signé Christopher Nolan. C'est un bon film, prenant, haletant, magistralement réalisé. Il a le défaut de ne donner que le point de vue anglais. Pour eux, l'opération de sauvetage est le miracle qui change tout. Grâce à lui, l'armée anglaise a pu se reformer, éviter l'invasion et reprendre le combat. Quel dommage qu'on ne sente pas ce qui se passe du côté français ! Qu'on ignore tout des premières lignes qui se sacrifient pour contenir l'ennemi. Et des centaines de milliers de pauvres bougres échoués sur ces longues plages, devenues le cimetière de l'armée française. Louis Aragon y était. Il en tirera « La nuit de Dunkerque » :

> Dans la mer où les morts se mêlent aux varechs
> Les bateaux renversés font des bonnets d'évêques.

Cent mille hommes sont embarqués sur les bateaux anglais. Trente-cinq mille, pris dans cette nasse, sont faits prisonniers. Les autres se retrouvent sur les routes de la débâcle, au milieu de foules de civils éperdus, dans le fracas d'un pays qui s'effondre. Un jour avant l'offensive allemande du 10 mai, l'armée française, auréolée de la gloire de 1918, était encore la première du monde, l'imprenable rempart. En juin, elle est humiliée, à terre. Détestable est, dans l'histoire, l'arrogance des vainqueurs. Il ne faut souhaiter à aucun peuple de connaître la honte des vaincus.

7. Londres

À Londres, derrière le Parlement, les *Churchill war rooms*, le PC souterrain où l'énergique Premier ministre a mené, de sa poigne de fer, son pays jusqu'à la victoire. L'entrée n'est pas difficile à trouver. Tous les jours, des centaines de touristes font la queue devant, pendant des heures, pour voir de leurs yeux le bureau, la chambre, les lieux où officiait le lion au cigare. Tous ces gens, comme ceux qui achètent les livres sur lui, vont voir les films sur lui, sont ses admirateurs. Ils ont raison. Churchill est un héros. Comme beaucoup de héros, il n'est pas un saint. Par bien des côtés, il est insupportable. Toute sa vie durant, il a été un représentant parfait de l'aristocratie britannique dont il était issu, imbue de sa supériorité sociale. En fils de l'Empire, il a toujours été un colonialiste fervent, intimement persuadé du bon droit des Britanniques à dominer des peuples jugés inférieurs. Lors de ses passages au gouvernement, depuis les années 1910, campé sur ces certitudes, il a pu faire des erreurs épouvantables : l'expédition ratée des Dardanelles, en 1915, ou l'absurde volonté de rétablir la livre dans sa parité-or d'avant-guerre, dans les années 1920, qui a coûté très cher à l'économie britannique. À partir de sa nomination comme Premier ministre, en mai 1940, ce même orgueil, cette même obstination deviennent les qualités qui aboutissent à un miracle. De l'effondrement de la France, en juin 1940, à l'invasion de l'URSS par l'Allemagne, en juin 1941, le Royaume-Uni est seul face à une Europe aux mains de Hitler et de ses alliés. Et ce pays, assailli, bombardé, tient, résiste, et finit par vaincre. Churchill est l'âme de ce combat. Il est un des rares hommes de l'histoire dont on peut affirmer qu'il a sauvé le monde.

8. Cerbère-Portbou

Nous voilà de retour sur la ligne de crête qui sépare la France de l'Espagne. Cette fois, le glas sonne de l'autre côté. Sur ces mêmes chemins qui, en 1939, ont vu passer les exilés républicains espagnols, passent, dans l'autre sens, dès l'été 1940, ceux qui fuient l'occupation de la France par les nazis. Ils espèrent atteindre en train le Portugal, d'où ils prendront un bateau pour les États-Unis. Le plus célèbre de ceux qui passèrent ici est Walter Benjamin, grand philosophe allemand, francophile éperdu, traducteur de Proust et de Baudelaire. Juif, intellectuel, exilé à Paris depuis 1933, il a tout à craindre des nouveaux maîtres qui déferlent sur le pays. Il n'a pas réussi à embarquer à Marseille. On l'a renvoyé jusqu'ici, où s'est mis en place, dès la fin de l'été 1940, un petit réseau de passeurs qui montrent les sentiers à suivre à travers la montagne. Épuisé, malade du cœur, le philosophe les suit, arrive à Portbou. C'est, hélas, pour trouver la police espagnole qui lui annonce qu'elle va le renvoyer en France. Désespéré, il se suicide dans la nuit. Son souvenir perdure dans le minuscule port catalan. Un artiste israélien a construit, dans les années 2000, un émouvant monument à sa mémoire juste à côté du cimetière où il a été enterré. Perdure aussi, un peu à cause de cette histoire, le souvenir de ceux qui l'avaient aidé, et ont aidé tant d'autres à passer après lui : M. Azéma, le maire socialiste de Banyuls, une petite localité française toute proche, et Lisa Fittko, née dans une famille juive autrichienne, devenue, à Berlin, une résistante de la première heure au nazisme avant de s'exiler en France. Après la défaite, au péril de sa vie, elle s'était installée dans un autre village de la région – où elle resta jusqu'au printemps 1941 – dans le seul but d'organiser les passages. Les deux, avec leur filière à travers les vignes et les rocailles, sauvèrent des centaines d'hommes et de femmes en leur permettant d'échapper à l'arrestation, à la déportation, à la mort.

Pendant cette guerre atroce, la sauvagerie des oppresseurs fut sans limite. Dans les pays qu'ils occupèrent, ils furent aidés par les gouvernements fantoches des Pétain, des Quisling (le pronazi norvégien), qui mobilisèrent l'administration et la police à leur service. Le courage de ceux qui leur résistèrent est d'autant plus admirable. Tous les pays européens peuvent s'enorgueillir de héros qui luttèrent pour maintenir vivante la flamme de la dignité et de la liberté. La plupart des mouvements qui les unissent sont pilotés, depuis Londres, par des dirigeants qui y continuent la lutte : la France libre du général de Gaulle ; quelques souverains, comme l'extraordinaire Wilhelmine, reine des Pays-Bas ; les gouvernements belge, polonais, tchèque, bien d'autres. Dans les pays occupés, la résistance prit des formes diverses. Il y eut les formations militaires, en Yougoslavie, en Grèce, en France, en Italie, celle des partisans, capables d'opposer de pauvres fusils à des armées blindées. Il y eut, en Pologne, l'incroyable « État clandestin » qui, à côté des activités classiques de sabotage et de renseignement, réussit à faire vivre tout ce qui était interdit, l'université, le théâtre, le culte. Il y eut, en Pologne encore, les prouesses de la résistance juive qui, malgré la faim, la misère, les épidémies, organisa l'insurrection héroïque du ghetto de Varsovie, en 1943. Il y eut, en 1943 également, le sauvetage de la quasi-totalité des juifs danois par la résistance de ce pays, qui put les faire passer en Suède, pays neutre. Il y eut partout des héros admirables et célébrés, comme le Français Jean Moulin, mort après avoir été atrocement torturé par la Gestapo. Il y eut aussi, partout, des héros simples, souvent restés longtemps anonymes, comme ce maire de village et cette réfugiée austro-allemande à qui nous pensons, sur un chemin des Pyrénées, face à la mer.

9. Omaha Beach

Quand j'étais enfant, le nom m'étonnait toujours. Omaha Beach ? Comment une plage française pouvait-elle porter un nom qui n'aurait pas dépareillé dans un western ? Après, on m'a tout appris. Le fameux 6 juin, les Allemands, bernés, qui attendaient l'assaut dans le Pas-de-Calais ; la performance incroyable consistant à débarquer sur le littoral le plus impossible de la côte ; les barges qu'on coule à la hâte pour installer des ports artificiels ; la formidable machine de guerre américaine ; et le prix élevé du sacrifice. Il n'y a qu'à aller dans les cimetières militaires voisins pour s'en rendre compte. Les Américains n'étaient pas seuls à débarquer. À côté, les Britanniques, bien sûr, avec leurs dominions, Canada, Australie, Nouvelle-Zélande, mais aussi des Français, des Polonais, des Tchèques, des Belges, des Norvégiens. Quand même, un Européen ne peut pas oublier que, pour la deuxième fois dans le siècle, notre vieux continent a eu besoin de l'aide d'une puissance extra-européenne pour se sortir du cauchemar.

10. Paris-Varsovie

La Porte d'Orléans, avec ses grands immeubles de brique, son carrefour bruyant, ses embouteillages fréquents, n'est pas l'endroit le plus charmant de Paris. Déformation de l'amateur d'histoire, je ne peux m'empêcher de penser, quand j'y passe, à ce qui s'y est produit le 24 août 1944. L'entrée dans la capitale d'éléments de la 2e division blindée française du général et futur maréchal Leclerc. Les Américains avaient accepté, dans les semaines précédentes, la requête du général de Gaulle. Il voulait que la capitale de la France fût libérée par des Français. Ce fut le cas[1]. Il y eut dans Paris une insurrection de la Résistance, bientôt rejointe par les chars portant le drapeau tricolore. Tous les Français ont en tête les images de la libération de Paris, comme les Belges ou les Néerlandais ont celles de Bruxelles, d'Amsterdam et de La Haye. La joie, les drapeaux, les soldats américains ou anglais qui jettent des chewing-gums et des cigarettes, les sourires des jeunes filles.

Mais j'ai toujours du mal, en y songeant, à oublier ce qui se passait de l'autre côté de l'Europe, lors de ce même été 1944. Comme les Américains à l'Ouest, les Soviétiques ont progressé considérablement. Fin juillet, ils approchent de Varsovie. Exactement comme l'a voulu le général de Gaulle en France, la résistance polonaise, pour asseoir sa légitimité et la souveraineté du peuple polonais, déclenche, le 1er août, une insurrection. Contrairement à ce qui se passe en France, les Soviétiques, vrais-faux alliés, ne bougent pas. Quand on grimpe aujourd'hui sur les remparts de la vieille ville – reconstruits après la guerre –, on aperçoit la Vistule, toute proche. « Ils étaient de l'autre côté, m'a dit un jour un ami polonais, crosses à terre. » Staline tenait déjà au chaud, à Lublin, son propre gouvernement polonais, choisi pour sa docilité ; il n'était pas question pour lui que quiconque s'y oppose, surtout pas les résistants les plus légitimes à le faire. Il a laissé Hitler achever le travail. En trois mois, les insurgés ont été liquidés méthodiquement et la capitale rasée au sol. Pendant que Paris, puis Bruxelles, faisaient la fête, la Pologne était en cendres.

1. Par les Français et ceux qui s'étaient engagés sous leur drapeau. Outre les soldats issus des colonies, nombre de combattants étaient des républicains espagnols chassés de leur pays par la victoire de Franco.

11. La porte de Brandebourg à Berlin

Quand on découvre Berlin, c'est souvent le premier endroit où on se rend. Avec ses arches de style néoclassique, surmontées d'un quadrige, la porte de Brandebourg se trouve exactement au centre de la ville, et elle en est le monument emblématique. Regardons-la depuis l'est. Derrière nous, la longue avenue Unter den Linden – « sous les tilleuls » –, qui a retrouvé ses beaux hôtels, ses magasins chics, ses grands cafés. Devant nous, de l'autre côté du bâtiment, le Tiergarten, une immense forêt urbaine, poumon vert de la cité. Sur la droite, on aperçoit le dôme du Bundestag, le parlement fédéral, qui a pris la place de son prédécesseur, le Reichstag. En marchant quelques centaines de mètres, on arrivera au Mémorial aux juifs assassinés d'Europe, un monument inauguré en 2005, une poignante forêt de stèles de béton témoignant du souvenir des victimes de la Shoah. Comme si souvent en Allemagne, on le voit, il ne faut pas faire d'efforts pour être renvoyé à la sombre période du nazisme et de la guerre. Imaginons-nous donc au même endroit, un jour d'été, en 1945, que le cinéaste italien Rossellini avait appelé l'« année zéro ». Partout, autour de nous, des ruines, de la poussière, des cendres. L'Allemagne est à terre et les Allemands, des proscrits. Douze millions d'entre eux, fuyant l'Armée rouge, les viols de masse, la faim, la vengeance d'une armée que d'autres Allemands avaient fait tant souffrir, ont quitté les pays baltes, la Prusse, autant de terres qui étaient allemandes depuis des siècles et ne le seront plus. Derrière nous, l'avenue Unter den Linden s'ouvre par un gigantesque portrait de Staline, qui marque le début de la zone soviétique. De l'autre côté de la porte de Brandebourg, les trois zones d'occupation des Occidentaux, français, britanniques, américains. Vaincue en 1940, la France, dont l'armée est équipée et soutenue par les Anglo-Américains, a réussi à se retrouver à la table des vainqueurs grâce à l'aide des Britanniques. Ceux-ci sont les seuls à avoir tenu pendant cinq ans. Cet effort les laisse exsangues. De ce côté-là de la porte de Brandebourg, la vraie puissance, désormais, est américaine. Comme Berlin, l'Europe est en ruine, partagée entre deux géants, sortie de l'histoire.

20 – Une Europe, deux Europe

À une vingtaine de minutes de marche au sud de la porte de Brandebourg se trouve « Checkpoint Charlie » – le point de contrôle C –, qui fut l'un des rares postes frontières entre l'Est et l'Ouest au temps de la division de Berlin et du Mur. Il est évidemment hors d'usage, mais il a été laissé en l'état pour que les touristes puissent visiter ce vestige d'un temps révolu. Si ma mémoire ne me trahit pas, j'ai dû l'emprunter la première fois que j'ai visité la ville, en 1986. J'ai le souvenir de guérites, de soldats en armes, d'attente interminable, de tampons sur les passeports et de l'impressionnant *no man's land* dans lequel il fallait s'engager pour aller des Américains aux Soviétiques. C'est la première et seule fois de ma vie, à ce jour, que j'ai fait quelques pas dans le viseur d'un fusil d'assaut. La ville étant placée dans son entier sous la coupe des quatre vainqueurs de la guerre, il ne s'agissait, officiellement, que de passer d'une zone d'occupation à une autre. En fait, l'escapade tenait de la science-fiction. On franchissait une dimension. D'un côté, une ville comme nous autres, de l'Ouest, les connaissions, avec des embouteillages, des taxis, de belles voitures, des voitures moins belles, des magasins, des passants portant des paquets. De l'autre, d'énormes boulevards silencieux encadrés d'immeubles de béton, des boutiques vides, des gens qui semblaient gris.

Au début de 1914, l'Europe se partageait le monde. À partir de 1945, elle est partagée entre les deux géants qui ont mangé la planète. À l'Ouest, le temps de l'abondance, de la société de consommation, de l'électroménager et du Coca-Cola, un temps en technicolor écrit par des producteurs hollywoodiens. De l'autre, un film expérimental en noir et blanc tourné par des opérateurs soviétiques.

1. Le bloc de l'Est

La dernière fois que je suis allé à Berlin, en 2017, j'ai emmené deux de mes nièces, âgées alors de douze et neuf ans, au DDR-Museum, tout entier consacré, comme son nom l'indique, à raconter l'étonnante histoire de feu la République démocratique allemande. Il est fort bien fait. Il parle bien sûr d'histoire, de géopolitique, mais il est très axé aussi sur la vie quotidienne et l'évoque de façon ludique, interactive. On peut monter dans un ascenseur aussi défectueux que ceux de l'époque – il se met à trembler dès qu'on appuie sur le bouton –, jouer avec des jouets un peu kitsch, regarder un de ces présentateurs à cravate lire son journal d'une voix morne sur une télé qui crachote, et même, en se plaçant dans un miroir truqué, se voir soi-même déguisé dans ces improbables costumes ou robes marronnasses ou verdâtres qui faisaient le charme de l'élégance *Ostdeutschland*. Mes nièces ont adoré. En sortant, j'ai essayé de leur expliquer que toute la partie de la ville dans laquelle on passait nos vacances, comme la moitié de notre petit continent, avait été repeinte, pendant près de quarante-cinq ans, dans les étranges couleurs aperçues pendant la visite. En ont-elles saisi le sens ? Le musée se trouve au cœur de ce qui fut Berlin-Est. Les Karl-Liebknecht-Strasse et autres Karl-Marx-Allee sur lesquelles on marchait et les gros blocs de béton étaient là pour le rappeler. Je ne pense pas que ces noms et ce style architectural disent quoi que ce soit à des enfants du XXIe siècle. Pour le reste, elles n'avaient aucune raison de se sentir dépaysées. Partout où elles posaient le regard, il y avait, comme ailleurs, des Starbucks, des magasins H&M et des vitrines débordantes d'articles colorés, attirants, chers et inutiles.

Il est fascinant de repenser aujourd'hui à cette faille qui, un jour, s'est ouverte au milieu de l'Europe, et qui, comme le grand rift continental africain quelques centaines de millénaires auparavant, a peu à peu dessiné de part et d'autre deux mondes différents, avec leur faune, leur flore, leurs écosystèmes. Une sorte d'évolution darwinienne accélérée, en version géopolitique. Aujourd'hui encore, on trouve un peu partout les vestiges de ce monde englouti. Certains sont spectaculaires : l'immense « Palais de la culture et de la science » qui domine Varsovie, cadeau de Staline à un pays qu'il avait tant martyrisé et joyau de l'architecture soviétique des années 1950 ; la « Maison du peuple » de Bucarest, un délire immobilier de plus de 350 000 mètres carrés et 1 100 pièces (sans compter les sous-sols) que le dictateur Ceauçescu avait édifié au cœur de sa capitale dans les années 1980, après avoir rasé un cinquième de la superficie du centre-ville pour lui faire de la place ; ou la maison du Parti communiste bulgare, une étrange soucoupe volante de béton posée au sommet d'une colline, au milieu de nulle part, au centre du pays. D'autres sont fondus dans le paysage, comme ces kilomètres de boulevards larges comme des défilés de chars, flanqués d'immeubles sans âme caractéristiques du monde soviétique. Des centaines de milliers de gens y logent toujours. C'était un temps de privations – quoi de plus typique du monde de l'Est que les queues interminables devant les magasins vides ? – où, faute de nourriture, les citoyens devaient se consoler avec cette fameuse politesse du désespoir qu'est l'humour. Tous les pays de l'Est avaient leurs blagues. Je me souviens de celle qu'on m'avait racontée la première fois que je suis allé en Pologne :

— Y a plus de pain ? demande un type qui passe la tête dans une boutique.

— Ah non ! Ici, c'est y a plus de viande. Y a plus de pain, c'est en face.

Ou de cette autre, qu'on racontait partout, devant les rues vides : « Chez les capitalistes, tout le monde a une voiture. Oui, mais nous, on a les places de parking. » Les dirigeants se contentaient de pratiquer un humour noir, atroce et involontaire. Dès 1945, tous ceux qui peuvent fuient cet univers inhumain. Berlin, petite enclave de l'Ouest au cœur de l'Allemagne orientale, devient une des zones de passage les plus évidentes. Des centaines de milliers de gens y font le grand saut vers l'autre monde. Pour stopper cette hémorragie, les autorités est-allemandes, sur ordre des maîtres russes, érigent le Mur, en 1961. Sans rire, ils affirment qu'il est fait pour contrer une menace imminente venue de l'Ouest et, pendant toute sa durée de vie, la propagande ne l'appelle que le « mur de protection antifasciste ».

En partant du DDR-Museum et en se dirigeant tout droit vers l'est, on tombe bientôt sur un autre musée, consacré à la Stasi, du nom de la célèbre police politique qui a fait régner la terreur dans la population et organisé sa surveillance. Je n'ai pas eu le courage d'y amener deux fillettes. Pour devenir le vrai tonton pédagogue que je rêvais d'être durant ces vacances allemandes, j'aurais peut-être dû. L'Europe communiste, ça n'a pas seulement été les décorations sinistres, les vitrines vides et les Skoda, les Dacia ou les Trabant dont les *ostalgiques* collectionnent les maquettes. Ça a été aussi un hiver totalitaire de plus de quarante ans. Il n'a pas tardé à s'installer, un peu partout dans les lieux que les Soviétiques étaient censés avoir libérés, même, ou surtout, les plus symboliques. N'oublions jamais que quelques-uns des grands camps de concentration nazis, comme Buchenwald, n'ont été fermés que dans les années 1950. Les Russes s'en sont servis pour y mettre leurs propres opposants. En 1945, à Yalta, puis à Potsdam, Staline a promis aux Alliés qu'il organiserait partout, et surtout en Pologne, des élections libres. Partout, il met en place ses vassaux, sa police politique, et truque les élections. La Tchécoslovaquie, où est revenu le président Beneš, qui avait dû la fuir en 1939, est le dernier pays où fonctionne un semblant de pluralisme. Un coup d'État communiste y met fin en 1948 et inaugure le temps des procès politiques, des purges qui servent à éliminer les anciens amis du parti ayant le tort de ne plus être dans la ligne. Nombre d'entre eux sont d'anciens résistants qui se sont battus avec un courage héroïque contre les nazis. À Prague, à Budapest et ailleurs, ils finissent pendus par ceux qu'ils ont contribué à amener au pouvoir.

J'aurais pu enfin expliquer à mes nièces qu'il y eut toujours, dans ce glacis, des gens assez courageux pour s'opposer à l'oppression. Parfois, leurs luttes se cristallisèrent. Le long hiver communiste est parcouru d'embrasements : les grèves de Berlin-Est en 1953, l'insurrection de Budapest en 1956, les espoirs fous du gouvernement tchécoslovaque, en 1968, de créer un « socialisme à visage humain » mariant l'égalité et la liberté ; la dissidence polonaise, relayée dans les années 1970 et 1980 par la création de Solidarność, premier syndicat libre, dans les chantiers navals de Gdansk.

Pour les jeunes gens d'aujourd'hui, nés après l'effondrement de 1989-1991, cette période représentera sans doute à jamais une parenthèse exotique, étonnante, dans un destin commun. Tous les lecteurs de ce livre auront bien noté l'importance de la plupart des pays de l'Est dans la longue histoire européenne précédant 1945. N'est-on pas passé, dans ces pages, par la Pologne, par Prague, qui fut capitale du Saint-Empire, comme par Budapest, qui fut une des deux têtes de celui des Habsbourg ? Belgrade, Sofia ou Bucarest paraissent plus lointaines parce qu'elles appartinrent, durant des siècles, à l'autre Europe orientale, celle des Ottomans. Il suffit de faire un tour dans leurs centres-villes, tels qu'ils ont été aménagés au XIXe siècle, avec leur grand-place, leur musée des beaux-arts à colonnades, leurs statues de grands hommes à moustache, pour voir à quel point, dès leur indépendance, elles se sont *réoccidentalisées*. La plupart d'entre elles ressemblent à de petites Vienne.

Après l'effondrement des régimes communistes, en 1989, cet univers, hier si exotique, a repris rapidement son cours dans le lit commun. Bien évidemment, tous ces pays ont leur caractère propre, leur langue, leurs traditions, leur cuisine, leurs monuments. Pour autant, quoi qu'on puisse penser des choix politiques de leurs dirigeants, à un moment donné, personne, à ma connaissance, ne doute que la Pologne, la République tchèque ou la Roumanie sont aussi européennes que le Portugal ou la Norvège[1]. Je ne crois pas qu'aucun étudiant irlandais, danois ou espagnol qui fait son Erasmus à Lodz, à Brno ou à Sibiu, qui suit ses cours dans une fac qui ressemble à celle de chez lui, et profite des mêmes *happy hours* pour aller boire ses pintes au grand café de la place, ait conscience qu'on pensait le contraire, il y a seulement quelques décennies.

C'est ce qui m'étonne le plus, en repensant à cette histoire : la facilité avec laquelle les gens de ma génération, nés à l'époque de la partition, nous avons accepté, digéré cette coupure entre deux mondes. Elle nous paraissait dater de toute éternité, et destinée à durer jusqu'à la fin des temps. Je me souviens de l'effet bœuf qu'avait produit sur notre bande de copains la trouvaille incroyable de l'un des nôtres. En faisant des mesures avec un double décimètre sur une carte, comme cela se pratiquait avant le merveilleux monde de la géolocalisation, il avait découvert qu'il y avait à peu de chose près la même distance entre Paris et Prague qu'entre Paris et Nice. Si étonnant que cela paraisse à des jeunes d'aujourd'hui, aucun de nous ne pouvait le croire. Nice, c'était chez nous. Prague, c'était ailleurs, tellement loin, dans un monde dont on ne pourrait jamais se rapprocher. On avait tort. Rien n'est éternel dans l'histoire, surtout pas les régimes politiques. Ni les plus despotiques, ni les plus libres. De cela aussi, il faudra que je parle à mes nièces.

2. L'Ouest, ses illusions, ses acquis

En laissant derrière nous la porte de Brandebourg, il suffit de traverser dans toute sa longueur le vaste Tiergarten pour retrouver ce qui fut Berlin-Ouest, cette île capitaliste au cœur

1. On aura bien compris que, comme toujours dans ce livre, je parle de l'Europe au sens géographique et culturel, pas spécifiquement de l'Union européenne.

de l'Allemagne communiste. L'Occident voulait en faire sa « vitrine ». C'était l'expression toujours employée à l'époque. Elle était bien choisie pour décrire une ville devenue un temple de la société de consommation, un rêve, d'ailleurs déprimant, de bourgeois ventru qui enfourne des sacs de shopping dans le coffre de sa Mercedes. On en retrouve l'esprit en se promenant le long du Kurfürstendamm, les « Champs-Élysées berlinois », avec ses boutiques hors de prix et ses grosses voitures, ou en arpentant le KaDeWe (on prononce en français *kadévé*), le Kaufhaus des Westens, le « grand magasin occidental », l'Annapurna du consumérisme, 60 000 mètres carrés et sept étages de rayonnages proposant d'acheter à peu près tout ce qui peut se vendre. Heureusement pour elle, la vitrine exposait bien d'autres articles. Berlin, depuis les années 1960, c'était aussi la ville, autrement plus sexy, des inventifs, des contestataires, des manifs, des squats, souvent installés dans le vaste quartier de Kreuzberg, qu'ils partageaient avec l'importante communauté d'immigrés turcs. Berlin-Ouest, en somme, c'était la ville hémisphère. On y trouvait tout ce que la moitié du continent, de l'après-guerre aux années 1980, a eu à proposer.

Disons plutôt : *presque* tout ce que la moitié occidentale a eu à offrir. N'oublions pas que, jusqu'au milieu des années 1970, l'Espagne, le Portugal et la Grèce, ces pays qui, eux aussi, nous sont désormais si proches, étouffaient dans le carcan d'autres dictatures, d'un genre qui se voulait à l'opposé du modèle déposé par les Soviétiques, mais tout aussi sinistre. À l'Est – apparatchiks et chars soviétiques –, on était dans le gris KGB. Au Sud – sorties de messe et parades au drapeau –, dans le noir Franco.

Les autres, donc, de la Scandinavie aux Pyrénées, de l'Islande à l'Autriche, décollent vertigineusement. Ils vivent ce que les Français appellent les Trente Glorieuses[1], et la plupart des pays européens le « miracle économique ». Sur le plan matériel, il est incontestable. Portée par la croissance américaine, par la nécessité

1. L'expression a été inventée par l'économiste Jean Fourastié (1907-1990) par référence aux trois journées de la révolution de 1830, nommées les « Trois Glorieuses ».

de reconstruire, par le boom démographique, par les bas prix de l'énergie, l'Europe occidentale plonge dans la société de consommation et connaît les délices du plein-emploi et de la croissance à deux chiffres. À notre époque, engluée dans une crise interminable et incapable de sortir du drame du chômage de masse, cette période suscite une nostalgie compréhensible. Elle ne doit pas nous rendre aveugles à une autre caractéristique de l'époque : le retrait de l'Europe de la scène du monde et l'effondrement de sa puissance. Nombre d'Européens d'aujourd'hui, enivrés par le « c'était mieux avant » que des démagogues leur servent à la bouteille, rêvent de ces merveilleuses années 1950 ou 1960 qu'ils voient comme un temps où on était riche et puissant. C'est faux. Les conditions de vie sont encore rudes, longtemps après la guerre, pour les populations les plus pauvres. Face à la surchauffe de la production, l'Europe commence aussi, dans les années 1950-1960, à faire appel à une nombreuse population immigrée, très mal traitée. Jusqu'à la fin des années 1960, la plupart des Algériens installés dans la région parisienne logeaient encore dans d'immenses bidonvilles. Tout le monde, donc, n'était pas riche. Il est vrai que, collectivement, l'Europe occidentale s'enrichissait.

En revanche, elle n'était plus puissante. Les années qui suivent la Seconde Guerre mondiale sont aussi celles du genou plié face à deux nouveaux maîtres. Plus aucune puissance du Vieux Continent n'est en mesure de leur damer le pion. L'Allemagne (et, dans une moindre mesure, l'Italie), évidemment discréditée par son rôle durant la guerre, réussit à devenir un géant économique, et demeure, selon l'expression consacrée, un « nain politique ». Même les deux vainqueurs de la guerre, réel, comme la Grande-Bretagne, ou tardif, comme la France, sont à la peine. Ils voient fondre en quelques décennies cet empire qui avait assuré leur rayonnement planétaire. Il va de soi que, sur un plan moral, la fin de la colonisation, cette offense à la dignité de tant d'êtres humains, est une excellente chose. Le fait est qu'aucune des anciennes puissances coloniales n'a renoncé à l'être pour des raisons éthiques, mais tout simplement parce qu'elle n'avait plus les moyens de faire autrement. Sorti ruiné du conflit, le Royaume-Uni se retire d'Inde, d'Asie du Sud-Est, d'Afrique, où était son empire, mais perd aussi son influence sur l'Iran et le Proche-Orient, qui entrent aussitôt dans la sphère d'influence américaine. La France est logée à pareille enseigne. Bercée d'illusions sur sa force retrouvée, elle s'engage dans la guerre d'Indochine en 1946, persuadée qu'il sera aussi facile de remettre la main sur la péninsule qu'au temps des canonnières. Il ne lui faut pas deux ans pour déchanter. Au début des années 1950, elle ne réussit à se maintenir qu'avec une armée payée et équipée par les États-Unis qui, en pleine guerre froide, se sont mis à soutenir l'ancienne puissance coloniale pour l'unique raison qu'elle lutte contre les communistes. Cela n'empêche pas la défaite et le retrait. Après vient l'Algérie, dont le cas est particulier, car sa population est partagée entre la masse des musulmans, soumis et dominés depuis cent trente ans, qui se rallient peu à peu à l'indépendance, et le million de « Français d'Algérie » qui n'en veulent à aucun prix. En 1958, après avoir fait pression sur Paris dans de grandes manifestations insurrectionnelles, ces derniers, qu'on commence à appeler les « pieds-noirs », réussissent à faire revenir au pouvoir de Gaulle, en qui ils voient le sauveur suprême. Le général croyait-il, alors, pouvoir aller contre l'histoire et garder l'Algérie française ? La question n'est pas tranchée. Le fait est qu'il change de cap très rapidement et, en 1962, abandonnant le million de pieds-noirs, accepte l'indépendance. Peut-être pour faire oublier ce péché originel, il poursuit dès lors une politique visant à « restaurer la grandeur » de la France. « Discours de Phnom Penh » (affirmant depuis le Cambodge, en 1966, son opposition à la guerre du Vietnam), fin des bases américaines sur le territoire français, retrait de l'état-major intégré de l'OTAN. Le général, communiquant hors pair, multiplie les signes qui visent à montrer son indépendance sourcilleuse à l'égard du protecteur américain. On peut considérer aussi qu'il s'agit là d'une politique du coup de menton dont les effets concrets sont minces. Certes, comme le Royaume-Uni, la France s'est dotée de la bombe nucléaire. L'un et l'autre pays sont-ils vraiment en mesure d'en faire quelque chose, quand leurs rivaux possèdent des arsenaux cent fois supérieurs en puissance ?

Tous les Européens doivent avoir en tête ce fait incontournable. En 1914, les maîtres du monde étaient à Londres, à Berlin, à Paris, à Vienne, à Rome. Après 1945, ils sont à Moscou et à Washington.

Pour autant, il serait faux de croire que l'Europe occidentale de l'après-guerre n'a rien fait d'autre que se noyer dans un insondable déclin. Elle a perdu sa puissance mondiale. Elle a aussi, de façon globale, renforcé ce qui crée son identité nouvelle. À mon sens, elle repose sur un trépied.

a. La lutte pour une protection toujours plus grande des libertés individuelles.

Le combat pour la liberté n'est pas nouveau, on en a vu passer de nombreuses manifestations dans ces pages, en particulier depuis les Lumières. La fin des horreurs de la Seconde Guerre mondiale le relance. Le traumatisme de ce qui vient de se passer pousse la plupart des grandes démocraties occidentales européennes à adopter des législations qui mettent au centre du jeu l'égalité entre les humains, la défense de leur dignité et de toutes leurs libertés, de pensée, de croyance, d'opinion. À partir des années 1960, sous la pression des mouvements qu'on appelle « contestataires », ces libertés sont étendues à la défense des minorités, en particulier des minorités sexuelles, et aussi à la lutte pour l'égalité entre les hommes et les femmes, qui devient, à raison, un enjeu démocratique majeur de notre temps.

Il faut insister sur ce premier point, car il me semble que nombre d'Européens, étranges enfants gâtés toujours prêts à pester contre tout, ne se rendent pas compte de ce privilège. Savent-ils qu'ils vivent désormais dans une partie du monde qui a porté la défense des libertés à un degré jamais atteint dans l'histoire humaine ? Ont-ils conscience que des milliards d'autres humains n'ont pas cette chance ? On notera, à juste titre, qu'on retrouve ce haut niveau de protection de l'individu dans d'autres démocraties, non européennes : en Australie, au Canada, au Nouvelle-Zélande, au Japon. C'est vrai. Pour autant, la marche vers l'égalité entre tous n'est pas forcément allée au même pas partout. Les États-Unis d'Amérique se représentent volontiers en hérauts de la liberté. Ils n'ont pourtant mis fin aux législations entérinant la ségrégation raciale que dans les années 1960. Depuis la fin de la guerre, elles étaient impensables dans notre vieux monde.

b. La protection sociale.

Pendant des siècles, le secours aux nécessiteux, aux affligés, aux vieillards, a été dévolu aux institutions religieuses, ou laissé aux familles. C'est toujours le cas dans de nombreuses sociétés humaines. En Europe, cette solidarité envers les plus fragiles, en étant progressivement assurée par les pouvoirs publics, est devenue collective. Cela me semble un grand progrès.

On en a parlé, le premier homme d'État qui s'est engagé sur ce chemin, pourtant espéré depuis longtemps par les mouvements ouvriers, fut un homme « de droite », le chancelier Bismarck. C'est lui qui, dans les années 1880, alors même qu'il faisait interdire les partis socialistes, instaura en Allemagne les premières assurances sociales, payées par des cotisations des ouvriers et des patrons, et leur garantissant des indemnisations en cas de maladie et une petite retraite. Le système est copié en Autriche, en Belgique, et partiellement en France (par des lois de 1928 et 1930). D'autres grands pas sont franchis en Suède, après l'arrivée au pouvoir des sociaux-démocrates dans les années 1930. Pendant la Seconde Guerre mondiale, le Royaume-Uni prend le relais. Lord Beveridge, un économiste humaniste, propose un plan qui doit mettre fin aux « cinq grands maux » qui font souffrir les hommes depuis les débuts de l'humanité : la pauvreté, l'insalubrité, l'ignorance, la maladie, le chômage. Contrairement à celui de Bismarck, reposant sur les cotisations, son système à lui est financé par l'impôt. L'un et l'autre ouvrent la voie aux temps du *Welfare State*, de l'« État-providence » que tous les pays européens mettent en œuvre après la guerre. Les démocraties non européennes les plus proches du modèle européen s'en inspirent. Les États-Unis, leaders du monde occidental, n'en veulent pas. Au pays de l'individualisme roi, la maladie, la pauvreté sont des affaires individuelles. Dans la petite partie de la planète qui a inventé les assurances sociales et le Welfare State, la santé, le bien-être de tous, l'aide à apporter aux plus faibles sont une affaire collective. Voilà encore un point qui distingue notre monde du leur.

c. Enfin, la constitution, progressive, d'une union raisonnée et pacifique entre États.

Qu'allait-il se passer après le deuxième suicide du continent ? L'opinion publique de la plupart des anciennes puissances est partagée en trois courants. D'un côté, la droite nationaliste : on restaure la puissance de son propre pays pour l'armer une fois de plus face à ses voisins, ses ennemis de toujours. En gros, on reproduit le schéma qui avait, par deux fois, conduit au désastre. À l'extrême gauche, la tentation communiste, très forte en particulier en France et en Italie, consistant à aider Moscou à préparer le glorieux avènement du paradis soviétique – j'écris cela sans ironie, nombre de gens y croyaient sincèrement. Entre les deux, le vaste monde des démocrates-chrétiens, des centristes, des socialistes, des pacifistes. Ils sont obsédés par les deux grandes menaces qui planent sur l'Europe dans l'après-guerre : le risque de recommencer une guerre et la peur de voir débouler les chars soviétiques, massés de l'autre côté d'une frontière fort proche. Le meilleur moyen de conjurer ces périls n'est-il pas de s'unir ?

L'idée européenne existe depuis des siècles. Elle a été ravivée par quelques visionnaires après la Première Guerre mondiale. À beaucoup, elle apparaît après la Seconde comme une nécessité vitale. Comment la concrétiser ? C'est la grande question. Faut-il aller vers une large fédération, qui s'occupera de valeurs, de culture ? C'est le noble principe qui sous-tend la création du Conseil de l'Europe, en 1949, avec dix pays fondateurs[1]. On s'aperçoit rapidement qu'il ne débouche sur rien d'autre que des prises de position vagues et inopérantes. Quelques esprits inventifs, dont le Français Jean Monnet, qui arrive à convaincre son ami le ministre Robert Schuman, suggère une autre voie : on va unir les pays européens par l'économie, petit bout par petit bout, en mettant en commun divers secteurs les uns après les autres. C'est le début de l'« intégration européenne », qui commence en 1952, à six[2], par l'union du charbon et de l'acier, industrie essentielle et symbolique : voilà des pays qui se faisaient la guerre dix ans plus tôt mettant en commun le carburant des marchands de canons. La méthode choisie était-elle la bonne ? Ce primat de l'économie n'est-il pas le péché originel qui a créé ce monstre technocratique, gris comme un bilan comptable, gai comme une statistique, qu'est encore l'Union européenne ? Le fait est que ses lointains pères fondateurs avaient conscience du risque. Dès les traités fondant la Communauté européenne du charbon et de l'acier signés, ils veulent passer à un niveau autrement chargé en émotion et créer une armée européenne intégrée. Pour le coup, il était peut-être un peu tôt pour voir des soldats français, belges, italiens ou allemands sous le même uniforme. En 1954, les députés français rejettent le projet. On reprend donc le chemin de l'économie. 1957, traité de Rome, qui instaure un marché commun ; 1962, création d'une politique agricole commune, etc. Il faut croire que le modèle n'était pas sans attrait puisqu'il ne cesse d'attirer à lui de nouveaux entrants. L'Europe des Six devient, en 1973, celle des Neuf[3], puis, dans les années 1980, des Douze, avec le retour dans la famille de la Grèce, puis de l'Espagne et du Portugal, anciennes dictatures redevenues des démocraties. Et déjà, après la finalisation du grand marché unique par l'Acte unique européen de 1986, dans lequel doivent circuler

1. Belgique, Danemark, France, Irlande, Italie, Luxembourg, Pays-Bas, Norvège, Suède, Royaume-Uni.
2. Allemagne de l'Ouest, Belgique, France, Italie, Luxembourg, Pays-Bas.
3. Avec le Royaume-Uni, l'Irlande, le Danemark.

librement les biens, les services, les capitaux et les personnes, on commence à songer à une politique étrangère commune, on évoque une monnaie commune. Chez les pro-européens, on rêve, en somme, de constituer progressivement une vraie puissance mondiale. Une des rares de l'histoire à s'être faite par la paix et la libre volonté de chaque partie, et non par la guerre et la conquête. Cela non plus, il n'est pas inutile de le rappeler.

3. Le nouveau monde d'après 1989

Au milieu des années 1980, la banquise soviétique se fissure. Quelques coups de boutoir vont la faire éclater. Le premier a lieu en Pologne. Après des années de lutte et de clandestinité, le syndicat Solidarność a obtenu que se tiennent au début du mois de juin 1989 les premières élections libres depuis la guerre. Les candidats du pouvoir y sont battus à plate couture. L'été en Europe est effervescent. La Hongrie se dégèle politiquement et entrouvre sa frontière avec l'Autriche. Les Allemands de l'Est s'y engouffrent. Des milliers de Baltes forment des chaînes humaines pour exiger l'indépendance de leurs pays. Vient le temps des manifestations en RDA, à Leipzig, puis à Berlin. Elles aboutissent au moment fatidique de novembre. Le 9, un porte-parole du Parti, sans doute dépassé lui-même par ce qu'il dit, annonce de façon un peu confuse une chose inimaginable depuis quarante-quatre ans : non, enfin, oui, on peut désormais quitter le pays sans visa. À tous les points de passage de Berlin, c'est la ruée, l'explosion et, bientôt, les premiers coups de pioche. Le Mur vacille. Le Mur est tombé. Un an plus tard, l'Allemagne est réunifiée. Deux ans plus tard, l'URSS disparaît.

Et partout, alors, un enthousiasme extraordinaire, un optimisme prêt à durer mille ans. Dieu sait pourquoi, le détail le plus marquant qu'il m'en reste est une phrase de ma grand-mère. Je pense que c'est la seule fois de ma vie où je l'ai entendue parler de politique, à laquelle elle ne connaissait rien. Elle avait juste vu à la télé des Allemands qui s'embrassaient, et elle m'avait dit, tout émue de cette scène : « C'est beau, non ? Ils sont tous camarades, maintenant ! » On en rêvait, grand-mère ! On le croyait à portée de main, ce monde fraternel qui ne connaîtrait plus de totalitarisme, plus de guerres, plus d'oppression. Francis Fukuyama, un éminent politologue américain de Harvard, allait donner au phénomène un intitulé plus chic : ce serait la « fin de l'histoire ». Ayant triomphé de sa grande rivale communiste, l'aimable démocratie libérale et son fils adoptif, le libre-échange, allaient désormais s'étendre sur une planète où les hommes vivraient de paix et de commerce pour l'éternité. Pathétique illusion. L'histoire ne finit jamais, elle se transforme, bouleverse nos certitudes et le tragique y reprend toujours ses droits. Bien des signes nous indiquaient déjà les changements, les périls qui sont ceux de notre siècle.

★

Depuis le début des années 1980, alors que l'URSS s'engluait dans d'impossibles réformes, la Chine, l'autre grand pays communiste, sous l'impulsion de Deng Xiaoping (1904-1997), basculait peu à peu dans le capitalisme : ouverture au marché, développement du secteur privé, etc. Naïvement, une partie de la jeunesse chinoise crut que le libéralisme économique allait accoucher du libéralisme politique. Le massacre par l'armée, en juin 1989, de milliers d'étudiants manifestant pacifiquement sur la place Tian'anmen vint noyer cette illusion dans une mare de sang. Les apôtres du libéralisme occidental[1] étaient contre le collectivisme économique parce qu'ils prétendaient que seule la liberté en économie pouvait porter la liberté en politique. Ils avaient tort, eux aussi. La Chine réussit à allier le capitalisme le plus débridé à une dictature. Bien d'autres pays semblent suivre

1. Le plus célèbre partisan de cette thèse est Friedrich Hayek (1899-1992), fameux adversaire de Keynes. Ses livres furent vénérés par Margaret Thatcher et Ronald Reagan.

le modèle. La Turquie du président Erdogan s'en approche. La Russie de Vladimir Poutine aussi. On y bride toutes les libertés, sauf celle des amis du pouvoir de s'enrichir à milliards.

Contrairement, là aussi, à ce que pensaient ses grands apôtres du XIXe siècle, le libre-échange – c'est-à-dire ce qu'on a appelé dans les années 1990 la « mondialisation » – n'a guère réussi non plus à améliorer la concorde entre les peuples. La grande force montante du XXIe siècle est le nationalisme. Il est à l'œuvre dans les régimes autoritaires qu'on vient de citer, ce qui se conçoit : n'est-il pas leur carburant naturel ? On le retrouve sous une forme de plus en plus virulente dans d'autres grands pays qu'on croyait démocratiques, comme l'Inde.

Malgré nos rêves de fraternité universelle, la violence, portée par la folie identitaire, n'a pas tardé, elle non plus, à se réinviter à la table du monde. On l'a vu avec la guerre en Yougoslavie, ses massacres, ses « nettoyages ethniques ». On l'a vu, un peu plus tard, sous une forme religieuse, avec la montée en flèche du terrorisme islamique, cette peste moderne.

Que dire des autres basculements, en germe dès la fin du XXe siècle, qui chamboulent le XXIe ?

En 1990, nous apprennent les chronologies de l'histoire des techniques, apparaît pour la première fois le World Wide Web. Je suppose que cette information essentielle n'a été remarquée à l'époque par personne d'autre qu'une poignée de *nerds*, comme on ne disait pas encore. Eux-mêmes pouvaient-ils imaginer alors que cette fameuse « toile d'araignée[1] » allait enserrer jusqu'à l'étouffer le monde ancien dans lequel nous vivions, pour nous obliger à repenser autrement tout ce qui le caractérisait, nos manières d'apprendre ou d'informer, notre fonctionnement économique, notre rapport à la vie privée, à l'amitié, à la sexualité ?

En 1990 également, le GIEC (Groupement intergouvernemental pour l'évolution climatique) remet son premier rapport et nous alerte sur les risques liés au réchauffement climatique et

1. C'est la signification en anglais du mot *web*.

aux gaz à effet de serre, à la fonte des glaces et à la hausse du niveau de la mer, à l'acidification des océans et aussi à la chute de la biodiversité.

Que ne l'avons-nous écouté ?

★

Vaille que vaille, dans ce monde instable, périlleux, l'Europe a continué sur son chemin. Il y a eu la mise en œuvre de la monnaie unique, au moins pour certains de ses membres. Il y a eu, dans les années 2000, le retour dans la famille des cousins de l'Est, pour créer ce club de plus en plus important, de plus en plus difficile à manœuvrer et de moins en moins aimé. Tel est le problème et le paradoxe de notre temps. Tous les lecteurs de ce livre l'auront compris, je suis passionnément européen. Je le suis de cœur, par haine du nationalisme, qui ne peut amener que le malheur et la guerre ; je le suis par admiration de ce qu'est aujourd'hui l'Europe, ce petit coin du monde qui réussit, je l'ai écrit plus haut, à maintenir un niveau de liberté, de solidarité entre les individus, d'égalité et de respect envers les opinions, les choix de vie, les croyances, les origines de chacun, qui n'existe nulle part ailleurs au monde. Il faut insister inlassablement sur ces derniers points, qui sont constamment remis en question par les partis d'extrême droite prospérant partout sur le continent. La plupart fondent leur programme sur un fantasme identitaire consistant à vouloir faire de l'Europe une terre blanche et chrétienne. Le christianisme, j'en ai parlé longuement, a joué et joue toujours un rôle essentiel dans notre histoire et notre devenir. Il n'en a pas le monopole. L'Europe d'aujourd'hui n'est pas la terre d'une religion ; elle est celle de la liberté de conscience. Son identité, ce n'est pas la « chrétienté », ce sont les Lumières, c'est-à-dire la conviction profonde que seuls la tolérance, le pluralisme, le respect des croyances de chacun peuvent amener à tous la paix et le bien-être. Les Européens d'aujourd'hui sont d'origines, de religions, de traditions diverses. Tous ont leur place en Europe, et leur rôle à jouer pour assurer sa prospérité et défendre ses valeurs. Le principe même de l'union de notre continent est de tirer sa force de sa diversité.

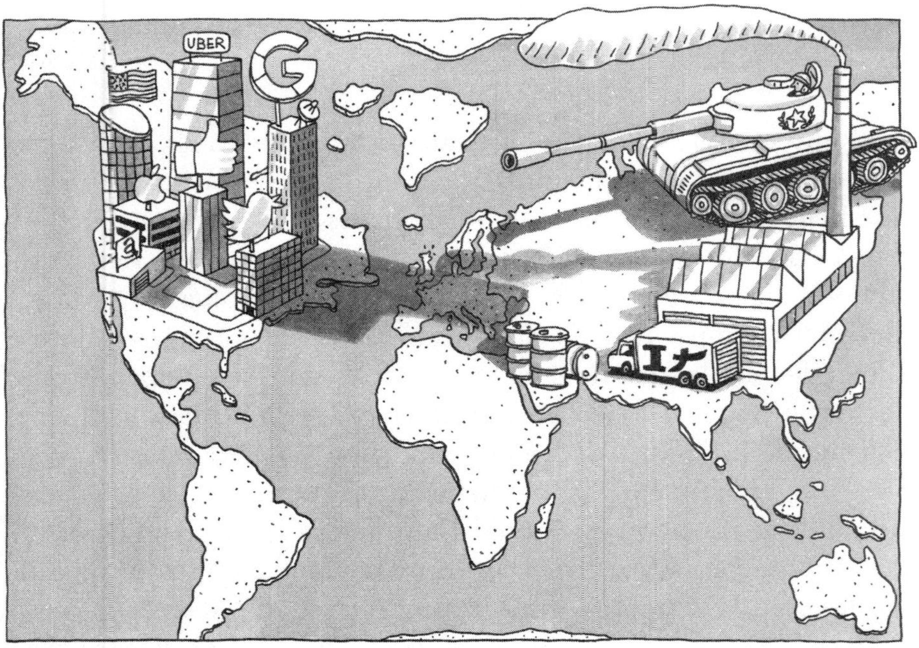

Je suis aussi un Européen de raison. Il me semble que l'union de tous nos pays que l'Histoire a rendus frères est le seul moyen que nous ayons de nous protéger face aux périls qui nous entourent. Que cette union doive être réformée, repensée pour cesser d'être ce pachyderme bureaucratique qui nous déprime tous, c'est une évidence. Certains courants, à gauche, détestent l'institution européenne parce qu'ils voient en elle un fourrier du libéralisme, une machine à casser les solidarités pour produire plus de concurrence, de commerce, de marché. Elle n'est pas que cela, mais, c'est vrai, elle est aussi cela. En quoi est-ce une raison pour la détruire ? Cela doit être au contraire un motif pour la réformer, pour la faire évoluer vers plus d'unité et de solidarité entre tous les pays européens. Il faut une armée européenne, il faut de grands services publics européens, il faut une protection sociale européenne, il faut des États-Unis d'Europe. C'est une certitude. L'Europe d'aujourd'hui n'est pas un carcan. Elle est un cadre, dont on peut faire ce qu'on veut. Je n'en vois pas d'autre pour maintenir nos libertés et affronter ce siècle. Reprenez, les uns après les autres, les dangers que nous avons à combattre : la menace écologique, le péril terroriste, le risque de l'ubérisation, c'est-à-dire l'effondrement total de nos législations sociales sous les coups de boutoir des superpuissances du Net, la remontée des dictatures nationalistes...

Effrayés par ce monde, de plus en plus d'Européens pensent que la seule solution serait d'en revenir au modèle national pré-existant. Pure folie. Cela nous conduirait à la ruine. Ont-ils jamais regardé une carte du monde, ont-ils conscience de la puissance retrouvée de la Chine, de l'Inde, qui comptent chacune bien plus qu'un milliard d'habitants, de l'agressivité de la Russie ; du poids des fameux Gafa, ces Google et autres Facebook qui tiennent nos vies dans leurs algorithmes ; des catastrophes écologiques à venir ?

Seuls, face à ces périls, nous ne pesons plus rien. Unis, nous sommes cinq cents millions.

Quelques lectures

Comme l'auront remarqué les lecteurs, cet ouvrage est, en majeure partie, le fruit de nombreux voyages dans les villes et villages d'Europe. Pour l'essentiel, sa base documentaire n'a donc pas été faite de livres, mais des notes que j'ai griffonnées sur mes petits carnets, au fil des visites de musées, de monuments, de lieux de mémoire. Comme tous les touristes, je me suis souvent préparé à cet exercice en lisant des guides. Pour ce qui concerne l'histoire, les mieux faits et les plus riches, tout au moins en français, sont les Guides verts Michelin et la série Encyclopédies du Voyage chez Gallimard.

Pour ceux qui voudraient approfondir leur connaissance du passé européen, je peux également signaler quelques ouvrages généraux.

- *Europe, a History*, Norman Davies (Oxford University Press) : un pavé très conséquent mais truculent, porté par un vrai souffle, et plein d'anecdotes. À mon goût le plus attractif de cette liste. À ma connaissance, il n'est pas traduit en français. Ceux qui voudront découvrir ce grand historien britannique dans cette langue pourront essayer son *Histoire de la Pologne* (Fayard) ;
- *Histoire de l'Europe*, sous la direction de Jean Carpentier et François Lebrun (Points) : un ouvrage solide et un peu austère écrit par deux historiens bien connus des étudiants en histoire ;

- *The Penguin History of Europe*, J. M. Roberts (Penguin) : solide, classique, mais uniquement en anglais ;
- *Histoire de l'Europe par 12 historiens européens*, sous la direction de Frédéric Delouche (Hachette Éducation) : le grand atout de cet excellent ouvrage de vulgarisation se trouve dans le titre. Écrit par douze spécialistes venus de tout le continent, il réussit un récit qui élimine tout biais national et donne à chacun sa part dans l'histoire du continent.

Citons enfin, deux ouvrages récemment publiés en France qui semblent témoigner d'un intérêt accru pour le domaine :

Europa, sous la direction d'Étienne François et Thomas Serrier (Les Arènes) et *L'Europe, encyclopédie historique*, sous la direction de Christophe Charle et Daniel Roche (Actes Sud). Les deux présentent l'avantage de dépasser largement la seule histoire politique classique, pour embrasser les champs larges et passionnants de la culture, de l'économie et des questions de société comme le genre, l'identité, etc. Tous deux sont collectifs et, étant rédigés par des historiens venant de pays divers, multiplient les points de vue. Peut-être peut-on reprocher à l'un et à l'autre d'être un peu trop universitaires, et donc déroutants pour les non-spécialistes.

Remerciements

Change-t-on une équipe qui ne vous ménage ni son enthousiasme, ni ses conseils, ni son appui de tous les moments ? Pour m'épauler durant la rédaction de ce nouveau livre, j'ai retrouvé l'équipe de rêve formée au moment de la genèse de *La Grande Histoire du monde*. J'ai pu mener à bien ce projet grâce au soutien indéfectible de Sophie de Closets. Vincent Brocvielle en a été, une fois de plus, l'éditeur direct en coordination avec Diane Feyel, chez Fayard. Mon cher ami Carl Aderhold a, une fois encore, passé toutes ces pages au crible de sa grande culture historique pour m'éviter des erreurs. Et Olivier Marty en a dessiné la couverture.

Toutes les équipes heureuses aiment accueillir, à l'occasion, de nouveaux membres. Je voudrais donc enfin saluer l'arrivée dans cette petite bande du talentueux Walter Glassof, qui a réalisé les illustrations qui égayent ce texte, et de Thomas Vonderscher, qui l'a relu et corrigé avec rigueur.

Table des matières

Photocomposition Nord Compo
Villeneuve-d'Ascq

Achevé d'imprimer en janvier 2019
sur les presses de Normandie Roto Impression s. a. s.
61250 Lonrai (Orne)

PAPIER À BASE DE FIBRES CERTIFIÉES

Fayard s'engage pour l'environnement en réduisant l'empreinte carbone de ses livres. Celle de cet exemplaire est de :
1,050 kg éq. CO_2
Rendez-vous sur www.fayard-durable.fr

5209024/01
Dépôt légal : janvier 2019
N° d'impression : 1805074

Imprimé en France